経営学史学会編

〔第十五輯〕

現代経営学の新潮流

――方法、ＣＳＲ・ＨＲＭ・ＮＰＯ――

文眞堂

巻頭の言

経営学史学会理事長　片岡信之

経営学史学会第十五回大会は、二〇〇七年五月十八日（金）から二十日（日）にかけて新緑の眩しい北海学園大学（札幌市）において開催された。同校は一八八五（明治十八）年に設立された北海英語学校を起点として、北海中学校（一九〇五年）を経て第二次大戦後には札幌北海学院（一九四九年）、北海短期大学（一九五〇年）、北海学園大学（一九五二年）を矢継ぎ早に開設され、今日一二二年目を迎えられた北海道屈指かつ最大規模の名門私立総合大学である。「徒に官に依拠せず」という自主独立の「開拓者精神」を建学の理念として、長い歴史の中にも清新の気溢れる活力ある学園として、広く知られているところである。経済・経営・法学・人文・工学の五学部とそれに対応する五研究科八専攻を修士（博士前期）・博士（博士後期）両課程に至るまですべて完備され、さらに近年は法科大学院まで設置されるなど、その充実ぶりには目を見張るものがある。経営学史学会大会に相応しい伝統校で、静閑な会場を提供していただいた朝倉利光学長をはじめ大学当局、完璧な運営で盛り上げていただいた大平義隆大会委員長をはじめとする関係各位に篤く御礼を申し上げる。

第十五回大会の統一論題は「経営学の方法と問題―①現代経営学の方法についての再検討、②現代経営学の諸問題」であった。

前者では基本的な方法論の問題に立ち返った議論を取り上げた報告三本が坂下昭宣氏、長岡克行氏、辻村宏和氏によって行われ、後者では最近の経営学界で頻出するトピックスのうちから特に重要と考えられる三本（CSR、HRM、NPO）に焦点があてられ、その議論の整理・位置づけ・経営学理論の発展にとっての意義等が議論された。その概要は、この年報の末尾にある「第十五回大会をふりかえって」を、さらに詳細には各所収論文を参照していただくほかないが、いずれにおいても刺激的な報告に加えて熱い議論が行われた。

第十五回大会の統一論題は、第十四回大会のテーマ「経営学の現在」の延長線上に設定され、経営学の現在を引き続き問いなおそうとするものであった。第十四回大会ではコーポレート・ガバナンス、組織論・管理論が俎上に挙げられたが、今回は方法論、CSR、HRM、NPOが対象となった。その結果、概ね経営学界におけるホットな論題の主要なものを一通り取り上げた形となったわけである。会員諸氏がこの際、世上に頻出しているこれら諸テーマにたいする根本的議論を踏まえて、経営学が今どこにいるのか、どこへ行こうとしているのか、経営学の理論のあり方は？　などについて、基本に立ち返って思考してみる契機ともなれば幸いである。

早いもので、第十三回大会（関西学院大学）で理事長に選出されて三年が経過した。これが年報巻頭言としては最後となる。この間、暖かく御支援いただいた会員諸氏に篤く御礼を申し上げる。今後もなお一層、本学会が経営学界において、設立理念に基づいた独自的役割と使命を果たしていくことの重要性を強調し、発展を祈念しつつ筆を擱くこととする。

目　次

目　次

Ⅰ　経営学の方法と現代経営学の諸問題

一　経営学の方法と現代経営学の諸問題

小笠原　英　司

一　経営学の方法

1　経営学と方法論

経営学の方法論議を展開する場合、厳密に区分することは無意味だとしても、科学の全体―部分関係における位置づけに応じて、科学としての経営学、社会科学としての経営学、個別科学としての経営学と三区分し、この区別をある程度意識したうえで議論すべきであろう。すなわち、まず「科学」そのものの意義や方法や可能性を原理的に解明しようとする科学哲学のレベルがあって、経営学の方法を一気にこの「科学」レベルで議論することもできよう。その場合には、経営学は物理学や生物学と基本的原理においては同一の科学範疇にあるという認識が前提とされていることになる。しかし、「経営学は科学である」という一見したところすでに議論の余地がないかのような前提にも、実は基本的な疑問が残されたままであるように筆者には思われてならない。そこでの「科学」とは何かが問題だからであり、「経営学はどのような科学なのか」についての答えも、こんにちに至ってなお未確定なままというべきだからである。

第二にはこれとは異なって、科学をいわゆる「社会科学」（または人文・社会科学）と「自然科学」に二分し、両者を方法的に区別したうえで社会科学としての独自の方法、さらに経済学、社会学、法学、政治学、文化人類学等々の個別社会科学に共通する方法の革新を議論するレベルがある。ここでは近年社会諸科学の〃蛸壺化〃が批判され、社会諸科学間のいわゆる「学際化」が強調されている。学際化の強調は、個別科学間の差異を不分明なものにするとともに、さらにその範囲を自然科学にも拡張して社会科学と自然科学の境界も取り去るべしという趣意を含んでいる。しかし、それは一体どういうことを意味するのであろうか。

そして第三に、個別科学としての経営学の特殊性を認識した上で、経営学の認識対象にとって最適な方法を経営学に固有の方法として定立しようとする議論がある。しかしながら当学会員にとってはすでに周知のように、経営学の歴史はその黎明期よりこんにちまで一枚岩の「経営学」であったことはなく、依然として百家争鳴、群雄割拠の状勢にある。われわれの経営学は、「経営学」という名称を持ちながらも経済学的、社会学的、社会心理学的研究に甘んじるまま、ついに独自の方法を確立して隣接諸学にその確固たる存在を主張することはできないのであろうか。

さて、経営学を一種の「科学」（science, Wissenschaft）であると見なすとしても、その場合の「科学」をどのようなものと規定するかについての結論は容易ではなく、この科学概念の議論それ自体が科学哲学の主題となる。しかし少なくとも、経営学がいかなる「科学」であるかについて、何らの自覚も自省もないままに経営学の科学性がただ盲目的に前提されているとすれば、このレベルでの方法論は経営学の自発性に基づくものではない。経営学という何らかの学知が自らに発する要求として方法革新を求める必要を自覚しないのであれば、科学哲学レベルの方法論義は経営学にとって〃他人ごと〃であり、外生的なものにすぎない。逆に言えば、経営学が自らを一個の「科学」であると明確に自覚するなら、経済学や社会学とは異なる独自の個別科学の立場から「科学」

の一般的方法に対する批判や提案が主体的になされるであろう。したがって、問題は、経営学は自らをいかなる「科学」であると認識しているか―という原点に帰着する。

2　社会科学の学際化

人間・社会現象が多様な要因の複雑な絡み合いとして全体的・総合的に現象しているにもかかわらず、社会諸科学はそれぞれの専門領域に閉じこもり、専門主義と分析主義の桎梏にがんじがらめの状態にある。尤も、社会現象の構造的複雑性を認識すればこそ種々の社会諸科学が発生したとも言えるのだが、経験的事実は総合的であるという現実のまえには、もはや個別科学がバラバラに各自の分析を展開したうえで〝神の手〟によって総合化されるという予定調和が幻想でしかないことは明らかであろう。したがって個別科学はそれぞれの〝蛸壺〟から這い出して学際的研究に協調努力すべし、という学際化の主張は有力な現代的社会科学論となる。

社会科学という概念が単に社会現象を対象とするという意味のみならず、自然科学とは異なる「社会科学的方法」なるものを共有していることを含意しているとすれば、その方法的特色とは、詳細については多くの議論があるとしても、仮説形成過程における広義の解釈学的方法と仮説検証過程における非実験的方法の採用という二点に求められるであろう。社会諸科学がこのような社会科学的方法を共有したからといって、複雑な全体的現象として生起している経験的事実に対して、個別の社会諸科学が各自の専門的分析方法によって明らかにされる領域は、極めて限られた範囲でしかない。なぜなら、経済学も、社会学も、政治学も文化学も、それぞれ独自のメタ前提（基礎的人間観）と基礎原理によって、しかもそれぞれが自己の分析能力を過大視して相互に排他的に自己のパラダイムに籠城するために、社会諸科学間で共有し得る研究領域が狭く限られてしまうからである。

したがって、社会科学における学際化は、一口に言ってしまえば悲観的である。しかし、敢えてここでその可能性の一端を想定すれば、第一は、それぞれの個別科学が自己の専門性を内省し自己の有限性を謙虚に自覚したうえで、他の専門領域から学ぶべきは学ぶ態度を具体的に示すことによって、それぞれの分野が可能な限り自己の内実を豊富化する方向である。おそらくこれが、普通に言うところの学際化への途であろう。そして第二に、よりドラスティックな方向は、社会諸科学の討議的対話のなかから「社会科学」として統一的でより包括的かつ基礎的な人間モデルを開発し、そこに社会諸科学が依拠する既存の各メタ前提を従属させて社会現象の全体洞察と専門分析をなす、という複眼的探究を図る方向が考えられよう。そして、いずれにしても経営学にとって不可避なことは、経営学が自らの社会科学性を方法論的に自覚することである。自らのアイデンティティを持たずして、社会科学的学際化に主体的に参加することは不可能であろう。

3　経営学は固有名詞か普通名詞か

経営学が経済学でも社会学でもなく、一個の個別社会科学として存立していると主張するなら、その根拠は何か。この問いは経営学の草創期に繰り返し議論された問題であったが、こんにちそれはどこまで答えられたであろうか。同じ疑問は、近年では当学会第8回大会基調報告で佐々木恒男が提起した問題でもあった。氏は「経営学は、果たして、一個の独立した学問として存在しうるのかどうか、経営学は、学としての独自性を主張するのに必要な経営学固有の、独自の学問の方法論的基礎をしっかりと持っているのかどうかさえ実は疑わしいという危機的な状況に、今日、あるのではなかろうか」(佐々木恒男、二〇〇一年、四頁)と述べているからである。

たしかに、こんにちの経営研究を概観すれば、企業を論じてはいるが経済学とどこが違うのか、組織行動を扱っているけれども社会学と変わらないのではないか、と思わざるをえない研究が過半である。むしろこんにちの経営学界の現状は、このような無節操な〝学際主義〟が主流派となった観さえある。おそらくこれは、経営学は〝学際科学〟なのだから経済学的でも社会学的でも構わないではないか、重要なのは究明される「問題」であって経営学それ自体ではないのだから、経営学の独自性ということを敢えて言いつのることもないではないか、という

〝無学籍主義〟の主張であろう。この立場からすれば、本稿および上記の佐々木の問題提起は、もはや時代遅れの老婆心ということになる。

当学会会員諸賢をはじめ「経営学」を専門とする研究者の過半が、経営学とは名ばかり、その実体は経済学や社会学、社会心理学の分科に解消されるものとなったと是認するのであれば、これ以上言うべきことはない。しかし、はたして、「経営学」が探究すべき「問題」と「課題」は隣接諸学のなかに解消されるものであろうか。「経営」という対象はたしかに学際的多面性を基本特性とするものながら、経営の多面的全体性は隣接諸学の接合からは解明されえないのではないか。本稿では、具体的にいかなるものをもって経営学に固有の方法とするかについて詳細に検討する余裕はない。ここでは、経営学の学際性は経営の多面性から要求されるというよりは、その多面性を統合する経営の主体的統一性に則して、経営学が「経営学的経営」を再構成すべく自己に課す学術的課題であるということを指摘するにとどまる。

二　現代経営学の諸問題――CSR、HRM、NPO経営学――

1　経営学問題としてのCSR

CSR（企業の社会的責任）が企業経営の現代的課題であることは、いまさら指摘するまでもない。そしてCSRという経験的社会現象は企業経営の課題（problem）であるとともに、その重要性に鑑みて、すでに経済学や社会学、法学等の社会諸科学や倫理学の問題（subject）となっている。そして当然ながら、それは経営学にとっても喫緊の問題と見なされているのであるが、ここで注意したい点は、「経営学的問題としてのCSR」ということである。すなわちそれは、CSRという現実の経営課題がどのような形で経営学の問題として浮上して議論の経緯を辿り、こんにちの経営学上の課題と見なされているかという経営学史上の議論と、経営学の理論枠組みでどこまでCSR問題を探究することができるかという経営学の理論的能力（可能性と限界）を問題とする議論からなる「問題」である。

このように言えば、直ちに、そのような議論は経営学の学術内部の事情に関するもので、現実の企業行動にも企業行動によって影響を受ける社会にとっても何ら関わりがないではないか、もっと経営実践的で現実対応的な議論をすべきではないか、という批判が寄せられそうである。もしそのような声が経営学内部の多数派のものであれば、もはや経営学史学会も無用の長物となるであろう。そうではなく、経営学が真に経営実践的で、社会厚生にとっても有益となる議論を展開するためには、経営学界が全体として体系的に当該問題に対する理論的向上をはかり、堅実な研究を積み重ねること以外にはないのではなかろうか。

CSRは、たしかに企業の「現代的」課題とされているのであるが、たとえばわが国の場合、「CSR元年」とされる二〇〇三年になって突如として発生した課題ではない。それにも拘わらず、わが国においてCSRが二〇〇〇年代に入って喫緊の課題としてクローズアップされるに至ったのは、情報化の進展とグローバライゼーションの本格化によって企業を取り巻く社会的情況が大きく変化し、それまでの従業員問題、消費者問題、株主問題をはじめ種々のステイクホルダー別CSR問題が一挙に複合的に噴出することによって、CSRが企業の発展はおろか存亡にもかかわる最大の経営課題となったことが現実化したからにほかならない。かくして、企業存亡という極限的事態が目前に迫ることによって、CSRは経営研究の花形主題となってこんにちに至っている。

しかしながら、CSRは経営研究の基本的主題であって、経営現象としてのCSRの如何に拘らず、常に経営のなかに存在し、経営とともに発生する「問題」にほかならない。しかも、いまやCSR研究は百花繚乱の状況を呈しているのであるが、それらは企業倫理論、コーポレート・ガバナンス論、企業目的・成果論などとどのような重なり合いと連関をもつのかが不分明なまま、その内部も経済学や社会学、法学等の社会諸科学や倫理学の諸アプローチが入りみだれ、内容も当然ながら諸説紛々という状況にある。それは、ＣＳＲ論を自らの中心主題とするはずの「経営学」が、経済学や法学等のＣＳＲ研究と同じように、ただ「重要課題となったＣＳＲを問題にする」という姿勢、もっと言えば、経営に対する存在論を欠いた単なるＣＳＲ論として展開されるからであろう。その意味で、ＣＳＲが「経営学の問題」としてどこまで自覚されているかどうかは、なお疑問が残ると言わざるをえない。

２　経営学問題としてのＨＲＭ

かつて労務管理、労使関係管理、人事管理、人事・労務管理等と呼ばれたヒト・マネジメントの問題領域（便宜上、以下では従業員管理と呼ぶことにする）は、経営課題として最古に属する。ただし同じ従業員管理といっても、あらためて指摘するまでもなく、経営史における現実課題は一定不変ではありえず、企業のおかれた時代の文化的・社会的・経済的情況によって変遷してきた。特にこの問題領域が米国で一九八〇年代以降、人事管理(personnel management) から人的資源管理 (human resource management) へと呼称変更されるとともに、従業員管理の原理も労使関係的な原理から戦略経営的なものへと重点をシフトしてこんにちに至っていることは、すでに周知の如くである。この変化を従業員管理のパラダイム・シフトとすれば、そのこと自体の意義を探究することがひとつの「経営学的問題」であるだろう。

人間の問題が経営学の中心に位置することは、現代の経営学的観点からすれば異論のないことながら、従業員管理の経営論が始めから経営学的であったかと言えば、この問題領域の古さからして、従業員管理の研究はむしろ労働経済学や産業生理学が中心的役割を果たし、やがて漸進的発展を示してきた「経営学」がそれらを吸収して「人事管理論」を構成することになったと見ることができるであろう。従業員管理が経営学的問題となるためには、経営学の対象たる「経営」のなかでこの問題がどのような意義を有するものであるかについての存在論的認識と、これをどのような「方法」によって探究するかの方法論的認識が自覚されている必要がある。この観点から見て、かつての「人事管理論」とこんにちの「ＨＲＭ論」との間に名称変更をこえる経営学的発展の有りや無しやを問うことは、現実の従業員管理の諸問題それ自体を検討することの重要性の陰に隠れて軽視されるべきではない。

ＨＲＭが従業員管理を経営戦略の視角から再構成するものとすれば、経営学はその功罪を実践論的のみならず批判的に考究しなければならない。企業経営の現実は企業（資本）の論理と経営（存続）の論理を優先して、ともすれば人間の原理を軽視する実態を伴いがちだからである。たとえばこれを、わが国における成果主義や「ホワイトカラー・エグゼンプション」の導入、非正規社員雇用拡大の問題のなかに見るときも、経営学が経営戦略の理論をもち経営実践への志向観点をもつとしても、行政や産業界の立場、経済学の立場などに無批判的に迎合することは安易にすぎると言わざるをえない。唯一絶対の普遍的正義があると軽々に主張すべきではないが、それぞれの経営学的理論が自らの「経営の原理」にもとづく「経営学の立場」を確立しないところに、真の経営批判も経営実践論も生まれまい。

すでに繰り返し述べたが、経営の諸事象は一つとしてそれ単独で生起するものはない。すべては全体的かつ総合的であって、従業員管理の問題も、企業とは何か、経営とは何か、そして事業とは何か、という全体にして根源的な主題に即して考究すべき課題であろう。特に、われわれがいまＨＲＭという概念を労・資（使）双方のステイク・ホルダー的利害を超えて、「社会志向経営（公共経営）」の立場から現代経営学の基礎概念と位置づけようとするならば、事業論の基礎としてあらためて「仕事とは何か」という主題を経営学的問題とすべきではなかろうか。従業員としての諸個人が一方では経営体メンバーとしてその能力と努力と生活時間の過半を「労働」に費消することによって経営体の発展に貢献するとしても、他方ではそのことが「経営体の発展」を上回る意味において諸個人の「幸福」に寄与するものでないならば、従業員と経営体の相即的発展を実現する経営学的実践とはならないばかりではない。それはさらに「社会的発展」という公共的観点から見ても決定的な欠陥をもつことを、われわれの経営学はもっと重視すべきであろう。

３　経営学問題としてのＮＰＯ経営：公共経営の概念

近年ＣＳＲや企業倫理に改めて関心が集中し、さらに社会貢献活動の展開や各種ＮＰＯの増加といった動向にともない、「公共経営」という概念が用いられるようになったが、現段階では、理論的に十分な吟味を経て一般化された概念とは言えず、概してそれは単に「企業経営」に対する「非企業的」経営と理解されるにとどまっている。それによれば、企業――典型的には株式会社企業――の経営は営利を目的とするものであるゆえに「公共」経営とは異なる、すなわち公共経営は「非営利」経営（ＮＰＯ経営）である、ということを意味しているにすぎないかのようである。そして、非営利を公共経営の条件とする論理は、営利は私益の追求であり私益追求は公益に反する、という信念に基づいている。

経営学が「企業経営」を対象とする学として生成して百年、この間、経営学は企業経営の目的を営利追求に置いて疑うことがなかった。経営学の主流は、企業とは「資本の論理」をその本質とする「経済単位」であり、したがってその基本的性格は「経済合理性」にあって、その目的は「極大利潤の追求」にほかならない、という単純な経済学的パラダイムに支配されてきたと言って過言ではない。もちろん、それはひとり経営学の独断とはいえず、経営学の歴史と現状は企業経営の実態がほぼ同様の認識枠組みで展開されていることと深く関連している。理論と現実は相互に関連しあいながら、しばしば強固な〝思いこみ〟（ドグマ）を形成すると考えられるからである。たとえば企業の反道徳的行為が跡を絶たない産業界の実態は、自らの本性を「極大利潤の追求」におく自己認識に発しているし、そのような企業経営の現実を是正しようとする通説経営学の論理は、「資本の論理」と「社会の論理」との最適バランスを探求する方向で考察されるにとどまっている。

こんにち経営学はその対象をＮＰＯ経営へと拡張することが期待されているが、そのまえに、ＮＰＯの側から企業経営におけるコスト効率志向や合理化志向をＮＰＯ経営に導入しようという要求が寄せられているという現実面があろう。たしかに、それによる一定の効果も期待できるであろうが、企業経営の論理をそのままＮＰＯ経営へ適用することは、現実にはそれほど容易でもないばかりか、有効でさえなかろう。筆者の観察では、それは「木に竹を接ぐ」不調和でしかないように見える。管見によれば、その原因の根本は、企業経営の実態が事業経営の本然から遊離したまま、自己を公共経営とは別種の存在と誤認していることに求められる。

経営学がその対象を拡張するというとき、通常それは「企業経営学」の応用であろう。その場合、経営学がすでに述べたような経済学的企業論の立場から企業経営の実態を記述・説明し、あるいは収益増大と存続確保のための科学的「知見」を提供する伝統的企業経営学のパラダイムに閉じこもったままであるならば、この対象拡張の問題は、結局のところ企業経営学と「ＮＰＯ経営学」の二本立てという妥協策で終わることになる。はたしてそれは、経営学の発展という観点からみて適正な方向であろうか。この際われわれは、「経営と公共性」という基本的な視角から既存の経営学が百年をかけて築きあげてきた企業経営学の原理を再検討すべきであろう。そうしなければ、経営学は次代の百年が要請する社会の期待に応えることができないのではなかろうか。

主要参考文献

小笠原英司『経営哲学研究序説―経営学的経営哲学の構想―』文眞堂、二〇〇四年。
奥林康司・稲葉元吉・貫　隆夫編著『ＮＰＯと経営学』中央経済社、二〇〇二年。
佐々木恒男「経営学研究における方法論的反省の必要性」経営学史学会編『組織・管理研究の百年』文眞堂、二〇〇一年。
佐護　譽『人的資源管理概論』文眞堂、二〇〇三年。

島田　恒『非営利組織のマネジメント―使命・責任・成果―』東洋経済新報社、一九九九年。

社会経営学研究会編『関係性と経営―経営概念の拡張と豊富化―』晃洋書房、二〇〇五年。

J・P・ロゼー（常石啓一訳）『科学哲学の歴史―科学的認識とは何か―』紀伊国屋書店、一九七四年。

高田　馨『経営の倫理と責任』千倉書房、一九八九年。

谷本寛治編著『CSR経営―企業の社会的責任とステイクホルダー―』中央経済社、二〇〇四年。

M・デュヴェルジェ（深瀬忠一・樋口陽一訳）『社会科学の諸方法』勁草書房、一九六八年。

P・F・ドラッカー（上田惇生訳）『企業とは何か―その社会的使命―』ダイヤモンド社、二〇〇五年。

平野文彦・幸田浩文編『人的資源管理』学文社、二〇〇三年。

ハンス・ラファー／ボド・アベル（小島三郎監訳）『現代科学理論と経済学・経営学方法論』税務経理協会、一九八二年。

三戸　公「人的資源管理論の位相」『立教経済学研究』第58巻第1号、立教大学経済学研究会、二〇〇四年。

村上陽一郎『近代科学を超えて』日本経済新聞社、一九七四年。

森本三男『企業社会責任の経営学的研究』白桃書房、一九九四年。

山内恭彦編『現代科学の方法―自然・人間・社会の認識―』日本放送出版会、一九七一年。

渡辺二郎『構造と解釈』筑摩書房、一九九四年。

渡辺　峻『「組織と個人」のマネジメント―新しい働き方・働かせ方の探究―』文眞堂、二〇〇七年。

二　組織研究の方法と基本仮定

——経営学との関連で——

坂下昭宣

一　はじめに

本稿は、経営学を組織のマネジメント学と定義した上で、組織研究の方法と基本仮定を経営学との関連で論究する。

ここで、組織研究の方法とは経験的研究の方法に限定し、エスノグラフィー、ケーススタディ、サーベイリサーチの三つを指すものとする。

また、基本仮定とは研究者が組織に対してア・プリオリに持っている分析哲学上の前提であって、簡単にパラダイムといってもよい。それは、存在論上の基本仮定、認識論上の基本仮定、方法論上の基本仮定からなり、厳密にいえば、エスノグラフィー、ケーススタディ、サーベイリサーチごとに異なっている。

本稿ではそのことを明らかにした上で、組織のマネジメント学としての経営学にふさわしい組織研究の方法と、各方法を用いる上での留意点を論究する。

二　組織のマネジメント学としての経営学

経営学が組織のマネジメント学であり、組織現象の望ましい制御を目的にした政策科学だとすれば、まず組織現象の因果関係を説明することが必須である。なぜなら、X→Yという因果関係が説明できてはじめて、結果変数Yの目標値を実現するために原因変数（＝政策変数）Xの値を制御できるからである。

この意味で、経営学にふさわしい組織研究の方法は、組織現象の因果関係を説明する方法でなければならない。それは、ケーススタディの一部（＝複数ケーススタディ＝説明的ケーススタディ）とサーベイリサーチである。

他方、組織研究の方法は、必ずしも組織現象の因果関係を説明する方法に限定されるものではない。それ以外にも、現象を記述する方法としての組織研究（＝単一ケーススタディ＝記述的ケーススタディ）や、現象の「意味」を記述する方法としての組織研究（＝エスノグラフィー）がある。

以下では、それぞれについて分析哲学上の基本仮定を明らかにし、各組織研究の方法の特質を論究する。その上で、複数ケーススタディとサーベイリサーチがなぜ組織マネジメント学としての経営学にふさわしい組織研究の方法なのか、論究する。

三　組織研究の基本仮定

多くの組織研究は、それぞれ固有の基本仮定を持っている。この基本仮定とは、バーレル＆モーガン（1979）が主観主義社会学（その典型は解釈主義）と客観主義社会学（その典型は機能主義）の違いを述べた著名な図式

（図1参照）に基づいている。彼らは、両者の違いを「存在論」「認識論」「人間論」「方法論」という四次元で比較した。

存在論（オントロジー）とは，社会的世界の存在に対する研究者の基本仮定であり，客観主義社会学が「実在論」の立場に立つのに対して，主観主義社会学は「唯名論」の立場に立つ。実在論の立場では，社会的世界は成員の認識とは独立に，客観的実在として存在する構造である。これに対して唯名論の立場では，社会的世界は実在する構造ではなく，成員の認識を通じて社会的に構成されたものである。

認識論（エピステモロジー）とは研究者が社会的世界をどう認識するかに関する基本仮定であり，客観主義社会学が「実証主義」の立場を採るのに対して，主観主義社会学は「反実証主義」の立場を採る。実証主義は研究者が社会的世界を外部から直接認識できるとする立場である。これに対して反実証主義は，研究者は社会的世界の成員の認識を通してのみ，間接的に社会的世界を認識できるとする立場である。

人間論とは研究者が人間をどう見ているかに関する基本仮定であり，客観主義社会学が「決定論」の立場に立つのに対して，主観主義社会学は「主意論」の立場に立つ。決定論の立場に立つ客観主義社会学は，人間の行為は状況や環境によって完全に決定されていると仮定している。これに対して主意論の立場に立つ主観主義社会学は，人間は自由意思を持って行為していると仮定している。

方法論（メソドロジー）とは社会的世界の研究方法に関する基本仮定であり，客観主義社会学が「法則定立主義」の立場に立つのに対して，主観主義社会学は「個性記述主義」の立場に立つ。法則定立主義の立場では，社会的世界は自然現象のように反復的に生じる事象と見なされるので「変数」で記述され，諸変数間の因果関係が説明される。これに対して個性記述主義の立場では，社会的世界は歴史現象のように一回限りの特定的事象と見なされるので「非変数」として記述される。

以上を要約すれば次のようになる。客観主義社会学は社会的世界が成員の意識の外に事物として実在する（＝実在物）と仮定しているので（実在論）、研究者はそれを成員の意識作用にまで還元する必要はなく、外部からの観察を通じて直接認識できると仮定している（実証主義）。そこでは社会的世界は反復的に生じる事象として変数で記述され、変数間の因果関係が説明される（法則定立主義）。

これに対して主観主義社会学は、社会的世界は成員の意識作用を通じて社会的に構成された意味世界（＝構成物）だと仮定しているので（唯名論）、研究者は成員自身の一次的意味構成を二次的に再構成することによってのみ、意味的構成物としての社会的世界を認識できると仮定している（反実証主義）。こういった点では、主観主義社会学は常に「二重の意味構成の学」である。そこでは社会的世界は一回限りの特定的事象として非変数扱いされ、個性把握的に記述されるのである（個性記述主義）。

図１　主観主義社会学と客観主義社会学

主観主義社会学		客観主義社会学
唯名論	・・・（存在論）・・・	実在論
反実証主義	・・・（認識論）・・・	実証主義
主意論	・・・（人間論）・・・	決定論
個性記述主義	・・・（方法論）・・・	法則定立主義

出所：バーレル＆モーガン，1979，邦訳，６頁より作成。

バーレル＆モーガンの以上の図式に基づけば、エスノグラフィーは主観主義社会学に属し、ケーススタディとサーベイリサーチは基本的に客観主義社会学に属している。以下では、各組織研究の方法をその基本仮定の点から個別にみていくことにする。

四　エスノグラフィーの基本仮定

エスノグラフィーは本来、文化人類学の領域で発達した研究であって、ある特定の文化を個性把握的に記述しようとする研究である。それは、バーレル＆モーガンの図式でいえば主観主義社会学に属している（図2参照）。

第一に、エスノグラフィーは研究対象である文化を、その成員が社会的に構成した意味世界であると見ている。これが、研究対象を「構成物」と見る存在論上の基本仮定である。

第二にエスノグラフィーは、成員の一次的構成物を二次的に再構成することによって、文化を認識しようとする。エスノグラフィーは、成員の認識を通じてのみ文化を認識できるのである。これが、認識論上の反実証主義である。

第三に、エスノグラフィーは方法論上は個性記述主義である。それは、文化の成員が共有している意味世界を個性把握的に記述しようとする。この意味では、エスノグラフィーは文化をそもそも非変数と見ているのである。

図２　エスノグラフィーの基本仮定

（存在論）・・・構成物
（認識論）・・・反実証主義
（方法論）・・・個性記述（非変数）

エスノグラフィーは、文化を非変数と見ているのであるから、文化の因果関係を問題にすることはない。エスノグラフィーにおける文化は、成員が社会的に構成した意味世界としての文化であって、一個独特のものである。

エスノグラフィーの典型例としては、スマーシッチ（1983）の研究がある。彼女はある保険会社のフィールドワークによって、組織文化が「共有された意味体系」として存在すること、及びそれが成員間のシンボリックな意味解釈過程（＝意味構成過程）を通じて生成し、維持されていることを観察した。

この研究に典型的に見られるように、エスノグラフィーはある特定の文化の解釈主義的な記述である。そこでは、文化は成員によって共有された意味体系として存在している。意味体系のこの共有感、あるいは当たり前の感覚は、エスノメソドロジストが「社会的構造感」と呼んだ「自然的態度」に近い感覚であって、それなしには組織的な諸活動が持続的には生じないものである。

意味体系の共有感は、スマーシッチの研究に見られるように、さまざまな「シンボル」を成員が間主観的に意味解釈することから構成され維持される。それは、成員が自分たちの経験を意味あるものとして構成し（＝一次的構成）、維持している間主観的な意味世界としての文化である。そうした一次的構成物としての文化を、彼女の研究は個性把握的なエスノグラフィーとして生き生きと再構成し（＝二次的構成）、記述しているのである。

しかしながら、エスノグラフィーは経営学にふさわしい組織研究の方法とは言い難い。なぜなら、エスノグラフィーは組織文化を、成員が社会的に構成した意味世界だと仮定しており、組織研究者が外部から直接観察できる現象だとは見ていない。また、エスノグラフィーは組織文化をある時間空間における一個独特の非変数と見なしており、それと他の組織現象の間の因果関係を説明しようとするものではなく、単にそれを個性豊かに記述しようとするものだからである。

要言すれば、エスノグラフィーは組織文化を政策的に制御できる変数だとは見ないゆえにマネジメントの手段にはなりえず、それゆえ組織マネジメント学である経営学にはなじみにくいのである。

五　単一ケーススタディの基本仮定

単一ケーススタディは外見的には、エスノグラフィーと非常に似ている。単一ケーススタディも、一つの研究対象を記述することを目的としているからである。もっとも、ケーススタディは必ずしも文化を研究対象にするわけではないから、この点ではエスノグラフィーとは異なっている。ただ、単一ケーススタディが特定の組織文化を研究対象にする場合には、それは外見的にはエスノグラフィーと非常によく似たものとなる。

しかし、ケーススタディやサーベイリサーチはそもそも客観主義社会学に属しているので、それらは主観主義社会学に属するエスノグラフィーとは非常に重要な違いがある。そうした違いを、組織文化を研究対象とする単一ケーススタディとエスノグラフィーの比較という点で見てみよう（図3参照）。

図3　単一ケーススタディの基本仮定

（存在論）・・・実在物
（認識論）・・・実証主義
（方法論）・・・個性記述（変数値）

まず第一に、エスノグラフィーは研究対象である組織文化を、その成員が社会的に構成した意味世界だと仮定しているのに対して、組織文化の単一ケーススタディは、それを成員の認識とは独立の、したがって成員の意識の外にある「実在物」だと仮定している。いわば、組織文化を自然現象と同様な「事物」だと見なしているのである。

第二に、エスノグラフィーは成員の一次的構成物を二次的に再構成することによって、組織文化を認識しようとするのに対して、単一ケーススタディは組織文化を成員の一次的構成物にまで還元することはなく、組織研究者が直接外部から認識しようとする（たとえば、研究者自身の操作概念を用いたアンケート調査）。これが、組織文化の単一ケーススタディが依拠する認識論上の実証主義である。

第三に、エスノグラフィーと単一ケーススタディは、方法論的にはともに個性記述であるが、個性記述の意味が異なっている。すなわち、エスノグラフィーでは組織文化の成員が共有している意味世界の個性把握的記述になるが、単一ケーススタディでは同じ組織文化の個性把握的記述であるとはいっても成員の意味世界にまで踏み込むことはない。

それは、組織研究者が外部から直接認識した、「事物としての文化現象」の記述である。この意味では、組織文化の単一ケーススタディは組織文化を変数と見た上で、その変数の特定値（＝変数値）を記述していると言えるのである。

さて一般に、単一ケーススタディは存在論上の実在物としての組織現象を研究対象とし、それを組織研究者が直接外部から認識できると仮定し、しかもそれを変数としてとらえた上でその変数値を記述していくので、因果関係の説明の前段階を担当しているといえる。その意味では、組織現象の単一ケーススタディは経営学になじむ。

しかし、単一ケーススタディは因果関係の説明そのものではない。なぜなら、単一ケーススタディでは、それがいかに多くの現象を対象としていようとも、そのケースは多次元空間内の一つの点として表現されるに過ぎない。諸現象間の因果関係の説明のためには、そうした多次元空間内の対極に位置するもう一つの点として表現される二つ目のケースが少なくとも必要である。

そうした対照的な複数のケースを相互比較することで、ある現象の原因を特定する。これが、ケーススタディによる因果関係の説明だからである。したがって、一般に、ケーススタディによる因果関係の説明は、複数ケーススタディでなければならない。

しかも、因果関係の説明とは究極的には、上述の多次元空間内の対極に位置する複数の点（＝対照的な複数のケース）がかたちづくる多次元平面または多次元曲面の方程式を求めることなのである。

以上からわかるように、単一ケーススタディは方法論的には諸現象の記述、換言すれば諸変数の変数値の記述にとどまる。したがって、単一ケーススタディによって、因果関係を前提とした経営の実践的インプリケーションを提言するのは、原理的には誤りであるといわなければならない。

六　複数ケーススタディの基本仮定

上で見たように、ケーススタディは存在論上の実在論、及び認識論上の実証主義を基本仮定としており、この点がエスノグラフィーとの決定的な相違点である。ただ、方法論の上では、単一ケーススタディと複数ケーススタディは異なる（図4参照）。

図4　複数ケーススタディの基本仮定

（存在論）・・・実在物
（認識論）・・・実証主義
（方法論）・・・法則定立（分析的一般化）

単一ケーススタディは、イン（1994）の言う記述的ケーススタディとなり、「事物としての現象」を個性豊かに記述する。これに対して、複数ケーススタディは通常、インの言う説明的ケーススタディとなるのである。

インは、「記述的ケーススタディ」と「説明的ケーススタディ」を区別している。記述的ケーススタディとは、ある現象の「記述」であって「説明」ではない。言い換えれば、事物としての現象を記述するのであるが、その現象の原因を説明することではない。

しかし、事物としての現象（＝実在物）を対象にしているので、はじめのケースとは対照的なケースを追加することで複数ケーススタディへと拡張し、それらのケースを相互に比較することでその現象の原因を説明する研究へと発展させることはできる（＝比較ケース法）。

これに対して、説明的ケーススタディとは、事物としての現象の原因を説明することを目的としたケーススタディであって、この場合、原因とはその現象に先立つ独立の現象（むろん、事物）でなければならない。言い換えれば、説明的ケーススタディとは事物としての諸現象間の因果関係を説明しようとするケーススタディであって、そのための方法が、対照的な複数のケースを相互比較することで現象の原因を特定しようとする「比較ケース法」なのである。

他方、複数ケーススタディは、事物としての組織現象を研究者が外部から直接認識し、そうした組織現象間の因果関係を説明する説明的ケーススタディとなるので、組織マネジメント学としての経営学にはふさわしい研究方法であると言える。

組織研究者は、複数ケーススタディによって明らかになった因果関係に基づいて、結果変数の望ましい値を実現するために原因変数の値を政策的にどう制御すればよいかを、実践的インプリケーションとして提言できるからである。

ただ、明らかになった因果関係の「一般性」という点に関しては、特別の注意が必要である。最後に、こうした点について論究しよう。

まず、複数ケーススタディでは、分析対象である複数ケースはランダムサンプリングによって抽出されるのではない。むしろ逆に、研究者自身の洞察や先行研究の理論をもとにデザインされた何らかの「分析枠組み」に基づいて選択的に抽出される。

その分析枠組みは、対照的な現象を生じさせている複数のケースを選択的に抽出し、そうした現象の違いを生じさせている原因を複数のケース間の比較によって分析していこうとするものであって、「比較ケース法」とよばれる研究方法である（イン、1994）。

したがって、複数ケーススタディで説明された因果関係は、厳密には分析対象となった「ケース群」について成り立っている。しかし、それは原理的には、そうした因果関係を同じ分析枠組みによっていつでも「再現」（replication）できるという意味で、一般的でもある。インは、このような一般化を「分析的一般化」と呼んだのである。

分析的一般化は、同じ条件下で同じ現象を、または逆の条件下で逆の現象を再現できることで保証される一般性である。したがって、複数ケーススタディ（＝比較ケース法）はいわゆる「実験」と同じ原理に立つものである。

七　サーベイリサーチの基本仮定

サーベイリサーチは、客観主義社会学を代表する調査方法である。それは、存在論上の実在論、認識論上の実証主義、方法論上の法則定立主義に立つ（図5参照）。したがってそれは、説明を目的とした複数ケーススタディと形式上違いがないようにも見える。事実、両者は分析哲学上の基本仮定においてはまったく同じ立場に立っている。

しかしながら厳密には、方法論上の法則定立主義という点に関して、両者が説明する因果関係の「一般性」には重要な違いがある。以下では、こうした点について論究する。

すなわち、複数ケーススタディ（＝説明的ケーススタディ）とサーベイリサーチは方法論上の基本仮定はともに法則定立主義であるが、前者ではそれは因果関係の「分析的一般化」であるのに対して、後者ではそれは因果関係の「統計的一般化」である（イン、1994）。

図５　サーベイリサーチの基本仮定

(存在論)・・・実在物
(認識論)・・・実証主義
(方法論)・・・法則定立（統計的一般化）

前にも述べたように、複数ケーススタディでは分析対象である複数ケースはランダムサンプリングによってではなく、研究者自身の分析枠組みに基づいて選択的に抽出される。それゆえ、複数ケーススタディにおける「ケース群」は、サーベイリサーチにおける「サンプル」とは明確に異なる。イン自身の表現を借りて言えば、「ケース群はサンプルの小型版ではない」のである。

次に、複数ケーススタディでは複数の対照的なケースが相互に比較されることで、ある現象の原因が特定される。以上が、複数ケーススタディによる因果関係の説明である。

そして、複数ケーススタディによって得られた因果関係は、厳密には分析対象となったケース群について成り立っているのであるが、原理的には同じ分析枠組みを使っていつでもその因果関係を再現できるという意味で、インの言う分析的一般化なのである。

他方、サーベイリサーチの場合には、直接の分析対象はサンプルであり、これはランダムサンプリングによって抽出される。このサンプルのランダム性は重要である。サンプルはこのランダム性によって背後母集団の「代表性」を獲得し、そのことが背後母集団のパラメタの推定や検定を可能にするからである。

たとえば、因果関係の強さを意味する回帰係数bはサンプルについてのものだが、背後母集団におけるbの理論値βがβ≠0となるか否かを、bの値とサンプル・サイズ（N）から結論づけることができるのである。

このように、こうした方法によって得られる結論は単にサンプルについてのものではなく、サンプルから統計的に推測される背後母集団についてのものであって、インはそれを「統計的一般化」と呼んだのである。

以上のように見てくると、複数ケーススタディ（＝説明的ケーススタディ）とサーベイリサーチにおける因果関係の一般化の違いがよりいっそう明らかになる。

複数ケーススタディは、あらかじめ理論的に分析枠組みをデザインすることで、背後母集団の中からそうした分析条件に合うケースを選択的に抽出し、それらのケースを比較分析することで背後母集団の因果関係に直接迫ろうとする。そして、そうした因果関係の一般性は、「再現可能性」によって保証されている。これが、分析的一般化である。

これに対して、サーベイリサーチは、ランダムサンプリングによって背後母集団の特性をそのまま受け継ぐ、いわば背後母集団のミニチュアであるサンプルを抽出し、そのサンプルの因果関係から背後母集団の因果関係を推測しようとする。いわば、サンプルという窓を通して、背後母集団の因果関係を覗こうとするのである。そして、そのようにして推測した因果関係の一般性は、サンプルが背後母集団のミニチュアであるという、まさにその「代表性」によって保証されている。これが、統計的一般化である。

最後に、サーベイリサーチも複数ケーススタディと同様に、事物としての組織現象を研究者が外部から直接認識し、そうした組織現象間の因果関係を説明するので、組織マネジメント学としての経営学にはふさわしい研究方法である。

組織研究者は、サーベイリサーチによって明らかになった因果関係に基づいて、結果変数の望ましい値を実現するために原因変数の値を政策的にどう制御すればよいかを、実践的インプリケーションとして提言できるのである。

八　法則定立主義と理論志向

これまで見てきたように、複数ケーススタディやサーベイリサーチは客観主義社会学を代表する経験的研究の方法であり、それぞれ分析的または統計的に因果関係の説明を一般化しようとしている。しかしこのことは、両者が理論フリーであるということではない。

複数ケーススタディではケースの選択的抽出の前に必ず理論的な分析枠組みが必要であるし、サーベイリサーチでも統計的一般化の前後で必ず理論志向が必要である。そうであるなら、複数ケーススタディやサーベイリサーチといった法則定立的組織研究はどのような理論志向を持っているのだろうか。最後に、こうした点について論及する。

この問題は、組織現象間に何らかの因果関係が想定される場合に、そうした因果関係がなぜ存在するのかを理論的に説明する問題である。そして、これまでの組織研究では、少なくとも二つの理論パラダイムが見られた。

第一は、客観主義社会学を代表する機能主義である。一般に、機能主義はシステムが維持存続する根拠をそのシステムが果たしている機能に求める。システムが維持存続するのはそれが一定の機能を果たすからであって、一定の機能を果たす限りそのシステムは維持存続する、と考えられている。したがってこのとき、システムと機能の間には一定の因果関係が想定される。これが、機能主義の理論パラダイムである。

このような理論志向のもとに展開された組織研究には組織構造論がある。組織構造論は、機能的な組織構造とは何かという論点のもとに展開された。そして、初期には機械的な組織構造が機能的だと考えられた。したがって、このときの因果仮説は、組織は機械的な構造になるほど高業績になるというものだった。

しかしその後、有機的な組織構造がより機能的だという仮説が生まれ、組織は有機的な構造になるほど高業績になるという研究が支配的になった。このような相対立する理論仮説を統合したのが、組織構造のコンティンジェンシー理論だった。

組織構造のコンティンジェンシー理論は、組織構造の機能性は組織の環境や技術に依存するという、より複雑な因果関係を想定した。その結果、この理論はたとえば、環境が不安定的であるほど有機的な組織構造がより機能的となり、逆に環境が安定的であるほど機械的な組織構造がより機能的になる、と主張したのである（バーンズ&ストーカー、1961）。

第二の理論パラダイムはウェーバーの行為理論である。ウェーバーは、主観主義社会学の代表である解釈主義に近いといえるが、因果関係の説明には無関心な純粋解釈主義者とは異なって、「意味連関」（＝手段―目的連関）を「理解的方法」によって「因果連関」に組み替えようとした。

ウェーバーは、社会現象の因果連関は自然現象のそれとは異なって、行為者の目的合理的行為によって生み出された因果連関なのであって、目的動機を付与された行為者の手段的行為が目的の達成を実現したとき、そうした「手段―目的連関」が「因果連関」として組み替えられうる（＝手段―目的連関の因果連関への組み換え）、という意味での因果連関なのだと主張した。

こうして、ウェーバーの行為理論に立つ組織研究は、因果関係の理論的根拠を行為者の意味連関（＝手段―目的連関）に求めたのである。

以上からわかるように、法則定立的組織研究は分析的または統計的に因果関係の説明を一般化するだけではなく、上述のように何らかの理論パラダイムに基づいて理論志向でもあるわけである。

九　おわりに

本稿は、経営学を組織マネジメント学と定義した上で、経営学にふさわしい組織研究の方法を探索しようとした。ここでは、その結論を簡潔に要約する。

(1)経営学にふさわしい組織研究の方法とは、組織現象の因果関係を説明している法則定立的な研究である。なぜなら、組織現象の因果関係が説明できてはじめて、望ましい結果を実現するための原因の制御、すなわち政策としての組織マネジメントが可能になるからである。

(2)エスノグラフィーという組織研究の方法は、組織現象の因果関係を説明しようとするものではなく、あたかも組織現象として現れている行為者の「意味」を個性把握的に記述しようとするものであるゆえに、組織マネジメント学としての経営学にはなじみにくい。

(3)組織現象の単一ケーススタディは、それがいかに多くの現象をカバーしていようとも、諸現象の個性把握的な記述であって、諸現象間の説明ではない。しかし、それはケースを追加することで、諸現象間の因果関係を説明する研究へと発展させることができる。したがってこの意味では、組織現象の単一ケーススタディは経営学になじむ。

(4)組織現象の複数ケーススタディとサーベイリサーチは、諸現象間の因果関係を説明する法則定立的な研究方法であるから、組織マネジメント学としての経営学にふさわしい。これらの研究方法で得られた因果関係の知識に基づいて、望ましい結果を実現するために原因を政策的に制御することが可能になるからである。

(5)複数ケーススタディとサーベイリサーチは、因果関係の説明の一般化という点に関しては重要な違いがある。すなわち、前者ではそれは分析的一般化であるのに対して、後者ではそれは統計的一般化である。法則定立的組織研究を行おうとする者は、この点の違いを十分認識しておくことが肝要である。

（6）分析的であれ統計的であれ、因果関係の一般化は単に経験志向であるだけでなく、そうした因果関係がなぜ存在するのかという点に関して常に理論志向でなければならない。法則定立的組織研究は、そうした理論志向が伴ってはじめて真に可能になるのである。

参考文献

Blumer, H. *Symbolic Interactionism: Perspective and Method*, Prentice Hall, 1969.（後藤将之訳『シンボリック相互作用論―パースペクティヴと方法―』勁草書房。）
Burns, T. & G. M. Stalker, *The Management of Innovation*, London: Tavistock, 1961.
Burrell, G. & G. Morgan, *Sociological Paradigms and Organizational Analysis*, Heinemann, 1979.（鎌田伸一・金井一頼・野中郁次郎訳『組織理論のパラダイム』千倉書房。）
Hage, J., *Techniques and Problems of Theory Construction in Sociology* (1st edition), New York: John Wiley & Sons, 1972.（小松陽一・野中郁次郎訳『理論構築の方法』白桃書房。）
Parsons, T. & E. A. Shils (eds.), *Toward a General Theory of Action*, Cambridge: Harvard University Press, 1951.（永井道雄・作田啓一・橋本　真訳『行為の総合理論をめざして』日本評論社。）
坂下昭宣『組織シンボリズム論―論点と方法―』白桃書房、二〇〇二年。
坂下昭宣「「意味の組織論」としての組織シンボリズム論」『組織科学』第37巻第2号、二〇〇三年。
坂下昭宣「エスノグラフィー・ケーススタディ・サーベイリサーチ」『国民経済雑誌』第190巻第2号、二〇〇四年。
坂下昭宣「経営組織論の不連続的展開―組織構造論から組織文化論へ―」『国民経済雑誌』第193巻第4号、二〇〇六年。
坂下昭宣『経営学への招待』〔第3版〕白桃書房、二〇〇七年。
Schutz, A., *Der Sinnhafte Aufbau der Sozialen Welt*, 〔*The Phenomenology of the Social World*〕, London: Heinemann, 1932.（佐藤嘉一訳『社会的世界の意味構成』木鐸社。）
Smircich, L., "Organizations as Shared Meanings," in L. R. Pondy, P. J. Frost, G. Morgan, & T. C. Dandridge (eds.), *Organizational Symbolism*, JAI Press, 1983.
Yin, R. K., *Case Study Research*, 2nd ed., Sage Publications Inc., 1994.（近藤公彦訳『ケーススタディの方法・第2版』千倉書房。）

三　経営研究の多様性とレレヴァンス問題
――英語圏における議論の検討――

長岡克行

一　はじめに

本大会では、十四回大会に引き続いて、「経営学の現在」を大会テーマとし、「柱」として「経営学（ないし経営研究）の方法」と「現代経営学の問題」の二つを取り上げる。ついては、第一の柱に関わることとして「経営研究の具体的アプローチの多様化の問題を学史的に検討」せよというのが、大会プログラム委員会から報告者にあたえられた課題である。経営研究の多様化は第二次大戦後の米国における経営研究の本格化とともに発生したのであったが、経営研究の多様化とこれに付随している諸問題は、一九九〇年前後から米国と英国において、それぞれの"Academy of Management"の機関誌を主たる場にして、間断なく議論され続けている。本報告では、この議論の一部の紹介と検討という形をとることによって、課せられた課題に迫りたい。

二　応用科学としての出発

経営研究に見られるアプローチの多様化という問題は、第二次大戦後の経営研究の本格的な出発時にすでに宿命づけられていた、と言うことができよう。たとえば、「administration の一般理論」の追求、「an administrative science」の確立を目指して、一九五六年に創刊された“Administrative Science Quarterly”の創刊号の巻頭論文と編集長の巻末論文にあるように、an administrative science は「basic」な「social sciences」に基礎をおいた「an applied science」であろうと規定されていた。

ところが、ここで挙げられていた基礎諸科学自体が、すでに必ずしも一枚岩ではないのである（とくに社会学）。このことに加えて、その後の経営研究の増大と制度化に決定的な役割を果たすことになるビジネス・スクールは、研究と教育のアカデミックな水準の向上が望ましいとする二つの調査報告書（Pierson et al., 1959; Gordon and Howell, 1959）を受けて、社会諸科学、行動諸科学、数学、統計学など教員を増大させたのであった。

この新傾向に批判的であった伝統的な管理過程学派の Koontz は一九六一年に論文「管理理論のジャングル」(1961)を書き、翌年には一大シンポジウム「管理の理論と研究：管理の改善におけるそれらの役割」を主催している。そのさい、議論は「管理の理論と研究へのアプローチの多様性、総合の諸問題、実践家たちのニーズと貢献、この重要領域におけるビジネス・スクールの役割」(Koontz, 1964, p. xi) に集中したのであり、新傾向を代表してクーンツに応対したのはサイモンであった（「マネジメント・ジャングル」論争）。

三　ビジネス・スクールにおける研究と教育の距離

しかし、そのサイモンも多様化問題にまったく心配していなかったわけではない(Simon, 1967)。彼の考えるところでは、管理実践は「総合的」で「デザイン」的な性格をもつのに対して、上述の「基礎」科学は主要には「分析的」である。しかもこれらの科学では「純粋」にプラス価値が、「応用」にはマイナス・イメージが付着している。だから、これらの科学の出身者たちは自然状態のままに放置しておかれるならば、それぞれ彼らの出身母体である各学問分野の文化のなかに吸収され埋没していく可能性が高い。サイモンは、「プロフェッショナル・スクールの死」を意味するこうした分散化傾向を防止し、学際的総合的な管理研究を促進するための諸方策を提案していた。

その後、ビジネス・スクールは拡大の一途をたどる。しかしながら、サイモンたちの諸提案は、結局ほとんど効果はなかったようである。米国製造業の国際的競争力の低下という背景があったのだが、米国では一九九〇年代に入ると、ビジネス・スクールに対する批判記事が増えはじめる。それらでは、とりわけ次の点が指摘されていた。机上の分析偏重に傾いている。実践的総合的な管理能力の育成が欠けている。ケース中心の教育方法といえども管理者にとって重要な潜伏的非顕在的な問題の察知にはあまり有効ではない。また、ビジネス・スクールの教師たちは、実務家に向かってではなくて、もっぱら学者仲間向けの学術論文を書いている、と非難されている(議論の概観と文献については、Mintzberg, 2004 を参照)。

四　研究アプローチの多様化の現状

次は、よく知られてもいる研究アプローチの多様化の経緯と現状についてである。マネジリアル・エコノミックスは一九五〇年代からあったが、七〇年代の取引費用論以後、経済学者はさまざまな経済学的手法を使った企業組織の分析に精力的に取り組み始め、ビジネス・スクールにおいても有力な地位を占めるようになる。

他方、〈本来〉の組織と管理の研究者による組織と管理の研究においては、一九五〇年代以来、実にさまざまな研究アプローチをとる研究が生まれた（意思決定論、社会—技術システム論、コンティンジェンシー理論、組織権力論、組織学習理論、組織文化論、組織認識論、制度理論、経営戦略論、組織進化論、組織コミュニケーション論、解釈学的アプローチ、知識生産論、等々）。このことに照応して、研究領域が次々に拡大されていったし（情報、環境、技術、動機付け、リーダーシップ、認知、知識、意味、学習、コミュニケーション、文化、等々）、組織が新たに直面した諸問題に応じて研究テーマも増えている（多国籍企業、リストラクチャリング、イノベーション、ＩＴ、新組織形態、企業統治、企業倫理、等々）。かてて加えて、上掲の理論的アプローチのなかには、経営研究の主流であった実証主義的な認識論・科学方法論に反旗をひるがえすものが含まれていた（解釈論、構成主義、批判的実在論、脱構築主義）。そしてこの動きは、いわゆるポストモダン論の流布とも関連していた。ここからは、例えば“Academy of Management Review”(1992, No. 3) の特集号「組織と管理の理論における新しい知的諸潮流」の諸論文に見られるように、批判的思想に掉さした諸研究が形成されてきている。また、この特集号の二年前には、「通常科学」の「インクルメンタルで footnote-on-footnote 的な研究」から脱することを目標に据え、ラディカルなアイデアや異端的な研究を歓迎する雑誌、“Organization Science”が創刊されていた。

第二次世界大戦後の経営研究は、もともと制約された合理性論から出発したのであった。それは組織を捨象した経済学の企業の理論に対する批判であったのであり、ひとつにはこのことによって組織と管理の研究はその意義と存在理由を確保することができたのであった。合理主義的な思考前提に対する批判は、その後も the one best way 論の否定（コンティンジェンシー論）、組織されたアナーキー論（ごみバケツ理論）、ルース・カップリング論と続いた。これに上述の反―実証主義的科学観、非―表象主義的認識論が追加されたのであるから、ここで得られる組織と管理の全体像は、分析的で規範的に合理的な解の探求を目指している function-areas の管理研究の諸結果とはきわめて対照的である。

以上の結果として、組織と管理の研究は、全体としては関連の欠けた諸部分の集合として現れざるをえないし、組織と管理の全体像については渾沌とした不透明な像しか提供できないでいる。このことが、組織と管理の研究が外部者から瑣末主義的で〈実践にとってイレレヴァントである〉という批判を招いている一つの理由であろうし、マネジメント・グルやコンサルタントたちの本がベストセラーとして迎えられている理由であろう。

五　対策としての「エリート門衛」論

組織と管理の研究の実情はこうであって、例えば経済学において見られるほどの研究パラダイムが見あたらない。ところが米国の“Academy of Management”の一九九二年大会で、フェファーが組織・管理部門の the Distinguished Scholar Address としておこなった講演（Pfeffer, 1993）によれば、まさにパラダイム（技術的な確実性とコンセンサス）の発展水準はその研究分野の社会的組織と作動に多くの結果をもたらす。技術的な確実性とコンセンサスはその研究分野の研究資金獲得能力、共同研究の可能性、それらによる研究の加速、研究成果の累積的な成長、後進にとっての修業期間の改善、業績評価基準の明瞭性、雑誌査読期間の短縮と修正要求の減少、大学院生と助手の数、大学内でのパワー、社会的プレステイジ、平均俸給、等々に関係している。しかるに、組織研究の分野では、包括性や理論的方法論的な多様性に重きを置こうとする傾向がある。雑誌の編集者と書評担当者は新奇性を探し求めているようだし、新しい用語の鋳造に大きな報酬を与えている。また、US Academy of Management 自体も、平等主義的な代議体制をとり、エリート主義を避けている。フェファーによれば、確かに包括性や多様性といった価値は魅力的な理想である。だが、彼が無視できないとするのは、そのことが組織研究分野の科学的進歩能力にもたらしている諸帰結である。科学的進歩には一定水準のコンセンサスが必要である。しかも、組織研究は資源の獲得をめぐって経済学をはじめとする隣接分野と競争していかなければならないのである。それゆえ、彼の結論はこうであった。理論的方法論的な開放性と多元主義の極端な行き過ぎは有害であり、制度的な対応策が必要である。

フェファーのこの主張に対して、Van Maanen（1995）は翌年の同じ the Distinguished Scholar Address において、「低コンセンサスのわれわれの分野におけるスターリン的パージ」という言葉まで使って、批判的な見解を対置している。また、Cannella and Paetzold（1994）は、結局は雑誌や学会運営をエリート・グループの手に握らせようということになるフェファーの提案に対して、知識は社会的に構成されるという立場をとりつつ、コンセンサスと支配パラダイムの強化は知識進化の促進をではなくて、むしろ停滞をもたらすという反論を書いている。しかし、フェファーの「エリート門衛論」に対する批判の内容については、おおよそのところは予想がつくだろうから、ここでは立ち入らない。要するに、Perrow の投書（1994）の表題にもあったように、フェファーは彼が感じている組織理論の遅れに悲嘆のあまり、「滑って転んでいる」のであった。フェファーを助け起こすべく手を差し伸べるペローの見解は、次の通りであった。組織理論は、エイジェンシー理論や合理的選択理論やポピュレーション・エコロジー論に劣等感を抱く必要はまったくないのである。それらは、「非歴史的」で、"asocial" であることによって、"basic science" たり得ているに過ぎない。ところが、組織研究は官僚制的大量生産の行き詰まりとともに、制約された合理性の理論、コンティンジェンシー理論、社会構成主義、等々として出発したのであり、組織研究で問題とされている行動と選択は、状況・構造・タイミング・偶然的出来事・歴史・文化等々に依存している。ここでは、個人と組織はこの文脈を選択・形成・変化させるのにどれくらいのパワーがいるのかが、さらには個人と組織がつくりだす環境とそれらがおこなう文脈の再解釈が、そしてまたそうした解釈にもう一度影響を及ぼしうる可能性までが、問題にされなければならないのである。これは「反省性」問題であるが、上述の合理的選択理論等々には反省性のダイナミックスにとっての場はない。ペローの考えるところでは、組織の研究はこうした反省性をも扱えることのできる「social science」でなければならなかった。

六　英国管理学会作業グループの提案

ビジネス・スクールでの教育問題、組織と管理の研究の多様化と断片化、実践的なレレヴァンスの欠如という一群の諸問題は、以上のことに窺えるように、米国では一九九〇年代以降、もはや無視することができない重要問題となる。実際、それらについては、US Academy of Management の歴代会長の学会講演でしばしば言及されているし、その諸機関誌を始め、多くの雑誌と出版物において議論され続けている（代表的なものとしては Academy of Management Journal (2001) での特集。近年までの文献については Van de Ven and Johnson (2006) で挙げられているものを参照）。しかし、ここでは紙面の制約のため、理論と実践の関係問題が主として知識移転という観点から論じられていた米国での議論については割愛して、研究上の諸問題がもう少し広範に扱われた英国での議論について論及することにしたい（ただし、この議論には米国の研究者たちも参加していた）。

一九九五年の the Distinguished Scholar Address に招かれたペティグリューが前述のフェファー＝ヴァン・マーネン論争に言及しつつ述べていたように、英国での組織と管理の研究分野でも、事情は米国においてと同様であった（Pettigrew, 1997）。いや、英国（広くはヨーロッパ諸国）では組織と管理の社会的問題を重視しようとする研究者が多かった分だけ、研究アプローチの多様化問題は先鋭化していた。それにくわえて、英国では研究資金の調達と配分の方法が米国でとは制度的に異なっていた。この研究資金問題もあって、the British Academy of Management（ＢＡＭ）は長期の研究政策（「管理研究の性質と目的は何か、そして研究政策はどの方向に向かっていくべきか」）について議論するために作業グループを立ち上げた。その最初の報告書が Transfield and Starkey（1998）であった。ＢＡＭはさらにこの提案を具体化すべく、スターキィとマダンに第二次報告書の作成を依頼した。ＢＡＭは続いて外国からも管理研究者を招いてこの報告書をめぐるワークショップを開催している。また、ＢＡＭの機関誌は特別号をあてて、この報告書の縮約論文と七つのコメンタリーを掲載している。

Transfield and Starkey（1998）は、ベッチャーの知識社会学的な分類論に従って管理研究の性質を検討し、まずは次のような規定をあたえている。「管理研究はソフトで、応用的で、分散的で、田園的な研究分野と見ることができる。」その上で彼らは、そうした学科での研究の最善の促進方法、そこでの社会的組織、ユーザー関係を考察しているのであるが、そのさいに知識生産システムの性質に関するギボンズたちの共同研究『新しい知識生産』（1994）を参照している。ギボンズたちは、第二次大戦後の科学技術政策の変遷を追跡し、今日の社会における知識生産の有り様と過程について注目すべきテーゼを提出していた。それは伝統的な知識生産の方法（モード1）に、新たに勃興し普及し始めているモード2を対置し、後者の意義を強調するものであった（なお、ギボンズたちのこの共同研究は、すでに Pettigrew（1997）においても言及されていた）。

モード1といわれているのは、科学研究の伝統的なモデルに従うものである。これに対してモード2の研究は、大学院教育の拡大、ITとコミュニケーション・ネットワークの発展の結果として、近年急速に増大してきたのであり、モード1の知識生産とは異なったモデルに従う。すなわち、①研究問題はapplicationの文脈において生じる、②いろいろなスキルと経験をもった研究者たちの異質的チーム、③トランスディシプリナリィに駆動される、④知識の生産の過程において伝播が行われる、⑤知識の生産過程と産出物の社会的政治的なアカウンタビリティの上昇。

Transfield and Starkey (1998) はモード2の知識生産システムに注目し、それが管理研究にとってもちうる意義として、七点を挙げている。①実践の改善に焦点（研究のレレヴァンス）、②多数・多様な利害関係者の知識に対する諸要求を知識生産の位置において同時に満足させうる可能性、③研究におけるトランスディシプリナリティとコンセンサス形成、④実践への普及とそれを引き鉄とした関連研究の発展の可能性、および副次的にアカデミックな普及と〈レレヴァント〉な知識の抽出、⑤主題領域に焦点を合わせたいろいろな専門家のネットワーク形成と支配的イデオロギーなしのもとでの共同研究、⑥「田園的な」管理研究分野に適合的なルースなカップリングのネットワークの形成（分化のもとでの凝集と統合）、⑦象牙の塔から出て理論と実践が結合されるだけでなく、管理の研究は非―還元主義的、非―帝国主義的になる。他方で、モード2において危惧されるのは、実践者や政策策定者によって設定される研究論題にもっぱら焦点があわせられたり、それが優先される危険、「政治と資金供給を経由する認識の漂流」である。トランスフィールドとスターキーによれば、管理という研究分野は、ユーザー関係を無視したイレレヴァントなアカデミックな原理主義と、実践の世界から出発する際の上述の危険、これらの間を進まなければならなかった。

この報告書を踏まえた第二次報告書（Starkey and Madan, 2001）は、その表題にあったように、管理研究におけるレレヴァンス・ギャプという問題に集中されていた。スターキィとマダンによれば、管理研究は管理実践に対するレレヴァンスの欠如という、もっともな非難を受けている。その克服策として彼らは、研究および知識の創造と普及の過程におけるユーザーたちの関与を拡大する必要を説き、次の七つの提案をしていた。①知識の交換と普及を改善するために学術的諸制度の再構築、②研究が進行中の問題や主題についてのフォーラムやネットワークを作る、③実践的レレヴァンスの高い研究を促進しうるようなインセンティブ（研究資金提供、キャリア・トラック）と役割（架橋を担当する管理者出身の特任教授）の設置、④実践へのインパクト測定の尺度の創出、⑤ビジネスが直面している諸課題を学術研究者と企業管理者が協力して調査研究するための組織の設立と学科横断的雑誌の発行、⑥ビジネスでの課題にリアル・タイムで応じられるように雑誌の編集過程を改善する、⑦ユーザー向けの管理研究の方法論と優先順位について議論する独立の管理研究フォーラムないし審議会の設置の検討。

七　レレヴァンスの多様性

"British Journal of Management" (2001, Special Issue) は、モード2重視のもとでレレヴァンス・ギャップの架橋を図ろうとする上述のスターキィとマダンの論文を掲載のうえ、それに対する七つのコメンタリーとスターキィの返答を載せている。コメンタリーは、賛意を示しつつ補足や修正の提案をするものから、全面的な批判にまでわたっていた。しかし、研究の多様化問題と多少とも関係していることに限定して言うと、修正提案としては、①relevanceにくわえてrigourという要求をみたすモード1・5的なプラグマティックな科学の提案と、②人間にかかわる幅広い問題を加えたモード3の提案があった。ギボンズたちから見れば奇態なこうした修正提案が出現した最大の原因は、Starkey (2001, p.77) 自身が認めなければならなかったように、Starkey and Madan (2001) では「モード1を犠牲」にしたモード2の推奨になっていたからであった。Starkey and Madan (2001) ではまた、モード1的な管理研究の否定的側面だけが強調されていたために、デコンストラクション派の Kilduff and Kelemen は「組織理論の慰め」と題して、組織の理論的な研究がもちうるレレヴァンスを穏やかに例示している。

モード3という提案は誰にとってのレレヴァンスかという問題と関係していたのであるが、Grey の批判はこの問題に照準したものであった。すなわち、彼は「誰にとっての何についてのレレヴァンス」なのかを問題にし、「管理される人々はどうなのか」、Starkey and Madan (2001) は大学と研究費が税で賄われていることを強調して研究の有用性と説明責任を説いていたが、管理される人々は納税者ではないのか、「彼らは『ステイクホルダー』として扱われないのか」と問うている。また、Starkey and Madan (2001, p. 13) によると、「最良のアカデミックな研究が提供するのは、流布している信念や前提の批判的な吟味とそれらを超越する方法の考察である」が、グレイの考えるところでは、それにはまずもって「産業に対する批判的な距離」が必要である。スターキィとマダンの提案は英国政府の公共部門「商業化」政策に沿うものであるが、ＢＡＭの研究政策と公共財としての知識の追求をする大学の正当性の確保には、同様の批判的な距離が必要であろうというのが、グレイの結論であった。

Weick もまた、大学のあるべき役割から出発している。そうするときには、Starkey and Madan (2001, p.6) で前提されていた主張、すなわち「知識を組織にとって価値あるものにするのは、究極的には、知識に基づいて行われる意思決定と行為をよりよいものにする能力である。知識が意思決定を改善しないとすれば、無意味ではないか」という主張こそが、まずもって問題であった。例えば、ここにいわれている〈意思決定〉は、人間存在における所与であろうか。人間存在をセンス・メイキングによる意味の探求として考察することは、無意味なことであろうか。もしもそうでないとすれば、レレヴァンス・ギャップなるものは根本から再考されなおされなければならないし、そのことによってはじめてプロフェッショナル・スクールの正当性とそこでの研究の意味が明らかになるであろうというのが、ワイクの立場であった。

管理研究の多様性という問題に関係して一番興味深いのは、「モダニズム以後の管理研究」と題されたPettigrewのコメンタリーであった。ここでのペティグリューは、モダニズムの思考法に特徴的な単純化する二分法に留意することで、モード1対モード2という二分法にも懐疑的になる。他方、管理研究の二重のハードルという見解は維持して、①学問的な質とレレヴァンスの他に、次の下位項目をあげている。②社会科学と管理の文献に従事する一方、適切な時に適切な相手との間で知識生産と使用を結合、③管理研究の諸分野の内的な発展を確保する一方、共同―受益者、共同―生産者と関わり合う、④ステイクホルダーの信念や知識と関わり合う一方、それらに挑戦し超越する、⑤学問的アイデンティティと創造性の前提条件として研究者の自立性を保つ一方、ステイクホルダーたちのコミュニティーといろいろな形式で関与。これらの観点からすれば、スターキィ＝マダン報告で提起されていた諸問題は狭すぎたし、諸解決は特殊的すぎた。レレヴァンス・ギャップは唯一の戦略的争点ではなかったし、ユーザーとばかりではなくて他の社会科学との協働が必要であった。そのうえ、カテゴリーとしてのユーザーは曖昧で多様であり、ユーザーのニーズと言われているものも自明ではない。したがって、レレヴァンスといわれているものも同様である。しかも重要なことは、「モダニズム以後」の管理研究は、もはや合理主義的・普遍主義的で、静態的な一般的なパタンの探求にとどまれない。むしろ、具体的なものを規定しているコンテキストに加えて時間を折り込んだ動態的な諸過程の研究でなければならない。それはまた、“what is”と“how to”の両方の知識の研究でなければならない。というのも、理論と実践というのは近代主義的科学の基礎的な二分法であったが、「rigourについて包括的な概念」が要求される複合性問題（「実践的な複合性」）の登場以後、理論と実践は密接に連関した二重性において理解されなければならないからである。ところが、もともとa disciplineではなくて諸分野の合流（したがってmultidisciplinary）である管理研究は、近代主義的科学観に対する広範な批判（「社会諸科学における明白な基礎的真理の欠如」）のもとで、いっそう多様化・多元化・断片化している。ここにおいて特効薬はありえない。ペティグリューの見解では、管理研究は「意識的な多元主義」（モーガン）を採用し、多様化と多元化をむしろ「プラス」に代えるべく学問的な質とレレヴァンスの向上に向かって努力していかなければならないのであった。

八　む　す　び

以上が米国と英国で議論の主要点である。ここに登場してきた理論上の選択問題について私は次の諸点に留意すべきであろうと考える。

1　研究アプローチの多様化・多元化そのことを否定的に見るべきではない。というのも、もともと〈経営〉現象は多元的であり、新アプローチの出現はそれぞれ、現実の何らかの意味で重要なアスペクトの発見と結びついていたからである。

2　しかしながら、〈経営〉研究者として忘れてならないのは、多元主義は問題の解決ではないという事実である。〈経営〉研究においてよりも研究アプローチの多様化がずっと進んでいた社会学において、ある社会学者が述べていた言葉を引用すると、「多元主義は学科を統一するのではなくて、せいぜい大学の学部を平和状態に戻すにすぎない。多元主義は罪のない嘘でありつづける。」（Luhmann, 1983, p. 987）

3　たいていの場合、〈経営〉研究は「学際的」であると規定されている。しかしそう規定する人も、「学際的」

な一つの理論の構築という課題を免れるわけにはいかない。

4　そのさい考慮を要するのは、経済学的な分析とそれ以外の〈経営〉研究との関係である。日本における〈経営〉研究という歴史的、制度的な文脈（学科体系）を考慮に入れるとき、両者を分離したものとしておいて済むのだろうか、疑問である。

5　理論的研究は、前述の諸アスペクトの連関の究明を必要とする。なぜなら、全体像はモザイク細工のようにしては獲得されないからである。しかし、包括的な理論といえども、それは一つの理論にとどまる。というのも、パースペクティブ性なしの理論はありえないだろうから。いいかえると、他のパースペクティブズ（諸理論）がつねにありうる（Pettigrew が言っていた「モダニズム以後の科学」を参照）。

6　では、ある理論において他の可能なパースペクティブズをどのように考慮に入れうるのか。考えられるのは、他の諸理論のもとでは現実はどのように観察されているかを批判的に観察し、そのことでもって現実の多様性・多元性を表現にもたらすという方法である。

7　レレヴァンス問題について言えば、Kilduff and Keleman, Grey, Weick, Pettigrew の見解にあったように、単純ではないし、レレヴァンスを声高に要求している人のそれのみを特権的に満たすことはできない。そのうえ科学は、たとえそれが応用科学であってすらも、常識視されているものからの距離、実践に対する批判的距離を必要とする。

8　最後に、管理教育問題について。実業界で長く働いた経験をもつ Gutenberg（1962）はかつて次のように述べ、ドイツ語圏でそれをめぐって論争されたことがある。「科学的な取り扱いに接近可能な多数の企業管理問題がある」のは確かであるが、「私の見解では、企業管理についての科学的な教説は存在しえない。責任あるポジションから企業にとっての広範かつ正しい決定をおこなうこと――この技能は根本においては教えることも学ぶこともできない。」（S. 5）管理研究はその後、格段に進歩したのであるが、ここにはなおも一片の原則的真理が含まれているように思われる。Mintzberg の近著も強調していたように、ビジネス・スクールの誇大宣伝はそれが刃となって自らに返ってくることを心得ておくべきであろう。

参考文献

Academy of Management Journal, Special Research Forum : Knowledge Transfer between Academics and Practitioners, Vol. 44, 2001, pp. 340-440.

British Journal of Management, Vol. 12, Special Issue, 2001.

Cannella, A. A. Jr., and Paetzold, R. L., "Pfeffer's Barriers to the Advance of Organizational Science," *Academy of Management Review,* Vol. 19, 1994, pp. 331-341.

Gutenberg, E., *Unternehmensfuehrung : Organisation und Entscheidung,* Wiesbaden : Gabler, 1962.

Koontz, H., "The Management Theory Jungle," *Journal of the Academy of Management,* Vol. 4, 1961, pp. 174-188.

Koontz, H., *Toward a Unified Theory of Management,* New York : McGrow-Hill, 1964.

Luhmann, N., "Insistence on Systems Theory : Perspectives from Germany—An Essay," *Social Forces,* Vol. 61, 1983, pp. 987-998.

Mintzberg, H., *Managers not MBAs : A Hard Look at the Soft Practice of Managing and Management Development,* San Francisco : Berrett-Koeler, 2004.

Perrow, C., "Pheffer Slips," *Academy of Management Review,* Vol. 19, 1994, pp. 191-194.

Pettigrew, A. M., The Double Hurdles for Management Research, in : T. Clark (ed.), *Advancement in Organizational Behaviour : Essays in Honour of Derek S. Pugh,* Aldersgate: Ashgate, 1997, pp. 277-196.

Pfeffer, J., "Barriers to the Advance of Organizational Science : Pradigm Development as a Dependent Variable," *Academy of Management Review,* Vol. 18, 1993, pp. 599-620.

Pierson, F. C. et al., *The Education of American Businessmen : A Study of University-College Programs in Business Administration,* New York : McGrow-Hill, 1959.

Simon, H. A., "The Business School : A Problem in Organizational Design," *Journal of Management Studies,* Vol. 4, 1967, pp. 1-16.

Starkey, K., "In Defence of Modes One, Two and Three : A Response," *British Journal of Management,* Vol. 12, Special Issue, 2001, pp. S77-S80.

Starkey, K., and Madan, P., "Bridging the Relevance Gap : Aligning Stakeholders in the Future of Management Research," *British Journal of Management,* Vol. 12, 2001, pp. S3-S26.

Transfield, D., and Starkey, K., "The Nature, Social Organization and Promotion of Management Research: Towards Policy," *British Journal of Management*, Vol. 9, 1998, pp. 341-353.
Van de Ven, A. H. and Johnson, P. E., "Knowledge for Theory and Practice," *Academy of Management Review*, Vol. 31, 2006, pp. 802-821.
Van Maanen, J., "Style as Theory," *Organization Science*, Vol. 6, 1995, pp. 133-143.

四　経営学と経営者の育成

辻村宏和

一　序——本研究のリサーチ・クエッション——

本研究は、左記の研究目的、中心的仮説を基に展開されんとする経営学が成立する必然性はどこにあるのかという問いをリサーチ・クエッションとし、「何を研究すべきか」についての仮説創造を試みながら、これまでの経験的観察・思索によってその問いに答え、かつ、かような経営学の意義・方向性を検討するものである。

〔研究目的〕未だ認知度の低い、経営者の育成を「学の目的」とする「経営教育学派の経営学＝経営教育学」を創造（≒指導体系の構築）すべく、有効な学的体系条件を論究すること（＝「経営学研究」≠「経営についての研究」）

〔中心的仮説〕経営学が「真の実践能力を持つ経営者を育成する」ことを目指すのであれば、「経営教育学≠経営学教育、＝経営手腕という経営者アートを学習者に教育するための方法についての指導者向けの学」であらねばならず、その学的体系は、日常語にもかかわらず明晰でない『歴史的未定義概念：

経営手腕』をいかに取り扱うか」ということに決定的に依存する。

研究目的は、「指導（学習）体系の確立こそが学派（スクール）を発展させる」と考えるところから発している。また、本報告のリサーチ・メソッドを論証のための推論形態で示せば、仮説的推論ないし演繹的推論である。さらに研究目的より本報告は、「いまの日本企業は……」などの傍観者的・悲観主義的論調の多い「経営（の○○についての）研究」とは一線を画する。

〔仮説〕　経営研究＝経営現象を研究対象とする
経営学研究＝「経営現象を研究対象とする」経営研究を研究対象とする

二　中心的仮説を導く経験的観察

1　経営学と経営者の職業的対応性

「医師になるには医学部」というような職業的対応図式が経営者と経営学部の間には成立していない。それは経営学の無目的性と無関係であるまい。経済学、社会学も「経営」を研究するし、経営学は固有の認識対象を持たない。故に「経営学部出身者が名経営者になったとか、日本経済を牽引した」という事実は検出されない。もしそうであれば経営のジェンダー・フリー化は早期化し、「女性経営者」はとうに増えていたはずである。現実は、格闘技の「観る者」と「する者」との逆相関関係よろしく、「経営学をする者」は増加してはいても「経営する者」

には決してつながらず、それどころか経営学経験がひいては「経営学をする者」を減らしているのではないか。経営者の間ではドラッカー（P. F. Drucker）の一連の著作を座右の書にはしても経営学（研究）書が読まれることは少なく、むしろ「司馬遼太郎人気」が根強いことなどは、その一証左ともいえる。

2　経営学（理論）と問題解決

「経営学部を擁する大学ならば大学経営も良好である」だとか「コンサルタント会社はすべて好業績である」という因果的事実も検出されない。かつて伊丹敬之と加護野忠男は、「現実の世界は理論どおりにはいかないから理論を学んでも意味はないという人々がいる。そうなるのは理論が間違っているからだ。正しい理論ほど役に立つものはない。経営大学院を志す人々が求めているのは、実践の厳しさに耐えうる強じんな基礎知識、正しい理論だとわれわれは思う。」（傍線は筆者）（伊丹敬之・加護野忠男「経済教室：経営教育研究・養成一体で」日本経済新聞二〇〇二年五月十六日付朝刊）[1]と喝破した。が、伊丹・加護野説は「経営学者＝経営手腕保持者」説を唱えているに他ならず、たちどころに、その「経営大学院を志す人々」から経営学者にとって恐怖の（？）質問「自ら経営者となって手本を示してくれないか？」によって被弾することを覚悟せねばならない。[2]「正しい理論」といい、それが「役に立つ」ことといい、その意義は不明である。民間調査会社・東京商工リサーチによれば、二〇〇二年の負債一千万円以上の倒産件数は一万九千八十七件（これに〝廃業〟件数を加えるとおよそ四倍）にも達する）とのことだが、残念ながら、「経営学を知らなかったから経営に失敗（倒産）した」という因果的事実も検出されないし、「経営学を知っていれば倒産しなかった」という予測はし難い。

3　経営学的経営概念の普及度

本学会を始めとして経営学界が「経営とは？」論を追究してきたにもかかわらず、例えば高等学校の公民科教科書には、未だ「経営学的経営」概念は一切登場しない。「経営破綻」「経営資源」「経営能力」といった用語の経営概念の異同には常に悩まされ、事実、高等学校の進路指導にも誤解が多い。

4　実践家としての経営学者

わが国経営学界にはドラッカー研究者は数多いが、不思議なことにドラッカー・タイプの研究者は驚くほど少ない。また、社外取締役に著名な経営学者が指名されたケースは一例（一九七五年西武百貨店の社外取締役に当時上智大学教授で、組織学会会長の高宮晋が任用された）を除くと寡聞にして知らない。同様なことは、東京大学大学院教育学研究科「大学経営・政策コース」（二〇〇五年）スタッフに、大学経営を研究指導するにもかかわらず、経営学者が見当たらないこととも符合しよう。

5　その他

「スポーツ経営学」担当者のキャリアコースは「経営学研究↓各種スポーツ体験」コースではほとんどなく、「各種スポーツ体験↓経営学学習」コースであることや、学問よりもスキル・テクニックを教える「専門学校の総合ビル」化大学の現状に鑑みると、経営者の育成を目指す経営学のあり方に再考を要する。

三　中心的仮説を導く思索

1　ドラッカーによる謎の言説

ドラッカーの「今日一般の大学で教えている学科の中で経営担当者の養成に最も役立つもの―その意味で、最も〈職業教育的（vocational）〉な科目―は作詞（writing of poetry）についての学科と短編小説（short stories）の作法についての学科である」[3]（丸括弧内及び傍線は筆者）という指摘は、どう解釈すべきか。経営者育成のための経営学のあり方に重要なヒントをリリースしている。

2　バーナードによるN-MP（Non-Management Process）

バーナード（C. I. Barnard）は、「訓練・説得・刺激によって個人を規制するなど、個人行動の諸条件を変更する努力＝経営過程の大部分を構成する」[4]（「管理→経営」の訳変換は筆者）とイノベーティブな経営概念を示し、管理過程学派のマネジメント・プロセス以外の部分に着目していた。

3　バーナードによるケース・ライティング

バーナードがライティングした「ケース：薪集め」を「非現実的なほど単純ではあるが、はるかに具体的（more concrete）な例」[5]（傍線及び括弧内は筆者）などと、〃アマチュア学者〃らしい語義矛盾した表現をしている。バーナード研究者とて取り上げることの少ない同ケースをバーナードが推奨するのも、「…仮病を使って努力の提供を減らしはじめる。」[6]（傍線は筆者）などの描写まで可能とするディスガイズド・ケースであることが、最大の要因と考える。前項二と符合すると推論したい。

4　経営教育学者としてのレスリスバーガーの指摘

経営教育学者の一面を持つレスリスバーガー（F. J. Roethlisberger）は、「筆者（レスリスバーガー）の見解では、この人間関係技能は、経営者の仕事のなかで最も誤解され、最も無視され、最も過少評価されている。（中略）にもかかわらず、筆者には、人間関係技能は経営者の仕事の中で最も重要な部分であると強調したい。人間の理解と協力の確保という問題はすべて人間関係技能に依存している。それがなければ、マネジメントが考案する最善の方法、最善の方策、最善の標準も、その実践は無価値になる。」[7]（傍線及び丸括弧内筆者）といい、バーナード同様にN-MPを強調する。

5　ウェルチの一日：「CEOというのは、とんでもない仕事だ」

典型的な一日というのはまずないが、例えば今年五月のある日を紹介すると―。午前八時半からGEキャピタル役員会。（中略）これで四時間以上かかった。（改行）サンドイッチをつかんで次の会議室に移り、大詰めを迎えたハネウェル買収問題の協議。（中略）これでたっぷり二時間掛かった。（改行）午後三時からの会議は、私がいつも楽しみにしているもので、それまで六週間に実施した現場視察の総まとめだ。（中略）そこで人事異動案をめぐって、議論が白熱する。この日の会議が終わったのは午後八時過ぎだった。（改行）それからようやく、締め切りの過ぎた自伝の執筆に取りかからなくては、と気を取り直すのだ。やれやれ。（「私の履歴書：ジャック・ウェルチ二八―CEOとは―」『日本経済新聞』二〇〇一年十月二十九日付朝刊）

というGE社の前CEOウェルチ（J. Welch）の一日も、N-MPの重要性の傍証となる。

6　「賢明でない経営者」こそ経営学の前提

スポーツの世界では「入団初日から教えにかかる。選手のいいところは見つけにくいが、欠点というのはだれの目にもわかるものだから欠点をすぐ直しにかかる。そして自分の頭の中に描いた理想のフォームに、なんでもかんでもあてはめようとする。[8]」（傍線は筆者）のは、「悪いコーチ」だといわれる。けだし、巻間かまびすしい経営者バッシングに相通ずるところがある。経営における「善玉・悪玉」について思惟をめぐらせば、経営学者は概して失敗経営者に対して点は辛い（＝御用学問と正反対のスタンス⇔被害者スタンス⇔自らをノーマル視するスタンス）。がケース分析を試みると、経営だからこそ「親友の正体を知る羽目となる」といったような最大最悪のトラウマとの出会いを活写したような、経営小説に勝るとも劣らないようなものを感じる。また、ケースの中には本当の悪人も善人もいないようにすら感じるのは、われわれだけではなかろう。ポピュラーなマスコミ論調「こんな社長が会社を潰す」における「こんな社長」の特徴の一例を挙げれば、「①自分勝手で、役員や社員の言うことに耳を傾けない②自分こそすべてであると思っている③世間体ばかり気にしている④人に相談ができない」[9]ということだが、重要なことは、

〔仮説〕「こんな社長」と「非・こんな社長」との相違は上記①～④の有無ではなく、程度の違いで、しかも紙一重ではないのか。

である。経営学者を任ずるのであれば、「結果を知る者」として不正経営者を全否定することよりももっと重要なことは、先ずは「経営者を全否定も全肯定もしない研究スタンス」ではないのか。「不正経営者の行動（≠行為）だけを取り上げた歴史的真空の中での議論は慎むべきで、「不正経営者がかような意思決定を何故せざるを得なかったのか」という「当事者にしかわからないミクロな内的条件＝歴史的条件（≠歴史法則）」に接近することが肝要である。それは、「会社の過去がその将来の成功（倒産）に決定的であるマネジメントへの手がかりを持つ」[10]からである。

7　経営実践のアウトサイダー

経営者の世界と経営学者の世界は双方にとって非日常的である、ということは看過されやすい。ケース・メソッドなどでは学習者はとかく

人間は、だれでも不知不識のうちに自らを『自分は別だ』といった位置に置く。こうなるともう自己抑制はできないから、自分を棚上げして他を批評する。（中略）…「うちの会社はダメだな、経営者がアレじゃね。うちの課！　うまくいってないねえ。なにしろ、できる奴は一人もおらんから」となる。[11]

といった評論家スタンスに立つ。経営者は「経営理論・手法を適用する」者というより「経営理論・手法を編み出す」者で、ゆえに「経営者なのだから…」「経営者のクセに…」などといった類型によって規制された推論はかえって経営教育効果を低下させる。

8　「経営学の進化」の意義

(1)「会社の利潤追求に貢献する利潤学」からの進化

佐々木恒男は「経営学は『会社企業の経営の学』という性質から、会社を含むあらゆる種類や規模の人間協働、組織の運営を研究対象とする学問に進化する必要がある。会社の利潤追求に貢献する利潤学から、すべての人間協働を研究対象とする協働の科学、組織学に変容しなければ、地域社会の活性化には役立たない。[12]」（傍線は筆者）と言うが、経営学が「『会社の利潤追求に貢献する利潤学』として貢献した」という事実などない。

(2)福永文美夫著『経営学の進化―進化論的経営学の提唱―』（文眞堂、二〇〇七年）

同書は「経営学とは？」自体は第一の考察対象でないわけだが、予めある程度の「経営学」概念（学の目的など）は不可欠と考える。それを欠いたままの同書の経営学進化論には、小問がいくつか発生する。分けても最重要なものは、同書（「経営学史・学」）もまた「経営学の進化」の構成要素と成り得るものなのかどうか、という問いである。

(3)「経営哲学」について

経営実践はすぐれて人間的問題で、経営実践の哲学化（≠経営学の哲学化）はけだし必然である。経営者の「事実の総合的な認識＝ボーダーレスな認識＝哲学」は、常人が聞くと神秘的な予言めいたものに聞こえるかもしれないが、本人にしてみれば「実践を通じた体得」に他ならない。この点検討を要するのは、「本書では経営者個人の経営理念・経営信条あるいは経営思想も経営哲学という名辞で表現するが、かかる『日常の経営哲学』は本書がその構築をめざす『理論的経営哲学』とは区別される。ただし、これらのなかには、経営哲学研究にとって重要なものがあり、これは経営哲学研究の素材として取り扱われる。[13]」(傍線は筆者)とする小笠原英司の考えである。

「経営者が経営を哲学する」のは経営実践が個別総合的な勝負行為であるからに他ならない。しからば、「理論的経営哲学」の場合の「経営を哲学する」主体(語)は経営学者だということになるのか。仮にそうなら、「経営実践の外側にいる経営学者が経営を哲学する」ことの意義はいずこにあり、また経営学が第一に対象とすべき経営哲学はいずれなのか、という点を問いたい。参考になるのが、逸早く実践学としての地歩を固めてきた医学とのコントラストである。医学者は一般に実践家であるが、経営学者はそうでない。ゆえに

〔仮説〕　哲学的反省は経営学者(≠経営者)には医学者(＝医者)ほどには求められない。

が導かれる。小笠原の「理論的経営哲学」は「医学に課せられている哲学的反省[14]」と同質でない。

9　学部学科編成「経済学部経営学科」の妥当性

経営実践とは、経営者の「やむを得ず…」という副詞に象徴される「反応的行動」ではなく、「敢えて…」という副詞に象徴される「決断的行動」なのである。われわれが経営は個別総合行為だと言うのは、経営が本質的に、水泳や陸上のような人間のメカニカルな側面が表層化しやすいスポーツよりも、勇気や根性がひとしお要求されるボクシングのように全人的な表現を求められる格闘技に近似するからである。ゆえに大学の学部学科編成において「経営学部経済学科」であって一向に構わないし、さらに、「経営と哲学とが不即不離の関係にあること」を指摘し得るのは経営学でも描き得るのは文学であることから、「文学部経営学科」の妥当性さえ感じる。ただし、

経営小説の中に経済・経営・法律の叙述があっても違和感はないが、逆の、経営学研究の中に文学的モチーフを挿入することはタブーに近い。

10　ゼネラリスト育成＝クロス・トレーニング

経営実践の事例の解釈にはオールラウンドな知識の総動員が必要であるが、経営学はそのためのクロス・トレーニングの必要性の認識にとどまる。[15]「アナログ・ツール＝経営」と「ディジタル・ツール＝管理」との概念的識別がなされていない経営学の現状では、「クリティーク（critique）としての経営学」にこそ「経済学（者）」や、ポスト・ジャーナリストの進出も容易で、経営学市場は保護されていない。「管理ツール＝ディジタル・ツール」は論じやすく、かつ、それは「経営＝アナログ・ワールド」を非難する武器としやすい。が、「クリティークとしての経営学」自体は実践的には何も生み出さない。クロス・トレーニングの必要性の認識だけにとどまらないためにも経営教育学の早期確立が望まれる。重要なのは、

〔仮説〕クロス・ファンクショナルな時空間での経営者行動に対して全否定しないことが経営教育学には肝要で、極論すれば、「そんなこと言ったら経営者の不正はなくならないじゃないか！」と思う（＝経営を観て経営者を観ない）ことを暫時封印すべきである。

である。かくして、「…現実には、研究のできる人は教育もできることが多い。研究の過程でその人が磨いた知識の集積や洞察の深さが、深い基礎的知識の教育に生きるからである。」（傍線は筆者）（伊丹・加護野、前掲記事）とまで言うのはいささかフライングである。経営学の諸学派のうちで「研究のできる者＝教育のできる者」図式が該当するのは、『経営実践の教育』実践を研究する」という二次元の実践性を対象にするという論拠で、経営教

育学者であると考える。

四　中心的仮説による議論の限定

中心的仮説は経営教育学のアイデンティティーを表明し、同時に以下、いくつかの議論の原則を導く。

1　「最新の教科書」との懸隔

一例を挙げれば、加護野忠男・吉村典久編著[16]『1からの経営学』（碩学舎、二〇〇六年）では「マネジメントとは、『人々を通じて』、『仕事をうまく』成し遂げること」である。そのための方法を研究するのが、狭い意味での経営学である。」（傍線は筆者）（同書、二七頁）「広い意味での経営学は、学際的な研究分野である。経済学のみならず、さまざまな基礎学問と関係を持っている。経営学は、これらの学問を、経営という現象に応用しようとした応用科学である。」（傍線は筆者）（同書、三〇頁）、としか経営学の規定がなされていない。かような経営学は「何のための？」「誰のための？」などの学的目的が不明である。経営教育学は、バーナードの「戦略的要因が支配的である行為を決定するといっても正しいと私は思う。支配的要因は、欠如している要素ではなく、欠如している要素を獲得しうる行為である。[17]」（傍線は筆者）という仮説をとりわけ重んじて、経営の実践主体すなわち経営者の育成を意識した方向をとる。

2　「経営教育」と「経営教育学」のステイクホルダー

「経営教育（という科目）」は「大学教育（教室授業）」を前提とする。したがって企業人を対象とした各種セミナー（塾、講座）などへの企業外派遣教育ないしは企業内教育を、第一に想定しない。それにもまして重要だと思われるのは、「経営教育学」のステイクホルダーである。中心的仮説を回りくどい表現に変換すれば、「実務経験のない学生対象の授業科目『経営教育』における教授法について経営学者が研究し、その研究成果を、経営学者と議論する（対学界向けの）学」ということになる。ただしこれについては、増田茂樹の「経営学研究＝研究主体たる経営学者（自身）の経営手腕習得」[18]説（増田、二〇〇七年、二七〇頁）とするアンチ・テーゼも既存する。増田説は、かの山城テーゼ「経営学は経営教育である」の落とし穴にはまってしまった珍説といわざるを得ない。その原因はひとえに、山城経営学には「経営教育」概念はあっても「経営教育学」概念が見当たらない、ためである。[19]

3　「経営手腕って何？」という問いへの対応

経営手腕ワールドはワンダー・ランドゆえに概念的に、表象から共通項を抽出して「内包・外延」を決定して定義づけしようにも（cf. 個別概念：ウチの犬→種概念：柴犬→類概念：犬）、あまりにも個別総合的（＝全体情況の関数的＝「こういった面もあれば、ああいった面もあり…」＝ミクロ・アート状態）なのである。ゆえに危険なのは、『経営手腕≠科学』→退ける」とする考え方である。「化学の前身は錬金術、天文学の前身は占星術（迷信？）」と言われるように科学は「科学でない知識」からスタートしたのであり、今日「科学でない知識」の重要性が増してきているという事情に鑑みると「やがては科学になるかもしれないが、今は科学でないもの」を創ることはむしろ望ましい、とすら言える。しからば経営教育学研究においては、暫時、命題「目に見えるものが、目に見えないものによって動かされる」[20]のように、形而上学的表現やメタファー、残余概念（ex. N-MP）の活用をも辞さない。

4　「中心的仮説」関連概念の固定化

いかなる経営学研究においても議論の拡散防止のためには、考察対象でないために事前に概念の明確化を特に施しておかねばならない用語は、「経営」「管理」「組織」、それらとの複合語「経営組織」「管理組織」「経営理論」

などである。中でも基本中の基本であるはずの「経営」「管理」の同名異体（異名同体）性は高い。概念的リファインを欠いたままで「経営者」と「経営破綻」という語を用いた議論はとかく不毛である。紙幅の関係上、諸概念規定は割愛する。

五　経営教育学の認知度

先行研究リサーチにおいて、未だ経営教育学の認知度は低い。例えば、経営学史学会編『経営学史学会創立十周年記念　経営学史事典』（文眞堂、二〇〇二年）においても、「Ⅱ経営学研究の史的展開：A．各国における経営学研究の史的展開、B．経営学の主要問題領域における研究の史的展開〔1〕企業の理論、〔2〕組織の理論、〔3〕機能別管理論、〔4〕その他」の中で「〔4〕その他：1．経営戦略論、2．経営の国際化、3．日本的経営、4．マネジメント・サイエンス、5．経営教育、6．環境と経営、7．経営倫理、8．経営哲学（a）、9．経営哲学（b）」と位置付けをされた論説（辻村担当、一五三―一五六頁）において「経営教育学」という用語が登場するものの、用語解説はない。また経営教育議論のメッカ日本経営教育学会編集の『経営教育辞典』（学文社、二〇〇六年）でも「経営教育」「経営者教育」の用語解説はあるが、「経営教育学」のそれはない。

六　結語――再び、中心的仮説

本報告では、冒頭のリサーチ・クエッションに対して、いくつかの経験的観察・思索を基に考察してきた。その結果、「経営手腕に迫るには既存の経営学とは全く異なった方法論が要る」という命題にも到達でき、本研究における中心的仮説の有効性の意を強くするに至った。しかしながら、経営教育学に盛られる学的要素の検討が許される段階に、ようやくたどり着いたばかりである。経営教育学の具体的な姿はこれから、である。

注

（1）辻村宏和「『正しい理論』と経営教育（学）―伊丹敬之・加護野忠男の「経営教育」所見に寄せて―」、日本経営教育学会編『経営教育研究6―経営実践と経営教育理論』学文社、二〇〇三年参照。
（2）そのせいか、囲碁・将棋評論家は希少である。「ひとつ手合わせをお願いします」と将棋盤でも持ち出されたら大変だからであろう。
（3）Drucker, P. F., *The Practice of Management*, Harper & Row, Publishers, 1954, p. 375.（現代経営研究会訳『現代の経営（下）』ダイヤモンド社、一九六五年、二七五頁。）
（4）Barnard, C. I., *The Functions of the Executive*, Harvard Univ. Press, 1938, p. 15.（山本安次郎・田杉　競・飯野春樹訳『新訳経営者の役割』ダイヤモンド社、一九六八年、一五頁）を筆者要約。
（5）*Ibid.*, p. 246. 訳書、二五七頁。
（6）*Ibid.*, p. 248. 訳書、二五八頁。
（7）Roethlisberger, F. J., "14: The Territory and Skill of Administrator," 1954, in Roethlisberger, *Man-in-Organization: Essays of F. J. Roethlisberger*, Cambridge: Mass.: The Belknap Press of Harvard University Press, 1968, p. 193. 坂井正廣・辻村宏和「レスリスバーガーの経営技能論：『経営者の活動領域と技能』の翻訳と解題Ⅱ」、『青山経営論集』第三十三巻・第二号、一九九八年、一九二頁。
（8）野村克也『野球は頭でするもんだ！』朝日新聞社、一九八五年、四五頁。
（9）事業再生研究会『事業と社員・生活を守る社長の決断』アスカ・エフ・プロダクツ、二〇〇三年、二〇頁。
（10）Greiner, E., "Evolution and Resolution as Organizations Grow," *HBS*, Vol. 50, No. 4 (July-August), 1972, p. 37.
（11）山本七平『人間集団における人望の研究』祥伝社、二〇〇四・一九九一年、八〇頁。
（12）佐々木恒男「【問題提起】経営学などの四系列の教育は地域活性化に役立っているか」、齊藤毅憲・藤永　弘・渡辺　峻（監修）・全国四系列（経営学・商学・会計学・経営情報科学）教育会議（編）『大学は地域を活性化できるか―社会に役立つ経営学教育の実践―』中央経済社、二〇〇五年、八頁。
（13）小笠原英司『経営哲学研究序説―経営学的経営哲学の構想―』文眞堂、二〇〇四年、iii頁。
（14）池辺義教『医学を哲学する―医学、この問題なる者―』世界思想社、一九九一年、一〇八頁。
（15）その意味で経営学入門テキストなどで、「…経営学という学問は広い、そして学際的である。したがって、掴みどころがないという人も多い。（中略）広いものを広くとらえるためにも、編者の一人は心理学を出自とし、もう一人は社会学を出自としている。執筆に加わった人たちも、経営学プロパーというべき人たちは多くはいない。（中略）教科書的になるほど、何人かの著者が分担執筆して共著の体裁になるのが、むしろ当然ともいうべき分野のようである。」（傍線は筆者）（田尾雅夫・佐々木利廣・若林直樹編著『はじめて経営学を学ぶ』ナカニシヤ出版、二〇〇五年、二頁）という指摘が平然となされていることは、いかがなものか。

(16) 加護野は、同書で「現在の松下電器グループの創業者で『経営の神様』と称された松下幸之助氏も『企業は社会の公器』であるとし、…。（改行）しかし悲しいかな、このようにはなかなか見てもらえない。」（同書、二六頁）と「経営の神様・松下幸之助」を持ち上げているが、その松下幸之助が「世の中に教えるに教えられないものもある。たとえば経営のコツですな。経営学は学べるが、実際の経営は教えてもろうて『分かった』というものやない。これは一種の悟りですわ。」（傍線は筆者）（梶原一明「松下幸之助と本田宗一郎の経営『名語録』」『プレジデント』誌一九九四年十二月号、一〇二頁）と、経営学者にとって〃職場荒らしの発言〃をしていたことをも知っているか？

(17) Barnard, *op. cit.*, p. 205. 前掲訳書、二一五頁。

(18) 増田茂樹『経営財務本質論—もう一つの経営職能構造論—』文眞堂、二〇〇七年、二七〇頁。

(19) 辻村宏和「経営教育学の確立をめざして—山城テーゼ『経営学は経営教育である』の進化—」日本経営教育学会二十五周年記念編纂委員会編『経営教育事典』学文社、二〇〇六年、を参照されたい。

(20) Barnard, *op. cit.*, p. 284. 前掲訳書、二九七頁。

五　わが国におけるＣＳＲの動向と政策課題

谷本寛治

本稿では、わが国における企業の社会的責任（ＣＳＲ）に関する議論と動向を概観し、さらにＣＳＲを定着させていくために必要な政策課題について検討していくことにする。ＣＳＲについては、現在様々な立場（企業、コンサルタント、市民社会組織、研究機関など）から問われ議論されている。しかし学界ではこれまで企業と社会にかかわる領域の研究が積極的になされてきたわけではなく、今回のブームの中でも活発な発言や提言がなされているわけでもない。社会における企業という捉え方についてグローバルには議論が広がりつつあるが、以下では制約された紙幅の中で、一　企業社会の状況、二　ＣＳＲの理解と誤解、三　政策課題、の三節から、わが国の現状について考えていくことにする。

一　企業社会の状況

1　最近の動向

二〇〇三年前後から日本の企業社会においてもCSRが一種のブームとなっているが、同時に企業社会の根幹にかかわるような問題がいくつも現れ議論が繰り広げられている。

一つは、〝会社は誰のものか〟という古くて新しい議論が再論されていることである。二〇〇五年から二〇〇六年にかけて、ライブドアなどIT系企業によるこれまで日本ではあまり見られなかった敵対的買収の動きや、村上ファンド、海外の投資ファンドなどによる株主主義が強く主張されたことなどを契機に、この問題が改めて問われた。[1] さらに企業防衛のために再び安定株主工作＝株式持ち合いが進展したり、合併や資本提携が進んだり、その影響は大きい。会社は誰のものかという問いかけは、基本的に会社をどの視点から捉えるかによってその答えは異なってくる。資金提供に関する権利義務・所有権の側面からみれば株主のものであるし、組織としての仕事その成果の配分という側面からみれば従業員のものと言える。さらに企業を社会という関係から捉えれば、多様なステイクホルダーとの関係の中で存在することが指摘される。

二つ目に、昨今企業不祥事は絶えず、社会からの批判は厳しくなっていること。例えば、銀行、保険、建設、食品、家電・IT、電力会社などによる、会計処理上の不正、談合、安全・衛生管理の不備、データ改ざん、個人情報流失・漏洩など、枚挙にいとまがない。監督官庁は消費者保護の視点から摘発を強化しているし、市場（消費者・投資家）における企業評価は厳しく、株価は一度落ちるとなかなか回復しない。社会から厳しく叩かれた企業の再生はままならない状況になっている。こういった中、例えば、二〇〇六年五月施行の会社法において内部統制のあり方について議論された。全社的な内部統制、財務報告の業務にかかわる内部統制について日本版SOX法が二〇〇八年度から適用されることになっている。

そして三つ目に、CSRの議論がグローバルな潮流を受け、ここ数年活発になされている。ただ欧米に見られるような市民社会の活発な動き（NGOによる監視・批判、情報提要を受けた市民の動き）が底辺にあるわけではない。九〇年代以降グローバルなレベルで環境・社会的課題が議論されＣＳＲが問われてきた流れを受け、グローバル企業はＣＳＲを無視できない状況になってきたわけである。国内的にも頻発する企業不祥事を受けて、社会的に責任ある信頼される企業への期待は大きくなっているのも事実である。さらにＩＳＯにおける社会的責任のガイダンス化（ＩＳＯ二六〇〇〇）の動きは、日本にも少なからぬ影響を与えることになろう。[2] 二〇〇七〜二〇〇八年にかけ基本のデザイン仕様、ドキュメントが確定され、二〇一〇年はじめから実行される予定である。Task Group では、ガバナンス、環境、人権、労働慣行、公正な事業活動、消費者対応、コミュニティ対応といった基本項目について、ガイダンス制定に向け詰めの作業を進めている。ガイダンスは、マネジメントシステムを構築し第三者機関が認証するというスタイルではなく、その対応は個々の組織に委ねられることになる。

こういった状況において企業のＣＳＲ経営やＣＳＲコミュニケーションに対する需要は増え、コンサルティング会社、監査法人、ＰＲ会社、ＣＳＲ報告書作成支援会社などが活発なビジネスを展開している。それらによる出版も活発で、多数の「ビジネス書」「解説本」が出ている。一方、研究者による研究書や学術論文は少なく、また経営政策、公共政策にかかわる発言も少ない。コンサルタントやシンクタンクのリサーチャーがブームの中でビジネス・ニーズを受けて活発に動いているのが現況である。

2　七〇年代以降の状況とその変化

日本でＣＳＲが最初に議論されたのは一九七〇年代であり、第一次のブームがみられた。当時、公害問題、オイルショック前後の企業不祥事を受けて、企業の社会的責任が問われていた。六〇年代後半からアメリカで本格的に議論され始めたＣＳＲ論が輸入され、活発な議論がなされた。日本経営学会でも一九七四年全国大会の統一論題として「企業の社会的責任」を掲げた。[3] 当時経済学・経営学・法学の領域で多くの関連書が出版されている。[4]
その多くは、アメリカの議論の紹介、整理、批判をベースとし、それぞれの領域におけるこれまでの議論・通説を再検討するというものであった。また経済団体によるレポートや提言[5]、翻訳書の出版[6]も多く出された。ただ日本の企業社会の構造を分析したり、企業経営や政府に対し政策提言したりしていくような議論はほとんどなかった。

しかしこれらの議論は第二次オイルショックと共に経済界でも学界でも一気に後退した。理念的な議論に終始し現実の経営に組み込まれたわけではなかったし、またCSRで問われる課題について市民社会における議論の土壌は成熟していなかったという問題があった。

その後八〇年代〜九〇年代、低成長期からバブル期にかけて、企業不祥事・犯罪は絶えないのであるが、CSRが本格的に議論されたことはなかった。大学・学界における関心は低く、企業と社会を専門とする研究者はごく少数であった。その背景は、企業社会におけるCSR問題への関心が低かったため研究への期待も薄かった、ということが挙げられる。一般に社会科学において、社会からの期待や要請の少ない学問領域はなかなか発達しない。それは自然科学においても同様のことが指摘される[7]。

九〇年代に入りバブル経済が崩壊して以降、企業社会の構造は大きく変化してきた[8]。ここでは簡単に確認しておこう。八〇年代後半までの企業社会の構造は「閉じたネットワーク」と特徴づけることができる。つまり企業がコアのステイクホルダーを取り込むようにシステムを構造化してきた。例えば、企業間の株式相互持ち合いの構造化によって株主が企業システムに包摂され、企業内労働市場の形成で従業員／労組が包摂され、下請系列化によって下請けが包摂された、というように。さらに一般市民の多くは社会的問題に対して無関心で、自己責任の回避、政府への依存（お上意識）が強く、消費者として、地域住民として企業にアカウンタビリティを求めるような動きは弱く、市民社会組織も未成熟であった。

そして重要な点は、これまで日本の企業に求められてきた社会的役割・責任と、今求められるそれらの意味内容が異なることである。つまりこれまで企業に求められてきたことを一言で表せば、〝みんなで効率的生産を行い、得た経済的成果をできるだけ公正に配分する。そのことを通して雇用をまもり、豊かな社会を実現すること〟であった。コアのステイクホルダーは共にその目標を追求し、協働するようなシステムがつくられてきた。こういった企業とステイクホルダーの関係性が変化し始めるのは、バブル経済崩壊以降である。以下そのポイントだけ示しておくことにする。

①法人間の株式の相互持ち合い関係は徐々に崩れ、外国人持ち株比率が急増している。二〇〇六年度末には全上場の二八％に達している。②資金調達、生産・販売市場がグローバル化し、現地生産―海外営業利益が増加している。グローバル・ソーシングが広がり、従来の下請け系列システムは大きく変貌した。また海外営業利益の比率は上場企業において二九・五％に達している（日本経済新聞、二〇〇六年七月一二日）。③市民意識が変化し、ＮＰＯ／ＮＧＯが台頭している。八〇年代「豊かさ」が問い直され、会社人間の反省が言われた。九五年は阪神大震災を契機に「ボランティア元年」が言われ、九八年にはＮＰＯ法が成立し「ＮＰＯ元年」と言われた。④持続可能な発展、ＣＳＲを求めるグローバルな潮流が「外圧」となっている。グローバル・レベルにおけるＣＳＲの議論の影響、ＮＧＯの動きや欧米のＳＲＩ、評価機関の動きも影響し、企業を評価する視点が変化しつつある。⑤不祥事を許さない市民社会の声が大きくなっている。そういった声を受けて監督官庁の厳しい対応、株主からの説明責任の要請も出ている。

現在のＣＳＲブームが七〇年代と大きく異なる点は、企業が経営の現場においてＣＳＲに具体的に取り組んでいる点である。『ＣＳＲ企業総覧二〇〇七』（東洋経済新報社）によると、主要企業九〇三社のうち六〇・二％がＣＳＲ担当部署を設置し（前年度二五・六％）、五六・九％が担当役員を置いており（前年度三五・二％）、急速にその対応が進んでいることがわかる。また経済同友会のＣＳＲに関する調査によると、ＣＳＲが企業経営にどのよう

図1　ＣＳＲはどういう意味をもっているか（複数回答）

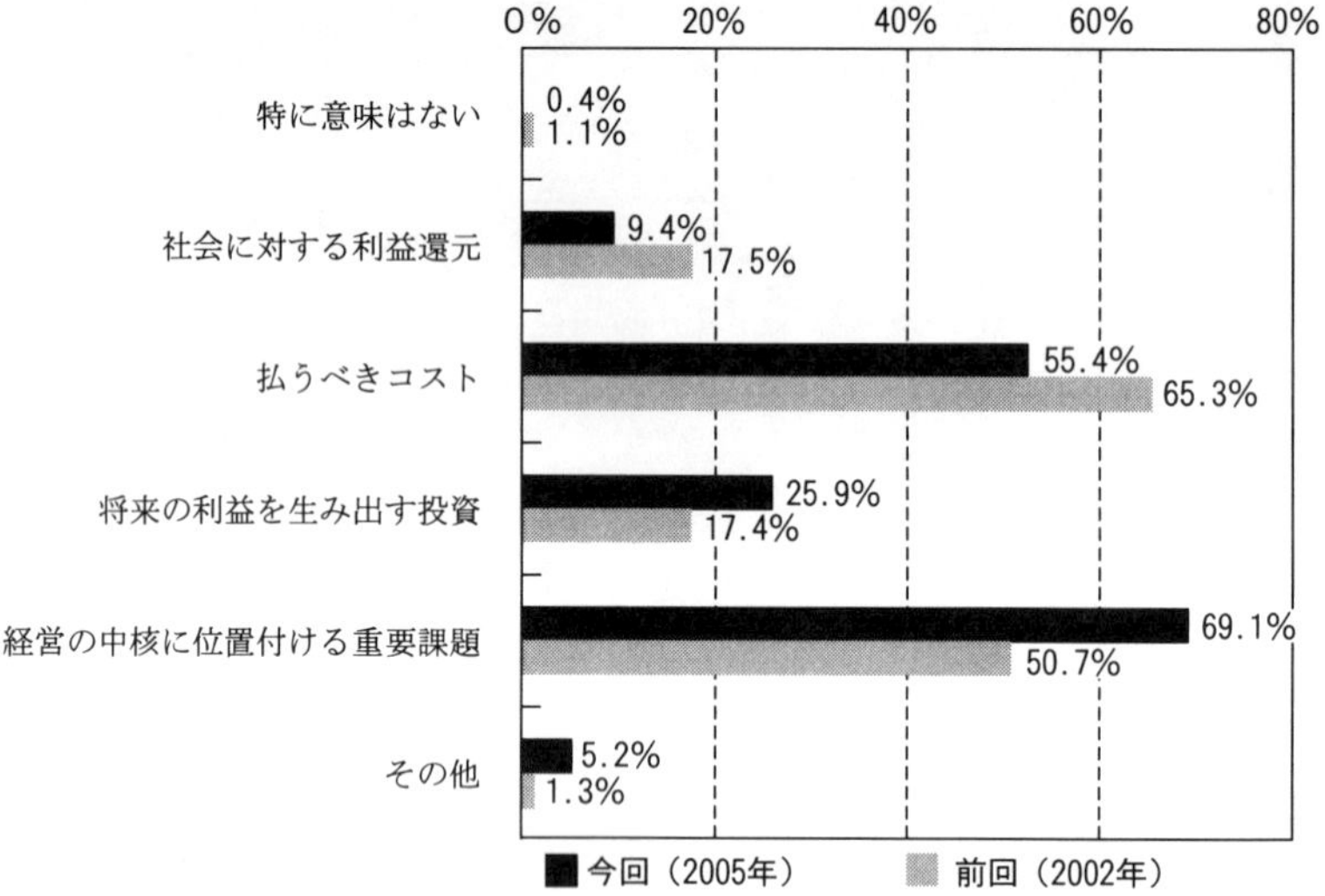

出所：経済同友会『企業の社会的責任（ＣＳＲ）に関する経営者意識調査』2006年３月，９頁。

な意味をもっているかという質問に対して、「経営の中核課題」と回答する企業が増えている（図1）。

ＣＳＲは当然果たすべきことだという論調が広がる中で、ＣＳＲに対する解釈は実は多様で、まだまだ誤解もみられる。そこで次に基本的な定義について確認しておこう。

二　ＣＳＲの理解と誤解

1　ＣＳＲの定義

ＣＳＲとは何かということについて確認しておこう。基本的には「企業経営のあり方そのものを問うこと」であり、さらに広く捉えると、地域の社会的課題への取り組みとして「社会的事業」や「社会貢献活動」が入ってくる。表1における①の部分が基本であり「狭義のＣＳＲ」と呼べ、さらに②、③も含めて「広義のＣＳＲ」と言うことができる。[9]

①の部分がＣＳＲの基本であるという理解は広がりつつあるし、具体的対応も進みつつあるが、現実にはＣＳ

表１　ＣＳＲの定義：３つの次元

■ＣＳＲ＝企業経営のあり方そのものを問う

①経営活動のあり方	経営活動のプロセスに社会的公正性・倫理性，環境や人権などへの配慮を組み込むこと →〈法令遵守・リスク管理の取り組み〉＆〈企業価値を創造する積極的取り組み〉
	環境対策，採用や昇進上の公正性，人権対策，製品の品質や安全性，途上国での労働環境・人権問題，情報公開，など

■地域の社会的課題への取り組み：社会的事業

②社会的事業	社会的商品・サービス，社会的事業の開発 →〈新しい社会的課題への取り組み＝ソーシャル・イノベーションの創発〉
	環境配慮型商品の開発，障害者・高齢者支援の商品・サービスの開発，エコツアー，フェアトレード，地域再開発にかかわる事業，ＳＲＩファンド，など
③社会貢献活動	企業の経営資源を活用したコミュニティへの支援活動 →〈戦略的なフィランソロピーへの取り組み〉
	金銭的・非金銭的寄付，本業の技術力などを通した支援

Ｒ理解の業界間・企業間の差は大きい。中にはコーポレート・ブランド向上策とストレートに結びつけたり、ＣＳＲは本業を通して行うものとして②の側面を強調したり、[10]社会貢献活動③と同義に理解する議論もある。またその事業活動そのものが社会に役立っているのだからそれ自体がＣＳＲだと理解する企業もある。以下では、例えば、ＣＳＲへの取り組みが比較的遅れている建設業と金融業におけるＣＳＲ理解をみてみよう。

建設業界におけるＣＳＲの理解について、（財）建設業情報管理センターと（財）建設経済研究所が実施したアンケート（二〇〇六年一一月）からみてみよう。それによると、ＣＳＲとして最も重要としていることはという問いに対し、「品質のいい施工」と答えた企業が六五・六％と圧倒的多数に及んでいる（図2参照）。その取り組み度合いを聞いたところ、「既に取り組んでいる」が六二・四％に達しており、取り組む理由としては、「企業として当然」が八五％を占めている。つまりここではＣＳＲというと建設業そのものと捉えられている。ＣＳＲが今議論されているように、その本業のあり方、そのマネジメントのプロセスが問われている、という理解には至っていない。[11]

図２　ＣＳＲの範囲（最も重要の内訳）

（有効回答数：631 件）

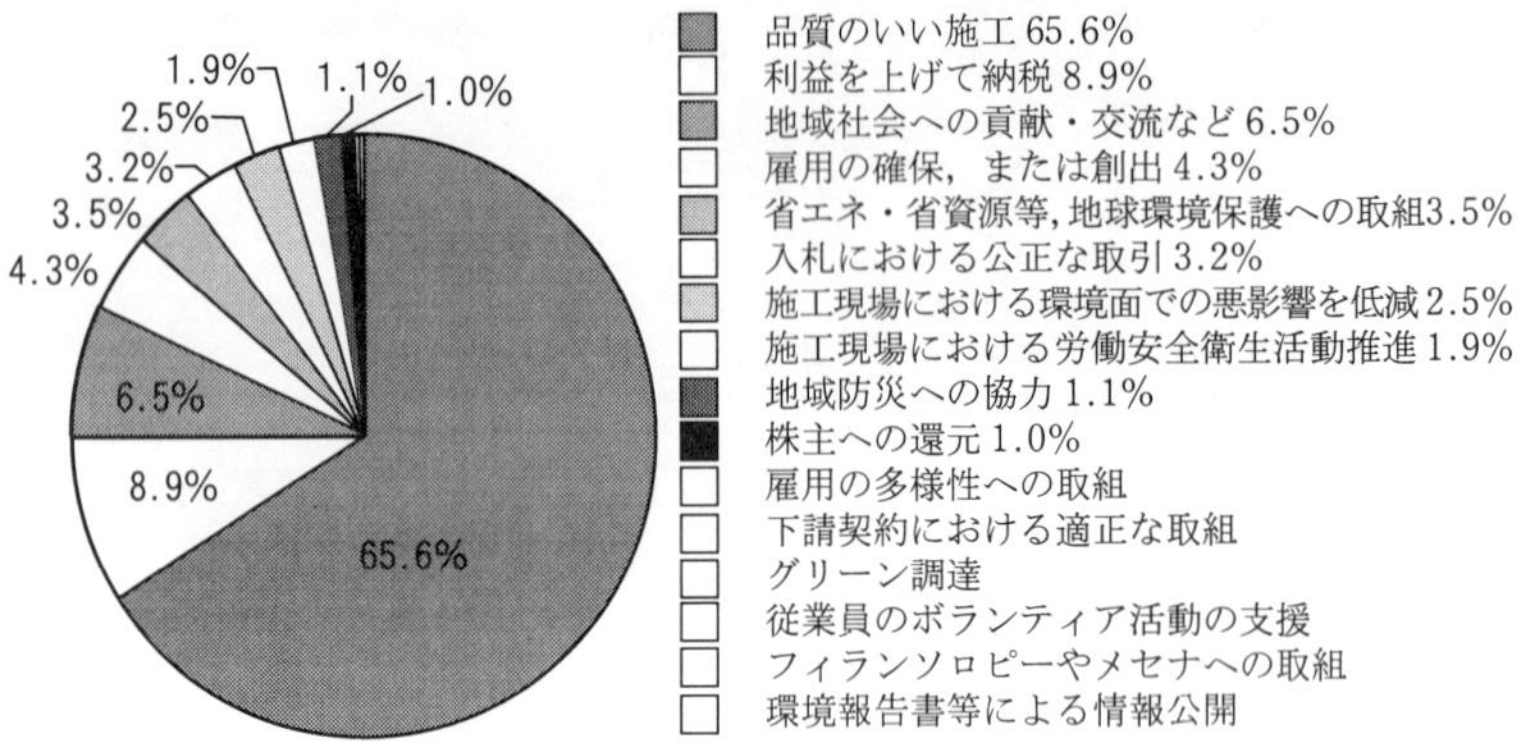

　また金融機関については、金融庁のアンケート「金融機関のＣＳＲ実態調査」[12]（二〇〇六年三月）からみてみよう。中でも預金取扱金融機関についてみてみると、ＣＳＲを重視した取組みを行っていると回答したのは七八・一％に及んでいるが、具体的な取り組み項目として上位に位置づけられているのは、⑴地域貢献三二・七％（主要行等九・四％、地域銀行三四・六％）、⑵社会貢献二七・九％（同じく三三・九％、二五・四％）、⑶環境保全一五・一％（二二・〇％、二二・四％）であった。次に、ＣＳＲ重視の取り組みを行う理由については、地域との共存共栄八〇・一％（二七・一％、九〇・八％）が一位であり、事業の公共性に鑑みてという回答は七・一％（一八・八％、二・八％）にとどまっている。このように預金取扱金融機関においては、ＣＳＲとは主に「フィランソロピー活動」と「環境保全支援活動」と理解されており、基本的に企業経営のあり方そのものを問うことであるという理解はなされていない、という実態が浮かび上がる。

　これまで日本では、先に見たように、優れた製品をつくり雇用を創出し維持することが社会に貢献する企業の社会的責任であると理解されてきた。しかし現在ＣＳＲとして問われていることはそれにとどまらず、その事業活動のプロセス、企業経営のあり方そのもの（例えば、環境対策、取引契約における公正性、消費者保護、従業員の労働環境の整備や人権への配慮、情報開示の適正性など）なのである。企業はいつの時代も社会から支持、信頼がなければ存続しえない。社会が企業に求める役割や責任というものは、歴史と共に変わっていく部分がある。つまり「良い会社」の意味というものは変化しており、それは時代のコンテキストの中で問いかけられる。今ＣＳＲ論で求められているのは、表1の①の部分をベースに、ステイクホルダーにアカウンタビリティを明確にした企業経営をしていくことである。社会の中に存在する企業は、常に社会にとって有用であるかどうかが問われている。企業存在の正統性（legitimacy）は社会から与えられており、いわば企業活動のライセンス（license to operate）が社会から与えられている、という認識が必要になってきている。そういった企業の活動が市場で支持され評価されることで、企業の評判（reputation）、企業価値も高まることになる。

2　ＣＳＲと市場

ＣＳＲを果たすことが高い収益性、株価と結びつくのか、という問いかけは以前からなされてきたところである。この論点については他のところでまとめているので、ここではポイントだけ示しておくことにする。[13]

一九七〇〜八〇年代にかけて、アメリカでは、「ＣＳＲ」と「財務的パフォーマンス」の相関関係について様々な研究が行われてきた。そこでの結論は大きく分けて、(1)プラスの関係性、(2)ネガティブな関係性、(3)とくに関係なし、の三つのパターンに分類することができる。それぞれの議論はそれぞれに成り立ち、したがって二つのファクターの明確な関係を指摘することはできなかった、と言える。さらに九〇年代に入ると、プラスの関係性があるとの説明が多くなってきている。ただし、二つのファクター間の関係について、その因果関係の方向性は明確には言えないという状況にある。つまり、余剰のファンドがあるからＣＳＲを果たす余裕があるのか（スラック資源理論 Slack Resources Theory）、ステイクホルダーと良い関係をつくることで評価が高まるのか（良い経営理論 Good Management Theory）は規定できないということである。

またＳＲＩについても多くの分析が出ている。ＳＲＩファンドに組み込まれている銘柄のパフォーマンスは高いのかどうかという問いである。ＳＲＩファンドの場合、パフォーマンスを犠牲にしたファンドではなく、必ずしも悪くない成果を示していることを多くの実証研究が示している。例えば、アメリカのDSI400（Domini Social Index）とS&P500の比較研究では、統計的に優位とはいえないがSRI indexは良いパフォーマンスをあげている、という結論が出ているし、ＳＲＩファンドと伝統的ファンドとの比較研究についても、同様の結論が出ている。

このように「ＣＳＲは収益性と結びつくか」という問いは、現状では明確に実証しきれるわけではない。つまりこの論点は、根本的に市場がＣＳＲを評価するかどうか、に依存するのであり、現状ではそういった基準が市場にしっかり組み込まれているわけではない、ということである。もし市場が評価しないというのであれば、ＣＳＲは単にコストでしかなく、余裕のある企業か、あるいは社会的ミッション性の強い企業だけが対応可能な課題となる。「収益性の高い企業がＣＳＲに取り組んでいる」ということになろう。逆に、市場がＣＳＲを評価するのであれば、企業は積極的な取組みが求められることになり、ＣＳＲへの取り組みは企業にとって投資と位置づけられることになる。「ＣＳＲを果たすことで企業の評価、収益性が高まる」ということになろう。

ここで市場という場合、金融市場（金融機関・投資家…ＳＲＩ、責任投資原則などによる投融資先の選別）、消費市場（消費者…boycottやbuycottによる購入企業の選別）、サプライヤー（取引先…ＣＳＲ調達による調達先企業の選別）労働市場（労働者／労組…就職先の選別、労使交渉）など多元的なレベルで捉えられる。それぞれの主体（ステイクホルダー）が企業をどのように評価するか、その基準に環境的・社会的な項目が入るかどうかがポイントとなる。ＳＲＩファンドにしても、そのパフォーマンスが高いかどうかは、基本的にＣＳＲを求める、そしてそれを評価する市場が成熟しているかどうかに依存しているのである。

ところで、「ＳＲＩがメインストリーム化」するかどうかということについては、また別の問題がある。(14) 確認しておこう。ＳＲＩは欧米の市場において90年代後半以降大きく伸展しており、とくにアメリカではその総額が二兆二九〇〇億ドル（二〇〇五年）となっている。年金基金を中心として機関投資家が取り組んできたことが大きな要因となっている。もっとも、排除スクリーンを中心とした社会運動的なＳＲＩがメインストリーム化することはないと言える。ここ数年の動きは、どちらかと言えば、「メインストリームのＳＲＩ化」とでも言える流れがみられる。つまりパフォーマンスを重視するメインストリームの金融機関がリスク最小化のため、Ｅ（環境）、Ｓ（社会）、Ｇ（ガバナンス）を組み入れ始めている、ということである。企業評価に当たってマテリアルな項目としてＥ、Ｓ、Ｇを投資判断に組み込まないとリスク回避し得ず、受託者責任に反する、と理解されているということである。例えば、Marcer Investment Consulting による調査（二〇〇六年）をみると、そのあたりの事情がわかる。アメリカの一八三の機関投資家を対象に聞いたところ、「ＳＲＩは現在も将来も行わない」と回答したのは七二％もある。アメリカではＳＲＩというと排除スクリーンのイメージが強く、そういった価値的判断に基づくような運用はしないということである。一方、「Ｅ、Ｓ、Ｇが投資成績に影響を与える可能性がある」と回答したのは七五％に及んでいる。このようにリスク要因として積極的に捉えようとしている姿勢がわかる。もっとも何をマテリアリティとするかという点については、金融機関とＮＧＯの間では捉え方に差があり、ここではあくまで投資パフォーマンスを前提にした理解である。

このように持続可能な発展を求める動きがグローバルに広がる中、市場ではＣＳＲにかかわる要素を無視することはリスクになるとの理解が広がっている。ＳＲＩは従来の社会運動型のものから変質したという声がある一方で、市場の中に新しい規範が入り込み始めたということもできる。

ただ日本市場ではＳＲＩの認知度は高まってきているものの、ＳＲＩはもっぱら投資信託の形であり、それもその残高は非常に小さい。二〇〇七年八月末現在約二八七九億円で、ここ数年全投信の約〇・五%前後にとどまっている。日本の機関投資家の関心は低く、Suto et al.（二〇〇七）によると、[15] とくに年金運用担当者ファンドマネジャーは短期的なパフォーマンス優先で動いており、さらに情報の他者依存度が高く、中長期的視点をもって判断すると専門性に欠ける、と指摘されている。そこでは、E、S、Gの要素を投資基準の中に組み入れていく動きはまだほとんどない、というのが現状である。

三　政策課題

これまで経団連など経済界では、CSRは個々の企業が自発的に取り組むべきものであり外部から規制されるものではないと捉えてきた。たしかにCSRにかかわる問題領域全てについて規制できるものではなく、企業が自ら社会的に責任ある事業体になるよう自発的な取り組みが求められる。しかしながら、個々の企業が社会的・環境的課題に対しそれぞれにやれること、やりたいことを自由にやるということで、持続可能な経済社会の建設につながっていくであろうか。そこにはいわゆる「社会的ジレンマ」問題が存在する。つまり、社会を構成する個々人がそれぞれ合理的な活動をすれば、その集合としての社会全体の合理性が自動的に高まるか、というと必ずしもそうではないのである。同じように、個別の企業がCSRをそれぞれに果たせば、市場社会全体として持続可能な発展につながると単純には言えない。また企業ブランドを高めるために、基本的なCSR（表1の①部分）よりも、社会貢献活動の部分に力点を置くような活動を進めても、持続可能な社会の構築につながるわけではない。個々の企業がそれぞれに自発的にCSRを進めていくことは大事であるが、同時に大きな枠組の下で方向付けをすること、ルールを設定することも必要なのである。[16] 例えば、国際機関やNGOなどが一定のガイドラインをつくることも緩やかな枠組みを設定することになる。さらに政府による公共政策設定、後段述べるような制度的な支援や法整備をはかることによって、多くの企業がＣＳＲに取り組みやすい環境を整備していくことになる。このように市場社会における公平な競争のベースに新しい規範をつくっていくことが大切である。[17]

そこで日本でＣＳＲが定着していくために求められる政策課題について簡潔にまとめておこう。それは次の三つのレベルから捉えていく必要がある。つまり、⑴マクロレベル（政府）、⑵インターミディアリーレベル（中間組織）、⑶ミクロレベル（個別企業）である。以下では⑴と⑵のレベルにおける政策課題のポイントだけを取り上げることにする。

政府レベルでの政策課題については、ＣＳＲを定着させていくための環境を整備し、支援するという捉え方が必要である。そこではまず前提として持続可能な社会経済システムに向けたビジョンを明確にした上で、次の三つの方策が求められる。①規制：ハードな規制とソフトな規制。例えば、消費者保護、有害物質などの取り扱いなどはハードな規制が必要であるが、ＣＳＲそれ自体を義務づけ管理する方策は成り立ちにくい。ＣＳＲの課題に取り組むフレームワークを構築していくソフトな規制が重要な役割を果たす。例えば、政府によるＣＳＲ調達や公的年金におけるＳＲＩ運用もここに位置づけられる。そして②支援／奨励：制度的な支援策として、財政的な支援、顕彰、研修などが挙げられる。③コラボレーション：ＣＳＲにかかわる様々な課題に取り組むに当たって、政府だけではなく、企業、ＮＧＯとも協力していくことが必要である。

次に、インターミディアリーレベルでの政策課題について。ＣＳＲで問われている社会的問題は、企業だけが対応すべきものではなく、様々な主体が同時に問題関心をもち取り組んでいかねば解決できないものである。とくに国際機関、経済団体、金融機関、取引先、労働組合、ＮＰＯ／ＮＧＯ、そして大学・研究機関などである。以下、それぞれの主な役割だけを示しておこう。①国際機関：行動基準・規範を設定し、呼びかけること。そのネットワークを広げること。②経済／業界団体：メンバー企業への情報提供、支援、行動規範・ガイドラインを設定すること。③金融機関：投融資の際CSR評価を組み込むこと。[18] ④関連企業：取引や調達契約の際に、その基準にCSRを組み込むこと（CSR調達）。⑤労働組合（単組、産別）：広義のCSRの理解、コーポレート・ガバナンスへのチェック機能を強化すること。⑥NPO／NGO：独立した立場で調査・分析し、情報提供、政策提言を行うこと。また社会的課題に取り組み、社会への啓蒙活動を行うこと。⑦大学・研究機関：「企業と社会」「CSR」にかかわる領域の基礎研究を充実させること。それをベースに教育プログラム、マネジメント・プログラムを開発すること。そして政策提言にかかわること。

以上の様々な活動はそれぞれの主体が個別に行うのではなく、先に指摘したように、企業、政府そして諸中間組織がコラボレートすることを通して取り組む作業が重要であり、各セクターをつなぐ仕組みづくりも同時に重要な課題となる。[19]

注

（1）　この時期マスコミによく取り上げられた議論として、岩井克人『会社はだれのものか』平凡社、二〇〇五年、『会社はこれからどうなるのか』平凡社、二〇〇三年がある。そこでもCSRに触れられている。社会から法人というヒトとして承認されている会社にとって、利益追求を超えたまた法的義務を超えた社会的責任を追求するのは当然であると指摘する。CSRは得にはならないが、社会的存在としては当然すべきことである、と。株式会社論の枠組みから問うCSR理解は七〇年代にもあったし、イメージとしては受け入れやすい。しかしこういった議論の仕方では、なぜ今CSRが求められ対応が求められているのかということは理解できない。またCSRが問う持続可能なシステムのあり方についても理解できない。CSR論で留意すべきは、市場のベースにある価値観や規範が変化しつつあるということである。

（2）　詳しくは、http://www.iso.org/sr 参照。

（3）　日本経営学会編『企業の社会的責任』（経営学論集第四五集）千倉書房、一九七五年。

（4）　当時の代表的な著作としては、例えば、米花　稔『経営環境論』丸善、一九七〇年、高田　馨『経営者の社会的責任』千倉書房、一九七四年、桜井克彦『現代企業の社会的責任』千倉書房、一九七六年、森田　章『現代企業の社会的責任』商事法務研究会、一九七八年、中谷哲郎・川端久夫・原田　実編著『経営理念と企業責任』ミネルヴァ書房、一九七九年、中村一彦『企業の社会的責任―法学的考察』（改訂増補版）同文館、一九八〇年などがある。

（5）経済同友会『社会と企業の相互信頼の確立を求めて』一九七三年三月提言。そこでは「企業の社会的責任とは、理念においてわれわれ経営者の社会的責任と同義と自覚しなければならない。したがって、経営者は単なる利潤追求を越えて、積極的に社会的目標との調和を実現する方向で意思決定を行なうことが必要である」と指摘している。

（6）例えば、CED, *Social Responsibility of Business Corporations*, 1971.（経済同友会訳『企業の社会的責任』鹿島出版会、一九七二年）、Jacoby, N. H., *Corporate Power and Social Responsibility*, Macmillan, 1973.（経団連事務局訳『自由企業と社会』産能短大出版部、一九七五年）など。

（7）谷本寛治『企業社会のリコンストラクション』千倉書房、二〇〇二年、第二章。

（8）谷本寛治編著『ＣＳＲ経営』中央経済社、二〇〇四年、第一章。Tanimoto, K., "CSR and Stakeholder in Japan," *Symposium on Corporate Social Responsibility — Perspectives on Japan and Germany, Proceedings*, Japanese-German Center Berlin, 2006. 12.

（9）谷本寛治『企業社会のリコンストラクション』千倉書房、二〇〇二年、同編著『ＣＳＲ経営』中央経済社、二〇〇四年、同『ＣＳＲ—企業と社会を考える』ＮＴＴ出版、二〇〇六年など。

（10）経済同友会『ＣＳＲイノベーション—事業活動を通じたＣＳＲによる新たな価値創造—日本企業のグッド・プラクティス』二〇〇七年、参照。

（11）㈶建設経済研究所『建設企業におけるＣＳＲの評価制度』二〇〇七年三月。

（12）http://www.fsa.go.jp/status/csr/20060331/index.html

（13）谷本寛治「ＣＳＲと企業評価」『組織科学』vol. 38, No. 2. また二〇〇四年、Tanimoto K., "Changes in the Market Society and Corporate Social Responsibility," *Asian Business & Management*, Vol. 3, No. 2, 2004, reprinted in *Corporate Governance and Globalization*, T. Clarke & M. Dela Rama (eds.), Volume Ⅲ: *Convergence and Diversity*, SAGE Publications, 2006.

（14）谷本寛治編著『ＳＲＩと新しい企業・金融』東洋経済新報社、二〇〇七年。

（15）Suto, M., Menkhoff, L. & Beckmann, D., "Behaviors of Institutional Investors : Japan and Germany vs the US," *The 2007 South Western Finance Association Annual Meeting*, SanDiego, 2007.

（16）Tanimoto, K., "Corporate Social Responsibility and Public Policy," *Proceedings*, ADBI conference in Tokyo, 2007. 10.

（17）谷本『ＣＳＲ—企業と社会を考える』ＮＴＴ出版、第六章参照。

（18）もっともそれは日常の経営プロセスにＣＳＲを組み込む「金融ＣＳＲ」がきちんとできた上で成り立つ事業である。

（19）内閣府において、マルチステイクホルダーによる「社会的責任の取組促進に向けたステイクホルダー円卓会議（仮称）」を構築しようとする試みが始まっている。そのための第一回「安全・安心で持続可能な未来のための社会的責任に関する研究会」が二〇〇七年九月からスタートしている。

六　ワーク・ライフ・バランスとＨＲＭ研究の新パラダイム

――「社会化した自己実現人」と「社会化した人材マネジメント」――

渡辺　峻

一　はじめに

周知のように、近年のバブル経済崩壊後の長期におよぶ不況期に、ヘイシステムを典型とする成果主義人事システムが導入されたが、それは職務境界の不明確な日本的組織を前提に経済的誘因を基軸にした制度設計の為に、一部の企業組織を除いて、短期間のうちにその限界性が露呈し、大きな見直しが余儀なくされた。現在、少子高齢化の進展など、雇用環境・経営環境・社会環境が大きく変化する中では、もはや従業員を個別企業内の人的資源としてのみ位置づけ、経済人モデルを前提に成果主義的に動機付ける視野の狭隘性は明白である。現代経営学におけるＨＲＭ研究においては、短視野狭隘なアプローチの克服・止揚が急務であり、新しい発想に基づく新しいパラダイムに基づく分析が求められている、と思われる。

私見によれば、現代経営学のＨＲＭ研究において措定さるべき人間モデルは、個々人の多様性・自立性を前提にして、職業生活・家庭生活・社会生活・自分生活という「４つの生活」の並立・充実（４Ｌの充実）に動機づけられる「社会化した自己実現人」と呼ぶべきものである。したがって企業組織の側は、個人・企業・社会のバランスを考慮しつつ、個人の側の「４つの生活」の自己実現を主たる誘因にした「社会化した人材マネジメント」を展開しなければ、彼らのモチベーションを刺激してモラールアップできず、したがって組織貢献を確保出来ない。いわゆる広義のワーク・ライフ・バランス（ＷＬＢ）、さらに男女協働の職場づくり、ファミリーフレンドリー企業づくり、などである。とすれば、そのような「社会化した人材マネジメント」の展開は、いまや従業員の満足・貢献意欲・生産性向上の源泉であっても、企業負担やコストの源泉ではないだろう。むしろ長期的にはコスト削減の条件となり、経済性に適うものであろう。もはや長時間労働を前提にした男性中心の職場づくりや、女性を定型的補助業務に固定化し低賃金・パート化して使い捨てるような短視野の対応は、経営学的にみても時代錯誤と言うしかない。

ここでいう広義のＷＬＢなど「社会化した人材マネジメント」は、一面では社会の側の要請でもあり、すでに男女雇用機会均等法、男女共同参画社会基本法、次世代育成支援対策推進法などの法律に基づき行政側からも追求され、また労働組合や女性団体などの自主的・組織的な社会運動を通じても追求されている。したがってＷＬＢの分析アプローチは、法律政治学的にも、運動論的にも可能であり、すでに多くの議論が展開されているが、ここでは現代経営学のＨＲＭ研究の視点から、ＷＬＢを個人の側の貢献意欲・組織貢献の確保のための不可欠な条件として捉えなおし、その歴史的な意義を考察する。

結論を先取りすれば、「社会化した人材マネジメント」は近年の経営環境・社会環境の変化のなかで創出された「社会化した自己実現人」モデルに対応すべく、歴史的な必然性をもって出現したものであり、「労働過程の社会化」の進展の反映でもある。歴史はつねに無矛盾に展開せず、絶えず肯定の中に否定を含み、また否定の中に肯定を含むとすれば、現代企業の経営活動そのものが、経営者の意図やネライとは裏腹に、組織の中の個人の労働・

生活の「社会化」を押し進め、「社会化した自己実現人」として再生産し、「人間の全面的発達」の契機を創出している。その結果として企業組織の側は、さらに人材マネジメントの「社会化」を進めて対応せざるをえない歴史的段階に到達しているのだろう。

本論では、WLBの問題を素材にして、現代経営学のHRM研究における新しいパラダイムについて愚考を提起し、会員諸氏のご批判・ご教示を仰ぎたい。

二　HRM研究の伝統的パラダイムの止揚

新しいパラダイムを提起する前に、さしあたり伝統的パラダイムとの関係性・継承性を明示しておかねばならない。人材マネジメント論の通説によれば、企業組織の側が個人を組織に誘引し貢献させるには、なによりも個人の側の欲求を見極め、個人が組織に参加・貢献することで、同時に各人の欲求が充足する仕組み・システムを作ればよい。つまり「個人の欲求充足（動機満足）と組織の目標達成」の同時的実現であり、いわゆる「有効性と能率の統一・統合」である。それが人材マネジメントの基本パラダイムであり、また管理職・マネージャーの職務であろう。

かつて組織目標の達成のみを重視して、個人の側には最低限の生理的生存欲求しか充足せず、全体として滅私奉公・自己犠牲を要求する古典的な考え方もあったが、その後、組織目標の達成と個人の動機満足の同時的実現の考えに移行しており、今日では、むしろ個人の動機満足・自己実現を通じて組織目標の達成を目指していると思われる（個人重視の組織論）。このように「有効性と能率」の「統一・統合」「同時的実現」の際の軸足の比重は、歴史的に大きく推移・変化しているが、それは基本的に動機づけ要因の異なる人間モデルの登場・変遷の歴史を反映している。別の言葉を使用すれば、技術・労働・組織など労働過程の社会化の進展の歴史の反映とも言える。

周知のように二〇世紀初頭に登場した人材マネジメントの考え方は、いわゆる経済人機械人他律人モデルを前提にしていた。テイラーなど古典的学派の内容がその典型であり、そこで措定していた人間モデルは、主要に生存欲求・生理的欲求の充足を求めて機械のように労働する人間であり、したがって人材マネジメントとしては「構想と実行」の分離のもとで、人間を牛馬のように扱い主として金銭で動機づける内容であった。歴史的にはテイラーシステム、フォードシステムなどにおいて具現化しており、チャプリンの「モダンタイムズ」の世界はそのデフォルメである。

その後おおむね一九四〇年代以降に登場した人材マネジメントの考え方は、社会人集団人モデルを前提にしていた。メイヨー、レスリスバーガーなど人間行動学派・人間関係論の内容がその典型であり、そこで措定していた人間モデルは、主として社会的欲求・関係欲求の充足を求めて行動する人間であり、したがって人材マネジメントとしては社会的集団に作用する気分・感情など非論理的要因により動機づける内容であった。具体的には、モラル・サーヴェイ、パーソナル・カウンセリング、サジェションシステム、ジュニアボードなど、一連のＨＲ技法として登場し、広く企業組織に浸透した。

さらに一九六〇年代に登場した人材マネジメントの考え方は、自律人自己実現人モデルを前提にしていた。そこでは、バーナードやサイモンの組織論を基礎に、マズロー、マグレガー、ハーズバーグ、アージリスなどの組織行動論・行動科学の内容が、その典型である。そこで措定していた人間モデルは、主として成長欲求・自己実現欲求の充足を求め、自己の価値観・人生観に即して自立的に意思決定し行動する人間である。したがって人材マネジメントとしては、組織の中の人間の自主性・自立性を重視して、おもに仕事・職務（職業生活）の中の自己実現で動機づける内容であった。この自律人自己実現人モデルを前提にした考え方は、「労働力市場の流動化」した先進資本主義国あるいは「個人の自立性」が前提になる民主主義国家では広く支持されている。具体的には、目標管理、ＱＣ活動、セル生産方式、一人屋台生産方式など、個人の自主性・自立性を前提にした一連の技法として登場し、広く企業組織に浸透した。

以上のような人間モデルの変遷およびそれに対応する人材マネジメントの考え方の推移・変遷は、いわば経営学説史の通説であり、格段の異存はないと思われる。ではこれまでの自律人自己実現人モデルを前提にしたＨＲＭ研究のパラダイムに、いま何を継承し、何を増築すれば良いであろうか。

三　「社会化した自己実現人」モデルの登場

私見によれば、これまでのＨＲＭ研究において措定された人間モデルとしての自律人自己実現人は、いまや雇用環境・経営環境・社会環境の変化のなかで、その自己実現欲求・成長欲求の舞台を、職業生活のみならず広く家庭生活・社会生活・自分生活へと拡大・拡張しており、いわば「４つの生活の並立・充実」に動機付けられる「社会化した自己実現人」モデルとして登場している。したがって職業生活（仕事）における自己実現だけで個々人を動機付け、貢献意欲・組織貢献を確保することはもはや困難な段階に到達していると思われる。

いまここで「社会化した自己実現人」モデルの諸特徴を素描しておこう。それは、別の表現をすれば「労働過程の社会化」の進展の中で創出されている「人間の全面的発達」の諸契機と言っても良い。

１　まずは職業生活（仕事）と、それ以外の生活（暮らし）とを自己管理する個人として登場している。つまり職業生活・家庭生活・社会生活・自分生活のバランスをとり自己管理・自己実現する個人である。近年の企業組織内外のＩＴ化の進展は、個々人が情報を共有するフラット型ネットワーク組織・民主主義的形態組織を広く普及させたが、それとともに企業組織の存続・発展にとって個々人の自主性・自立性・自覚・責任感・意欲に依存する（せざるを得ない）部分が大きく拡大している。その延長線上に、裁量労働、在宅勤務・非出社型勤務・テレワークなどが普及し、そこでは職業生活と、その他の生活との時間的・空間的な境界線を曖昧にしている。それゆえに個々人には、職業生活（仕事）の自己管理はいうまでもなく、その他の生活との両立・自己管理が不可欠になっている。同時に、個々人には過労死しない自己管理、メンタルヘルスの自己管理も求められている（もちろん事業主の責任や労組の役割もある）。近年、その導入の是非を巡り議論のあったホワイトカラー・エグゼンプションの物的な根拠もここにある。

２　また自分の生き方・働き方（ライフプラン、キャリアプラン）を自己決定する個人として登場している。つまり如何なる職業生活・家庭生活・社会生活・自分生活を選択するのか、自己の生き方・働き方を「自由と自己責任」で意思決定する個人である。近年の労働力市場の流動化、労働移動の時代の到来は、これまでの集団主義的な長期ストック型の画一的管理の終焉・崩壊を導いた。そして「忠誠心あふれる会社人間」「企業組織に一体化した個人」「定年まで勤めあげる個人」は社会的にみて減少しつつある。他面では、個人主義的な中短期フロー型の柔軟な管理が登場し、雇用形態の多様化とも関連して、中途退職・中途採用、出向・派遣、ヘッドハンティング、スピンアウトなどが日常化している。かくして個人の側は、会社主義に拘泥せず自己の価値観・職業意識に即してキャリアプラン・ライフプランを立て、社会的な労働力市場の中で自己実現できる職業・職域・仕事を選択して、生きぬくことが要求されている。いわゆる「選職の時代」「労働移動の時代」と言われる所以であり、また多方面において自律型キャリア開発が要求される根拠でもある。

３　したがって生きるため・働くための能力開発に自律的に取り組む個人として登場している。つまり職業生活・家庭生活・社会生活・自分生活にて求められる能力を自己啓発する個人である。「流動化」の進展する中で「失業なき労働移動」をするには、他社や他分野でも通用する「雇用され得る能力」「生きてゆく能力」が重視される。もはや職業生活の場は言うまでもなく、その他の生活においても自律的に生活できる知識・技能、さらに問題発見・要因分析・問題解決の能力（コンセプチュアルスキル）、および対人関係調整や組織能力（ソシャルスキル）などが、そのレベルの差はあれ個人の側に要求される。近年、生きてゆく為に必要な、様々な能力を「自由と自己責任」で開発する個人が増加し、夜間大学院、各種資格試験、ビジネスキャリア制度などに関心を寄せる人が増える根拠でもある。

４　そして自分の職業生活（仕事）と、その他の生活（暮らし）における政治的・法律的な諸権利を自分で守る個人としても登場している。特定企業組織での長期雇用や、そこでの企業別労組を前提にしないとすれば、個々人の政治的自由は一面では「拡大」し、自己の政治哲学・信念に応じた自由な政治行動をとる自律性が増加する。個人の側の「４つの生活」の権利侵害に対しては、もちろん産業横断的な労働組合や公的諸機関の役割・機能は前提にしつつも、一人でも闘う政治的能力・政治的成長が求められている。かくして「民主的思想」「人権意識」は熟成するであろう。近年、労務管理・労使関係の個別化の進展とともに、職業生活における「紛争」もまた個別化したが、個別労働紛争制度の自覚的な利用者が増加している根拠でもあろう。

以上のような諸特徴をもつ「社会化した自己実現人」モデルは、もはや職業生活のみに二四時間をささげる「会社人間」でもなく「仕事人間」でもない。彼らは、自己の職業観・人生観に基づき、社会的な広い生活ステージにおいて多種多様な自己実現・成長を求める個人である。彼らは、職業生活・家庭生活・社会生活・自分生活という「４つの生活」の並立・自己実現（４Ｌの充実）を求め、またそれに動機づけられる個人であり、そのような「意識と行動」の個人が、近年、若い人を中心に、増加の傾向にあることは、多くの調査が報告済みである。

とすれば、いまや企業組織の中の人間を、従来のような単なる自己実現人としてではなくて、「社会化した自己実現人」として捉えなおし、それに照応する人材マネジメントを展開しなければ、従業員満足や組織貢献を獲得できないだろう。いまそのような歴史的な段階に「労働過程の社会化」は到達している、と言えるだろう。

四 「社会化した人材マネジメント」モデルの登場

個人の側の自己実現欲求・成長欲求の範囲・場面が社会的に大きく拡張・拡大し、そこで措定すべき人間モデルが「社会化した自己実現人」とするならば、それに照応して企業組織の側の人材マネジメントのあり方も大きく変化しなければ個人を組織統合できない。つまり、個人の側の職業生活・家庭生活・社会生活・自分生活における自己実現欲求・成長欲求を充足する「社会化した人材マネジメント」で対応しなければ、個々人のモラールアップ・貢献意欲も確保できず、組織の存続・発展もない。

ここで人材マネジメントの「社会化」の歴史的プロセスをモデル化して提示すれば、左記のように素描できようか。

1　まずは「職業生活」における自己実現を重視した人材マネジメントである。日本に限定すれば、理論的にも実践的にも一九六〇年代以降に登場した。それは個人の側の「構想と実行」を限りなく統一して、仕事・職務（職業生活）のなかの自己実現で動機付ける考え方である。具体的には職務充実、職務拡大、職務交換、目標管理、経営参加、そして小集団活動など、さまざまな形式・制度・システムを伴い登場した。近年になり議論されているポジティブ・アクションは、ひとつの女性版の職務拡大・職務充実・職務交換である。かくして「職業生活」のなかの自己実現欲求・成長欲求を重視・充足することで、そこでは性差に関係なく個々人の側は、「仕事を通じて成長できる」、「意欲と能力に応じた働き方ができる」、やり甲斐のある職場となり、そのことを通じて企業組織の側は個人の側の貢献意欲と組織貢献を獲得・確保する。

２　つぎに「職業生活＋家庭生活」の両立・自己実現を重視した人材マネジメントであり、日本に限定すれば一九八〇年代半ば以降に登場した、と見てよい。いわゆる「仕事と家庭の両立支援」という狭義のＷＬＢ論である。ここでは「職業生活の自己実現」はもとより、「職業生活と家庭生活との両立・自己実現」を重視した働かせ方であり、たとえば企業内保育所設置、育児介護休業制、在宅勤務制、テレワーク、フレックスタイム制、短時間勤務制、おしどり転勤、勤務地限定制などとして登場している。そこでは男女ともに「仕事と家庭の両立ができる」、「仕事と子育ての両立」「仕事と介護の両立」ができる、働きやすく暮らしやすい職場となり、そのことを通じて企業組織の側は個人の側の貢献意欲と組織貢献を獲得・確保する。

３　さらに「職業生活＋家庭生活＋社会生活」の並立・自己実現を重視した人材マネジメントであり、日本に限定すれば一九九〇年代半ばに登場した、と見てよい。歴史的には、すでに近代組織論の創始者により「理想の恩恵」として規定された誘因の方法である。そこでは「職業生活」「家庭生活」の並立・充実のみならず、個人の社会貢献・地域社会生活をも重視した考え方であり、ボランティア休暇（休業・休職）制度などとして具体化している。そこでは「職業生活の自己実現」は言うまでもなく、わが社は「男女ともに職業生活と社会生活の両立ができる」「仕事と社会貢献の両立」「仕事と町内会活動の両立」「仕事と学校行事の両立」ができる、働きやすく暮らしやすい職場となり、そのことを通じて企業組織の側は個人の側の貢献意欲と組織貢献を獲得・確保する。

４　そして「職業生活＋家庭生活＋社会生活＋自分生活」との並立・充実を重視した人材マネジメントであり、日本に限定すれば最近年になり登場した、とみて良い。そこでは「職業生活・家庭生活・社会生活」の並立・自己実現の重視のみならず、ひとり一人の個人の生活（自分生活）の自己実現の重視である。「自分生活の自己実現」

とは、いわば「自立した個人」「自律的人材」の創出の根源であり、他の生活との並立を可能にする主体的な条件でもある。具体的には、リフレッシュ休暇制度、自己実現休暇制度などとしてすでに登場している。これまた「理想の恩恵」と同類の誘因の方法である。そこでは「男女ともに職業生活と自分生活との両立」ができる、「仕事と夜間大学院の両立」「仕事と趣味の生活の両立」などができ「自分生活も自己実現」するので、働きやすく暮らしやすい職場となり、そのことを通じて企業組織の側は個人の側の貢献意欲と組織貢献を獲得・確保する。

以上のように、企業組織の側は、「社会化した自己実現人」モデルを前提にした「社会化した人材マネジメント」の展開により、男女性差に関係なく個人の側の「４つの生活」の並立・充実、すなわち広義のＷＬＢを行ない個人の側の貢献意欲・組織貢献を獲得・確保する歴史段階に到達している。もはや現代経営学のＨＲＭ研究においては、労働過程の社会化の現段階での諸特徴を踏まえつつ、措定する人間モデルを捉えなおして、旧来の短視野狭隘なパラダイムを克服・止揚することが急務と思われる。

五　経営戦略としてのＷＬＢ

「社会化した自己実現人」モデルを前提にすれば、「社会化した人材マネジメント」に基づく「４つの生活の並立・充実」（４Ｌの充実）こそが、いまや個々人の貢献意欲と組織貢献の誘因方法となるが、ここでは、それを裏付けるいくつかの調査結果を紹介しておこう。

１　労働政策研究研修機構が行なった「仕事と家庭の両立支援にかかわる調査」（二〇〇六年六～七月）の結果報告は以下のように言う。まず企業組織が「両立支援制度に取り組む理由」については「法で定められているから」が八五・五％ともっとも多く、次いで「企業の社会的責任を果たす」（七二・八％）、「女性従業員の定着率を高める」（六三・三％）、「女性従業員の勤労意欲を高める」（五九・六％）、「採用で優秀な人材を集める」（四五・〇％）などとなっている。そして取組み理由ごとに、得られた効果の評価を見ると、「効果」あり（「大いにあった」「ある程度あった」の合計）とするのは、「女性従業員の勤労意欲を高める」が九一・七％ともっとも多く、次いで「女性従業員の定着率を高める」（九〇・六％）、「女性従業員の帰属意識を高める」（八八・二％）、「女性従業員の仕事に対する満足度を高める」（八八・〇％）と続いている。このように「仕事と家庭の両立支援」が、女性従業員の勤労意欲、定着率、帰属意識、満足度などにおいて「効果」がある、と報告している。

2　また厚生労働省がニッセイ基礎研究所に委託・実施（平成十六〜十七年度）した「両立支援と企業業績に関する研究会」（座長：佐藤博樹東大教授）の調査報告によれば、両立支援策を人材育成と併せて行う企業は人事管理において種々のプラス効果が見られた、という。「結論」のみの羅列になるが、調査報告は「両立支援と企業業績に関する調査分析結果ハイライト」として次の四点を指摘する。「一、両立支援策の導入は、企業の人材確保に効果があり、従業員に将来の社内キャリアを考えさせるなど企業内の人材育成を重視する人事戦略（人材育成）と併せて実施することで、人材確保の効果が高まる傾向がある」。「二、両立支援策の導入が進んでいる企業では、従業員の定着率が高く、女性が出産後も就業継続する割合が高い」。「三、両立支援策単独では従業員の仕事への意欲などモチベーションへの影響は見られないが人材育成策と組み合わせることで、従業員のモチベーションが高くなる傾向がある。」「四、両立支援策を充実させることが企業業績に直接結びつくとは言い難いが、人材育成に積極的に取り組むこととの相乗効果で企業業績へのプラスの影響が見られる」。このように「両立支援策を人材育成と併せて行なう企業」では、人材確保、定着率、モチベーション、企業業績にプラスの効果・影響をもたらす、と報告している。

3　さらに日本経済新聞社の調査結果によれば、「従業員の子育て支援」が「人材確保に有効」という企業が九〇％に達するなど、両立支援策の実施は企業競争力の強化に有効であると言う。同紙の記事は次のように言う。「子育てしやすい職場環境づくりが競争力にプラスと考える企業が増えている。日本経済新聞社が仕事と家庭の両立支援について主要四〇一社に聞いたところ、『優秀な人材確保につながる』とする企業が八七・七％に上がった。支援策を導入した企業では新卒採用の応募が増えるなど波及効果も表れている。優れた人材の争奪が激しくなる中で、子育て支援は企業の競争力を左右する経営課題になってきた」。「少子化対策として企業や自治体に職場環境の整備を求める次世代育成支援対策推進法（次世代法）が施行され一年が経過。当初は育児休業中の代替要員などコスト増を気にする企業が多かった。今回の調査ではコスト増の懸念は五三・三％で、施行前の昨年二月に実施した前回調査より一五ポイント減った」という（『日本経済新聞』二〇〇六年六月十二日付）。さらに同紙は次のようにも言う。「両立支援に冷淡な企業だという烙印を押されると企業イメージが落ちて」しまうが「単にイメージだけの問題」ではなく「若い世代が減るなかで男女を問わず優秀な人材を確保するには、充実した両立支援策の整備が重要なカギ」である。「本紙が主要四〇一社を対象に今春実施した調査によると、両立支援が優秀な人材確保につながっているという企業は九割近くに達し」ており「両立支援は建前ではなくて本音として不可避の企業戦略になりつつ」ある。「両立支援の必要性はさらに増す」が、「大手企業では制度はかなり整って」いるものの、今後は「中小企業や地方にどう広がっていくかが課題」である。「目先のコスト負担で二の足を踏む企業も多い」が「人材が集まらなくなれば考えざるをえない」（『日本経済新聞』二〇〇六年九月二五日夕刊：九面、生活情報部・岩田三代編集委員）。

以上のように、ＷＬＢなどの「社会化した人材マネジメント」が、企業組織にとって人材確保・定着率・勤労意欲そして企業業績などに有効であり、競争力強化のための経営戦略の一つであることは、ほぼ共通認識と思われる。

六　ＷＬＢと男女共同参画社会の展望

以上の考察で明らかなように、企業組織の側は、「４Ｌの充実」に動機付けられる「社会化した自己実現人」モデルを前提に広義のＷＬＢを展開しなければ、個人の側の貢献意欲・組織貢献を確保できず組織の存続・発展もない歴史的な段階に到達している。その際、個人の側の「４つの生活」の並立・充実を実現するには、一日が二四時間と限定される以上、何よりも労働時間・職業生活時間の短縮が不可欠な条件である。仮に一方の性が長時間の職業生活に拘束されれば、他方の性の側が家庭生活・社会生活の責任を取らざるを得ないし、それでは男女に関係なく、個人の側の「４つの生活」の並立・充実はない。男女ともに労働時間・職業生活の時間を短縮して、「４つの生活」を並立・充実するには、全ての生活ステージにおける男女共同参画・男女協働が不可欠な条件であろうし、逆に言えば、男女共同参画・男女協働なくして、労働時間・職業生活時間の短縮もなく、「４つの生活」の並立・充実もありえない。したがって、①「労働時間・職業生活時間の短縮」、②あらゆる生活局面での「男女共同参画」「男女協働」、③個人の側の「４つの生活の並立・充実」「広義のＷＬＢ」、は、いわば三位一体である。それらは、同じ内容についての三つの異なる表現でしかない。したがって三つは同時に追求されねばならない。とすれば、もはや旧態依然の性別役割分業意識に基づき、女性を定型的補助業務に固定化してパート化・低賃金化して使い捨てたり、また長時間労働を前提にした男性中心の職場づくりは、ＨＲＭ研究の視点からいえば時代錯誤でしかない。

先にみた、①「労働時間・職業生活時間の短縮」、②「あらゆる生活局面での男女共同参画」「男女協働」、③「４つの生活の並立・充実」「ＷＬＢ」など、「社会化した人材マネジメント」の展開は、もはや個人の側の貢献意欲の源泉、モラールアップの源泉、生産性向上の源泉であっても、コストの源泉ではない。むしろ「組織と個人」の生産性を向上させて、コストを削減するための大きな条件の一つになっている。とすればWLBの施策は、次世代育成支援対策推進法や男女共同参画社会基本法などの法律規則・行政指導があるから取組むようなことでもない。それは企業業績の向上につながるだけでなく、企業競争力を強め、組織を存続・発展させるための経営戦略でもあろう。

立石信雄（オムロン）は、最近の著書『企業の作法』（実業之日本社）の中で次のように言う。「これからの企業にとって、女性のみならず、男性や高齢者など、すべての社員が仕事と生活を両立させることを可能とする施策を整備することが、高い創造力をもつ人材を確保し、さらにその持てる能力を十分に発揮してもらうために不可欠である。個人から見て魅力ある職場環境を整備することが、企業の人材確保、能力発揮の観点からも重要だ。こういったワーク・ライフ・バランスの考え方を企業戦略の一環として組み込んでいくことが、長期的にみて、競争力の高い企業の基盤をつくることになる。なお、この両立支援の対象とされる生活には、出産・育児のみならず、介護、ボランティアといった社会的活動なども含まれるべきだ。」「両立支援に取り組む際に考慮しなくてはならないのは、ワーク・ライフ・バランスが女性支援策にとどまらないようにすることである。両立支援と男女の均等施策は車の両輪であり、企業における仕事と家庭の両立支援策がいくら充実しても、男性の働き方（長時間労働）が見直されなかったり、女性の職域拡大が実現しなければ、うまく機能しないだろう」（一一六―一一七頁）。立石の発言は、長時間労働を見直し、仕事と社会的活動を含めた生活との両立支援、そして男女の均等施策の重要性を強調したものであり、「社会化した自己実現人」モデルに照応する「社会化した人材マネジメント」の導入の必要性・必然性を教えているが、個人・企業・社会とのバランスを考慮した視野の広いマネジメントを展開しなければ、企業組織の未来はない。

新しい人間モデルに基づく新しい人材マネジメントのあり方は、現実社会の一面では苦渋に満ちた種々の社会的軋轢・個別紛争を創出しているが、同時に他面においては企業社会の新しい未来、男女共同参画社会を切り開く新しい酵母を確実に創出・育成していることも留意したい。いつでも歴史が無矛盾に展開せず、肯定の中に否定を含み、否定の中に肯定を含むとすれば、私たちは日本の企業社会の新しい地平を、そして男女共同参画社会の可能性・現実性を、そこに展望することができる。いま、そのような歴史的段階に到達している、と見てよい。とすれば現代経営学のＨＲＭ研究は、短視野狭隘の成果主義的な発想を克服・止揚し、新しい人間モデルを前提に新しいパラダイムに基づく分析が求められている、と思われる。

補注　本稿は、筆者の近年の自論・持論をコンパクトに要約したものであり、同様の趣旨の内容は巻末に掲げる自著やその他の文献においても、すでに論じている。本稿は、それらと基本的な趣旨はなんら変わらないが、経営学史学会年報に掲載するにあたり、全国大会での議論を念頭にいれて予講集の原稿を加筆修正し、またタイトル・見出しを変えて、年報編集委員会の了解を得て投稿したものであり、この点を付記しておきたい。格別のご配慮をいただいた年報編集委員会に感謝の意を表明したい。

参考文献

下﨑千代子・小島敏宏編著『少子化時代の多様で柔軟な働き方の創出』学文社、二〇〇七年。
赤岡　功『エレガント・カンパニー』有斐閣、一九九三年。
山口正之『現代社会と知識労働』新日本出版社、一九七二年。
坂本和一『現代巨大企業の生産過程』有斐閣、一九七四年。
元島邦夫『変革主体形成の理論』青木書店、一九七七年。
渡辺　峻『企業管理と管理労働』千倉書房、一九八四年。
渡辺　峻『現代銀行企業の労働と管理』千倉書房、一九八四年。
渡辺　峻『現代の銀行労働』大月書店、一九八七年。
渡辺　峻『コース別雇用管理と女性労働（増補改訂版）』中央経済社、二〇〇一年。
渡辺　峻『キャリア人事制度の導入と管理』中央経済社、二〇〇〇年。
渡辺　峻『人的資源の組織と管理』中央経済社、二〇〇〇年。
渡辺　峻『「組織と個人」のマネジメント』中央経済社、二〇〇七年。

七　ドラッカー学説の軌跡とＮＰＯ経営学の可能性

島田　恒

経営学は企業を研究対象として発展してきた。第一節では、経営学の古典ともいうべき業績を残したテイラー、バーナード、ドラッカーを取り上げ、その研究の軌跡をレビューすることから始める。

一　経営学の起源

１　テイラー経営学

周知の通り、経営学の嚆矢はテイラーの「科学的管理法」とされている。テイラーはミッドベール・スチール会社の工員から始め、後に主任技師として実務に立脚した理論体系を構築していった。特に、『出来高払制私案』『工場管理法』に続いて一九一一年に発表された『科学的管理法の原理』は、「経験から科学へ」を目指す体系を整理している。テイラーはその具体策として、工員の課業の設定・出来高による賃金支払い制度・職長制度・計画と実行との分離などの方法を明示し、経験に基づく自分流のやり方を変えて科学に基づくやり方が飛躍的に生産を向上させるものであると論じている。

テイラーは、決定される課業は工員が過労に陥るようなものではなく、新しい賃金制度のもとで管理者と協力してより幸福に働くことができるとしている。科学的管理法を実践することによって、経営者と労働者が「対立から協調へ」と向かうことができる管理であることを主張している。

このようなテイラーの願いは当時から誤解されることも多く、『科学的管理法の原理』が上梓された翌年には、議会に設置された特別委員会によって供述を求められるところとなった。彼は科学的管理法の採用によって飛躍的に剰余も拡大し、管理側・工員側双方が恩恵にあずかり、相互に信頼をもたらすような精神革命でもあると証言している。

工場管理の実務から生まれ出てきた経営学は、当然のこととして企業を研究対象とするものとして認識されてきたのである。

2　バーナード経営学

近代管理論の祖といわれるバーナードもまた、ニュージャージー・ベル電話会社社長を務めた実務家であった。企業管理の現場を観察しつつ理論構築したことは推測に難くないが、彼自身は組織全般に普遍する一般理論として提出している。すなわち、営利であれ非営利であれ、あらゆる種類の企業、学校、病院等は協働体系とみなすことができる。これらの協働体系は、それぞれの物的環境、社会的環境、個人に関係する環境等においてさまざまな差異がある。そのような差異を捨象し、あらゆる協働体系に共通する意識活性の側面を組織とし、あらゆる協働体系から抽出される公式組織の理論を精緻化させていくのである。

バーナード理論は組織論的管理論といわれている。企業を分析する場合でも、大学や病院・福祉サービス施設などさまざまな種類のＮＰＯを分析する場合でも、先ず共通の分析対象としての公式組織の理論は普遍的なものである。

バーナードの主著は人間とは何かという洞察から始められ、深い人間理解とそれに基づく組織との関連を考察している。主著『経営者の役割』を上梓した一九三八年には現職社長であり、企業現場における人間を主に観察対象としていたのであろう。物的報酬や作業条件が主たる誘因となりやすい企業現場においても、バーナードは人間の価値的側面、理想の恩恵を強調し、道徳的コミットメントが不可欠であることを指摘した。一九四八年退職後は、ロックフェラー財団理事長など多くのＮＰＯ活動に注力している。その経験から、主著で強調した価値的側面の重要性をいよいよ確信することになるのである。[1]

このようにしてバーナード理論は、近代管理論の礎石となったばかりでなく、経営学の対象を企業から組織一般に拡大していく手掛かりともなっている。

３　ドラッカー経営学

ドラッカーの研究者としてのスタートは、経営学者ではなく社会思想家といったものである。原点はヨーロッパにおけるナチズムの台頭であった。一九三九年『経済人の終わり』で本格的な著作活動を開始したドラッカーは、人間の自由を蹂躙していくナチズムに強烈な批判を発しつつ、それに代わる原理を提出することを急務と考えたのであった。「自由にして機能する社会」、これこそ生涯を通してのドラッカーの主張であった。一九四二年『産業人の未来』において、新秩序による産業社会の構想を提出している。

アメリカに渡ったドラッカーは、企業コンサルタントとしての実務上の経験を踏まえ、ビッグ・ビジネスに新秩序による産業社会を現実のものとするプロトタイプを発見する。ＧＭでの経験を活かし『現代大企業論』(1946)を上梓、続いて『新しい社会と新しい経営』(1950)、『現代の経営』(1954)において、確信に満ちた新秩序の実践型を提出していく。産業社会において大企業は経済的制度であり、同時に統治的制度であり社会的制度となっている。経済関係によってのみ社会に結びつけられていた経済人の時代は過ぎ去り、人々は産業人として社会に結びつけられている。彼は、「工場共同体」という概念を『新しい社会と新しい経営』において具体的に展開し（原型は『産業人の未来』において初出している)、その生育に期待を寄せた。それらを実現することによって「自由にして機能する社会」が可能になると考えたのである。彼の出世作といわれる『現代の経営』を上梓した後、六〇年代の『創造する経営者』『経営者の条件』において、産業社会のリーダーともいうべき企業経営者のマネジメント技術について指導を重ねたのであった。企業経営者の熟達が、取りも直さずナチズムに代わる産業社会モデルの成功につながると考えたはずである。企業におけるマネジメントのグルーともいわれるドラッカーによる経営学は、歴史を形成していく大きな潮流を鋭く分析し、人間のあり方、社会のあり方、組織のあり方、マネジメントのあり方を、規範的・理論的・技術的に提出したのである。

4　経営学の本流

既に述べたところでは、経営学は企業における合理的側面を発展させるべく構築されてきたのであるが、それは社会や人間に対する関心とそのあり方という価値的側面を基盤として据えられてきた。それにもかかわらず、企業経営学の進展においては、合理的側面の研究が主流となり、価値的側面は看過されがちであった。バーナードの衣鉢を継いだといわれているサイモン理論も一例である。彼は、意思決定を組織の最重要課題として考え、その決定前提として、合理的側面を表す事実前提と価値的側面を表す価値前提を並列させながら、バーナードが重視した道徳的要因を科学的評価の枠に馴染まない価値判断として背後に退け、設定された目的に対する合理的手段の選択を研究の対象に据えるという圧縮を行っている。

三戸公の言葉を借りるならば、経営学の「主流」は、社会や人間はいかにあるべきかという視点に立つことなく、企業の利潤追求のための規範なき作業に陥りがちである。テイラー、バーナード、ドラッカーにみられる、規範・理論・実践を踏まえた経営学の「本流」は現在も十分な地位を回復しているとはいえないのであろう。

このような流れを加速させてきたのは、二十世紀に入って経済への関心がますます拡大し、経済先進国においては企業が社会の代表的組織となったこと、経済成果を達成するためにマネジメントの質が大きく問われてきたこと、そして企業においては成果が利潤の大きさによって客観的に評価され、マネジメントがそこで鍛え上げられてきたことなどを挙げることができるであろう。

経営学は企業を研究対象として発展し、今日でもそこに限定する主張もなくはない。しかしながら、産業社会の変容、経営学本来の視点への回帰が経営学の拡張を誘導することになる。次節からそれを論じることにしよう。

二　産業社会の発展と限界

1　自由主義産業社会の発展

第二次世界大戦を経て全体主義の挑戦が退けられ、アメリカを盟主とする自由主義産業社会は経済的発展を重ねた。そして、自由主義産業社会に挑戦を試みた社会主義体制をも崩壊に追い込むことになった。それは、東西冷戦のなかで経済力の戦いとして競われた。生命を維持するための食料さえ不足したわが国社会は、戦後いち早くアメリカ陣営に与することによって豊かな経済成果を達成し、世界第二位の経済大国にまで登り詰めた。その恩恵は大きく、ドラッカー経営学がわが国企業リーダーに多大な影響を与えてきたことも確実である。ドラッカー自身、日本企業が彼の意図を体した「工場共同体」を実現することを期待していたかに見えた。

しかしながらついにわが国を含む西側の経済的勝利が確定していく課程のなかで、自由主義産業社会そのもののなかに深い病理が忍び込んでいることにあまり気がついてこなかった。現実は、ドラッカーが期待してきた産業社会モデルとはかけ離れたものであった。

2　産業社会の限界

産業社会の発展は経済的豊かさという大きな恩恵をもたらしたが、それが行き過ぎると病理の様相を呈してくる。

社会の機能は、経済・政治・文化・共同に四分割される。産業社会の現実においては、経済が圧倒的に社会におけるプレゼンスを高め、経済を貫く原則である合理・効率が異なる原則をもつべき政治・文化・共同の領域を圧倒している。経済の豊かさが至上価値として追求されるとき、自由の条件たる人間の主体性は窒息へと追いやられる。市場経済のキーワードともいうべき競争はさまざまな格差を生み、社会においても世界規模においても無視することのできない問題が露呈されている。また、市場で貨幣換算されないものが軽視され、経済の拡大に相関して地球環境の破壊が危機ラインを超えてきている事実もわれわれの日常経験となってきている。

3　日本的経営の成果と限界

戦後わが国が経済発展に成功した要因のなかでも、日本的経営が大きな役割を果たしたことは確実であろう。それはアメリカ的経営よりも産業社会に近い経営形態であった。

われわれは、日本的経営の本質は、経済機能体である企業が共同生活性をも備えているところにあると捉える。会社は、所得を得る場所であり同時に人間の全人格を関わらせる場所ともなってきた。人生を預ける「居場所」ともなってきた。

このように観察するならば、日本的経営における典型的な会社従業員を、「経済人」で律することはできない。ドラッカーのいう「産業人」としての人間モデルを見出すことができる。組織に対する高いコミットメントが広く行き渡って成果に貢献する。

しかしその反面、集団に柔らかく保護されたいという甘えにつながる。戦後伝統的共同体や国家主義が失われたとき、日本人は甘えの感情を会社集団に求め、世界でもユニークな日本的経営の確立に寄与したというのがわれわれの見解である。

このようなメカニズムの中では「私」は失われ、人間の主体性に根ざした真なる自己への応答責任の確立は期待しようもない。日本的経営には、共同生活性、それに伴う価値的側面をもつという特徴を備えながら、結局は個人の主体性に基づく真の自由への道を選び取ることができないでいる。ドラッカーによる自由の定義は「責任ある選択」であり、責任とは、生を与えられた人間としての究極の真理に対する正しい応答である。

ドラッカーはいう。「一九四二年の著作『産業人の未来』で、当時私が〝自治的工場共同体〟と名付けた新しい社会構造における共同体、つまり大企業共同体を私は提唱したのだった。大企業共同体は実現したが、ただ一つの国、日本においてだけだった。しかし、その日本ですら、これが問題の回答や解決でないことが、すでに明らかになっている」(2)と。

4　ドラッカーの挫折と変容

産業社会の発展は、ドラッカーの期待に反して「自由にして機能する社会」を実現することができなかった。「産業人の未来」は輝かしいものとはならなかった。社会生態学者を自認するドラッカーはこの現実をいち早く認識し、『断絶の時代』(1969)を上梓した。今まで企業を圧倒的に重要な制度として産業社会の構造を描いてきたドラッカーが、その限界を認め、多元社会への主張を開始したのである。この著書のなかで、彼自身このことに触れ、「私は大企業を現代の〝決定的〟組織体と呼んだ」(3)ことに対して反省を披瀝し、「他の組織体はそのころはあまりはっきりとは可視線上に現れておらず、われわれの社会の透明な構造もまだ明らかになっていなかった」(4)と弁明している。そして後に、「資本主義に対しては重大な疑念を抱いている。経済を最重要視し偶像化している。あまりに一元的である。…人間として生きるということの意味は、資本主義の金銭的な計算では表わせない。金銭などという近視眼的な考えが、生活と人生の全局面を支配することがあってはならない」(5)と表明するのである。

このようにしてドラッカーはあまりにも企業に軸足を置いてきた考え方を改めて、産業社会の限界を是正するものとして非営利組織に熱い眼を注ぐようになっていく。『現代の経営』の改定版ともいうべき『マネジメント』(1974) においては、非営利組織についての章を設けてその発展のためのマネジメントを論じている。『新しい現実』(1989) においては、多元社会についての思想的位置づけを試みている。

ドラッカーの一貫した願いは、「自由にして機能する社会」の実現である。企業経営の発展を通してそれを実現することが困難であることを認識した彼の関心は、多元的組織社会の重要な担い手であるＮＰＯに向かい、その発展を支援しようとしたのは必然的な流れであった。企業経営学で培ってきた知識を基礎にＮＰＯの特殊性を分析し、ＮＰＯ経営学の古典ともなりうる『非営利組織の経営』(1990) を発表することになっていった。

三　経営学の拡張――ＮＰＯ経営学の台頭――

社会におけるＮＰＯの重要性は世界的に認識されるところとなり、この分野の研究拠点ともなっている The Johns Hopkins University の Lester Salamon がグローバルレベルでの「非営利革命 (associational revolution)」を宣言し、各専門分野における研究に大きな刺激を与えることになった。限られた誌面のなかで、絞り込んでＮＰＯ経営学の文献を紹介しておこう。

１　世界におけるＮＰＯ経営学

先に挙げたドラッカーのものに先立つ体系化された研究書として、

Mason, D. E., *Voluntary Nonprofit Enterprise Management*, Plenum Press, 1984.

を挙げることができる。Mason はＮＰＯの存在理由や展望を示し、特色あるマネジメントのあり方に論考を進めている。企業を顧客との関係で完結するシングル・システムとして捉え、ＮＰＯを利用者関係のみならず寄付者関係を必要とするデュアル・システムとして捉えている。ＮＰＯの事業展開としてのマーケティングにはあまり踏み込んでいない。

Bryson, J. M., *Strategic Planning for Public and Nonprofit Organizations*, Jossey-Bass Publishers, 1988. は前書とは逆に、事業計画を戦略的に構築し推進することに論考を進めている。組織としての成果達成を強化し、維持していくことに重点がおかれている。企業経営学で蓄積された知見が活用されている。

Drucker, P. F., *Managing the Nonprofit Organization*, Harper Collins, 1990.（上田惇生・田代正美訳『非営利組織の経営』ダイヤモンド社、一九九一年。）は必ずしも総合体系の研究書とはいえないが、ＮＰＯの本質的な存在意義やマネジメントの基軸が書き込まれている。

Drucker, P. F., *Management*, Harper & Row, 1974.（野田一夫・村上恒夫訳『マネジメント』ダイヤモンド社、一九七四年。）と併せれば、ＮＰＯ経営学の総合的体系ということができる。

アメリカにおけるＮＰＯ経営学の特徴は、事業展開に関わる研究が多く見られることである。マーケティングの世界における第一人者とされるKotlerは一九八〇年代にこの分野の研究を発表しており、Druckerとも親しい連携をもちながら貢献を強めてきた。

Kotler, P., *Marketing for Nonprofit Organizations*, Prentice Hall, 1982.（井関利明監訳『非営利組織のマーケティング』第一法規、一九九一年。）

Kotler, P. & E. L. Roberto, *Social Marketing*, The Free Press, 1989.（井関利明訳『ソーシャル・マーケ

ティング』ダイヤモンド社、一九九五年。）

がそれである。アメリカ以外の研究書を一冊挙げておくとすれば、

Osborne, S. P. ed., *Managing in the Voluntary Sector*, International Thomson Publishing, 1997.（A・H・ニノミヤ監訳『ＮＰＯマネージメント』中央法規、一九九九年。）

は、イギリスにおけるボランタリー組織のマネジメントを、事例を紹介しつつ実践に踏み込んだ研究書である。

今世紀に入っても多くの研究成果が各国で発表されており、ＮＰＯ経営学といえるものがアメリカを中心に定着しているということがいえる。

2　日本におけるＮＰＯ経営学

わが国におけるＮＰＯ経営学といえるものの嚆矢は、

小野豊明「カトリック教会の本質と参加的条件」

山田經三「カトリック教会組織の一考察―参加的組織をめざして―」

いずれも組織学会編集『組織科学』Vol. 11 No. 2, 丸善、一九七七年。

である。これらは宗教組織を分析した論考であるが、ミッション・参加・リーダーシップなどにわたりＮＰＯ経営学の研究端緒を示すものとして確認することができる。

ＮＰＯ一般に関する経営学研究としては、

小島廣光『非営利組織の経営』北海道大学図書刊行会、一九九八年。

が上梓された。本書は実証研究を踏まえた上で、非営利組織の事業戦略を論じたもので、コンティンジェンシー理論が組み込まれ、わが国ＮＰＯ研究に知的インパクトを提供するものとなった。

心理学にも専門性をもつ田尾は、早くからヒューマン・サービスとしてのＮＰＯに関する研究と発表を続けて

おり、今日まで多くの文献を上梓している。代表的な文献として、

田尾雅夫『ボランタリー組織の経営管理』有斐閣、一九九九年。

『実践ＮＰＯマネジメント』ミネルヴァ書房、二〇〇四年。

を挙げることができる。田尾は、泡のように生まれるが泡のように消えていくことも多い活気に満ちたボランタリー組織に関心を寄せ、規模が拡大するに従ってビュロクラシーが肥大化して組織の活性を脅かすことになると指摘する。

企業出身の島田は、企業と差別されたＮＰＯの存在意義を問い、

島田　恒『非営利組織のマネジメント』東洋経済新報社、一九九九年。

『非営利組織研究』文眞堂、二〇〇三年。

を上梓した。存在意義としてのミッション、そしてミッション自体を事業展開やボランティアを含む人材管理に活かすべきマネジメント（ミッションベイスト・マネジメント）を強調する。

これらの他に多くの優れた文献がＮＰＯ経営学として発表されている。わが国における経営学系ＮＰＯ研究の状況を調査した澤村明の統計によれば、二十世紀で三一本であった研究論考は、二十一世紀に入り二〇〇五年まで六〇本に達している。(6) わが国においてもＮＰＯ経営学が確実に根づきはじめていることが理解できる。

四　ＮＰＯ経営学の可能性と課題

１　企業経営学との共通性と学び

企業を研究対象として発展してきた経営学は、その対象を行政やＮＰＯに拡げて、組織全般を対象とする学に

拡大してきている。本論考では、主としてドラッカー経営学に拡大の軌跡を求めてきた。

バーナードにおいてもドラッカーにおいても、理論構築が出発した現場は企業であり、NPOを研究対象とする場合においてもその共通性が基盤に据えられている。事業の目的を達成するという行為、人材が貢献に誘引される行為、そこで発揮されるリーダーシップなどはあらゆる組織に普遍するものがある。その意味では、NPO経営学は独自に生まれ育ってきたというよりは企業経営学の基盤のうえに育成されてきたというべきであろう。そうであるとすれば、NPO経営学が企業経営学の深い蓄積から学ぶべきことは多い。特に、企業経営学によって培われてきた、目標設定・戦略や戦術の構築・執行と評価などの体系がそれである。それによってNPO経営学は、NPOがダイナミックに育つ道を提示し、非効率や自己満足に陥る危険を回避する理論的構築を可能にすることができる。

最近の企業経営学の成果の一つといわれる「バランスト・スコアカード」においても、キャプランとノートンはアメリカ企業の業績評価があまりにも財務成果にのみ偏っていることを指摘し、財務の視点に加え、顧客の視点・内部プロセスの視点・学習と成長の視点を導入して計画し評価することを提唱した。過去の業績としての財務評価に止まらず、将来の財務業績を生むための指標として財務以外の視点を取り上げることによって、文字通りバランスある視点をもった経営を提唱したのであった。

このような企業経営における成果は、NPO経営にも適応できるものとして改良され、ミッションの達成を最高の視点に据えながら、財務の視点・顧客の視点・内部プロセスの視点・学習と成長の視点をバランスさせて計画し評価することが提唱され、既にその理論的構築と実践技術が展開されている。(7) 利潤という客観的尺度の存在によって企業の経営が鍛え上げられ、それを研究対象とする企業経営学が発展してきたとすれば、そのなかで組織一般に普遍する理論と実践をNPO経営学が取り入れることが有効であることは自明であろう。

２　ＮＰＯ経営学の特殊性と企業経営学への貢献

ＮＰＯの最大の特徴は、ミッションの重要性である。それは、企業経営学において看過されがちであった価値的側面に関わる。われわれはＮＰＯ経営学の研究の核はミッションを巡るものであることを主張したい。それは、企業経営学にも重要なインパクトを提供することができるはずのものであり、経営学史学会第十五回大会の統一論題である他の二つのテーマ、ＣＳＲの問題やＨＲＭの問題にも深く関わるはずのものである。ＮＰＯ経営学はＮＰＯの存在意義をミッションに求めるだけでなく、その事業展開や人材活用のマネジメントにミッションが積極的に機能するのである。このミッションベイスト・マネジメントこそ、企業経営学に示唆と貢献を提供する原動力である。いま少し詳細にそれを検討してみることにする。

第一は、企業理念に関わる。ドラッカーは、企業の目的は利潤ではなく顧客の創造であるとした。それは、各企業が社会に有用な財やサービスを独自の貢献として提供することである。利潤はその貢献を表す尺度であり、未来のリスクや費用をカバーするというのであった。しかし、企業は尺度であるべき利潤を目的そのものとしている現実がある。そこから社会の病理が生じている。ＮＰＯ経営学におけるミッションから、企業経営学は学ぶものがあるはずである。そこにＣＳＲの原点も発見されるはずである。

第二は、ＮＰＯ経営学は効果的なガバナンスモデルを提示することができる。会社法は決定・執行・監査の三権を分立させ、それぞれに緊張関係をもたせようとしている。しかし周知のように、企業の権限は会長あるいは社長のような単独の権力者に集中することが多い。ＮＰＯにおいては、理事（経済的利害から解放されたボランティアであることが多い）、幹部スタッフ、監事などに権限を分散し、相互信頼の中にも緊張関係を維持する機構が期待できる。いわば、望ましいガバナンスのモデルが優れたＮＰＯから感得できる。

第三は、多くのステークホルダーへの関わりやアカウンタビリティに関するものである。ＮＰＯは、マーケティングにおいては利用者と寄付者、人材においてはスタッフとボランティアという二重性をもっている。さらに理事・評議員・監事・行政・地域など多様な関わりのなかで、それぞれに配慮しバランスをもった運営をすることが常である。ステークホルダー・アプローチの必要性が説かれる企業にとって、ＮＰＯの多面的なアプローチから学べるものが多い。

第四は、人材の管理である。わが国では従来、真面目に定型的な仕事をしていくことが評価されてきた。今日、企業が求める知識労働者は自分の能力とキャリアを重視するようになり、組織はそれを実現する機会として考えるようになってきている。そのように自立した知識労働者をどう処遇するかは、これからの人材管理にとって大きな課題である。ＮＰＯのスタッフ・ボランティアは、多かれ少なかれミッションに対する共感をもっている。そのような人材は、物的誘因や地位権力だけで魅きつけることはできない。知識労働者の処遇もＮＰＯ経営学が先駆するものを有している。

第五は、コミュニティーの形成である。人間には、合理的な関係だけではなく心の絆が必要である。地域や家庭というコミュニティーが崩壊し、日本的経営における会社共同体が希薄になっていく今日、ＮＰＯに参加することによって人間関係の絆を回復し、コミュニティーをつくり出す働きが注目される。それは人間が真の自己を求め、自らの居場所を見つけ出す現場である。ＮＰＯはそのような場を提供し、社会での新しい靭帯をつくり出している。企業が合理一色に傾き、それがグローバル・スタンダードとして影響力を強化しつつある現実に対して、企業においても合理的であると同時に共同的であろうとする、かつて日本的経営が広く宿していた特徴を保守すべく、ＮＰＯ経営学は企業経営学に刺激と知見を提出することができるであろう。

五　おわりに

企業を研究対象とした経営学がＮＰＯをも対象としていく必然を、ドラッカー経営学の軌跡を追いつつ示してきた。ＮＰＯは、二十一世紀における多元的組織社会を構成するうえで、企業・行政とも相互に補完しつつ、その存在意義を発揮していくことが求められている。経営学においても、企業経営学、行政経営学とともにＮＰＯ経営学が深く探究され、それぞれの知見が共有されるばかりか、各セクター間の協働等の組織間関係も深められることによって、人間と社会に貢献することになることが期待される。そのとき、ドラッカーの願った「自由にして機能する社会」の実現もより至近のものになっていくと考えるのである。

注

（1）Wolf, W. B., *Conversations with Chester I. Barnard*, Cornell University, 1972. 飯野春樹訳『経営者のこころ』文眞堂、一九七八年において、バーナード自身が強調しているところである。

（2）The Drucker Foundation, *The Community of the Future*, Jossey-Bass, 1998, p. 5.（加納明弘訳『未来社会への変革』フォレスト出版、一九九九年、二〇頁。）原書、訳書ともに「一九四三年の著作『産業人の未来』」となっているが、事実に照合して「一九四二年…」とした。

（3）（4）Drucker, P. F., *The Age of Discontinuity*, Harper & Row, 1969.（林雄二郎訳『断絶の時代』ダイヤモンド社、一九六九年、二二九頁。）

（5）Drucker, P. F., *Managing in the Next Society*, ST. Martin's Press, 2002, pp. 149-150.（上田惇生訳『ネクスト・ソサエティ』ダイヤモンド社、二〇〇二年、二〇三―二〇四頁。）

（6）澤村　明「日本における経営学系のＮＰＯ研究の状況」『ノンプロフィット・レビュー』日本ＮＰＯ学会、二〇〇六年。わが国ＮＰＯ経営学の文献も多く紹介されている。

（7）Kaplan, S. M. & D. P. Norton, *The Strategy-Focused Organization*, Harvard Business School Press, 2001.（櫻井通晴訳『戦略バランスト・スコアカード』東洋経済新報社、二〇〇一年。）

本論文に関連するドラッカー参考文献

Drucker, P. F., *The End of Economic Man*, John Day, 1939.（岩根　忠訳『経済人の終わり』東洋経済新報社、一九六三年。）

Drucker, P. F., *The Future of Industrial Man*, John Day, 1942.（岩根　忠訳『産業にたずさわる人の未来』東洋経済新報社、一九六四年、田代義範訳『産業人の未来』未来社、一九六五年、上田惇生訳『産業人の未来』ダイヤモンド社、一九九八年。）

Drucker, P. F., *Concept of the Corporation*, John Day, 1946.（下川浩一訳『現代大企業論』未来社、一九六六年。）

Drucker, P. F., *The New Society*, Harper & Row, 1950.（現代経営研究会訳『新しい社会と新しい経営』ダイヤモンド社、一九五七年。）

Drucker, P. F., *The Practice of Management*, Harper & Row, 1954.（野田一夫監修・現代経営研究会訳『現代の経営』ダイヤモンド社、一九六五年。）

Drucker, P. F., *The Landmarks of Tomorrow*, Harper & Row, 1959.（現代経営研究会訳『変貌する産業社会』ダイヤモンド社、一九六〇年。）

Drucker, P. F., *Managing for Results*, Harper & Row, 1964.（野田一夫・村上恒夫訳『創造する経営者』ダイヤモンド社、一九六四年。）

Drucker, P. F., *The Effective Executive*, Harper & Row, 1965.（野田一夫・川村欣也訳『経営者の条件』ダイヤモンド社、一九六六年。）

Drucker, P. F., *The Age of Discontinuity*, Harper & Row, 1969.（林雄二郎訳『断絶の時代』ダイヤモンド社、一九六九年。）

Drucker, P. F., *Management*, Harper & Row, 1974.（野田一夫・村上恒夫訳『マネジメント』ダイヤモンド社、一九七四年。）

Drucker, P. F., *Managing the Nonprofit Organization*, Harper Collins, 1990.（上田惇生・田代正美訳『非営利組織の経営』ダイヤモンド社、一九九一年。）

Drucker, P. F. ed., The Drucker Foundation, *Self-assessment Tool for NPOs*, Jossey-Bass, 1993.（田中弥生訳『非営利組織の自己評価手法』ダイヤモンド社、一九九五年。）

Drucker, P. F., *The Ecological Vision—Reflections on the American Condition*, Transaction Publishers, 1993.（上田惇生他訳『すでに起こった未来』ダイヤモンド社、一九九四年。）

The Drucker Foundation, *The Community of the Future*, Jossey-Bass, 1998.（加納明弘訳『未来社会への変革』フォレスト出版、一九九九年。）

Ⅱ 論攷

八　バーナード組織概念の再詮議

川端久夫

ルーマンがオートポイエシスの考え方に立つ社会システム論を提起したのは一九八四年である。一〇年後、バーナードの組織概念が実質的にオートポイエシス的社会システムとしての把握である（正確には〝まずバーナードありき〟。それを三〇年後に出現したオートポイエシス論から照射すると、難解なバーナード理論の一部が氷解する）とする見解が現われ、今なお持続している。[1]――本稿はバーナード・ルーマン両者の組織概念の単純素朴な対比を通して、右のような見解の妥当性を検討する。

一　両者の組織概念の同一性と差異

同一性・・・どちらも公式組織を複数個人の行為ないし意思決定のみから成るシステムと定義し、行為の担手（貢献者ないし成員）を組織の環境に位置づける。「社会システムは心身を具えた具体的な人間から成り立っているのではなく、具体的な行為から成り立っている。・・・すべての人間は、たとえある社会システムの成員であっても、その社会システムにとっては環境なのである。(2)」――この個所にルーマンは「組織論において、この見解はバーナードによって強力かつ一貫して主張された」と注記している。

差異・・・ルーマンの場合、組織を構成する行為は公式の資格をもつ成員のそれに限り、成員資格をもたぬ人々の行為は、たとえ組織による意識的調整を受けて共通目的の達成に貢献していても、組織外の環境に位置づけられる。バーナードの場合、資格の有無は問わず、組織目的の達成に貢献する行為すべてを組織に帰属させる。行為そのものが境界を形成し、行為の展開につれて境界は流動する。バーナードにとって〈人間含まず・行為のみ〉と（行為の担手について）〈無差別・無境界〉とは不可分一体の関連に在る。――両者のこの差異をどう整合的に説明できるか？

1　ルーマンは社会システム論の構築という理論的関心から出発した。彼が定義する社会システムは諸個人の行為が織りなす作用連関であり、そこでは複数の行為がその主観的ないし潜在的意味によって結びつけられている。この意味連関が環境の変化によって直ちに破壊されることなく一定の持続性をもつとき、他の行為連関との間に境界が出来る。そして行為の主観的意味（行為の経過を未来に投影して、未来の状況を表象したもの）は期待と呼ばれ、システムの秩序維持問題の全ては期待の安定化という問題に還元される。そのような「行動期待の中には、不可侵な公式の妥当性が主張される一連の特別の期待も含まれる。そのような期待が社会システムを規定する程度が高いとき、そのシステムは組織化されている。(3)」

公式組織を〝公式化された期待〟で秩序づけられた社会システムと定義するとき、ウェーバー以来の「公式組織を目的と支配のいずれか一方もしくは両方によって定義する」代りに、〝公式化された期待〟の凝結ともいうべき〈成員資格〉が打出される。原初的集団における〝相性もしくは共感〟〝一緒に居る頻度と持続性〟などによる曖昧な〈成員資格〉が、成員と逸脱者との間の対立（とその克服）を経て「一定の権利と義務を伴なう特別な役割のシンボル、即ち一定の制約下におくことのできる分離された行動期待の複合性として捉えられ・・・明確な二者択一のもとにおかれる」[4]とき、はじめて社会システムの一類型としての境界が確定する（集団が組織になる）のである。何らかの目的を志向する、まして効率的に達成するといったことは、公式組織（を構成する行為）の要件ではなく、公式資格をもつ成員の行為であることだけが要件である。

２　バーナードは組織における管理職能の遂行という実践的関心から出発した。出発時の公式組織は「政府・その諸部門、教会、大学・・のように、役員ないし指導者が居て、しかるべき存在理由と名称をもっている、そのような協働的努力の結合体」[5]であり、ルーマンのいう〈成員資格〉が公式化された組織にほぼ比定しうるのだが、バーナードはこれを〈協働システム〉と名づけ、そこから物的・社会的・個人的諸要因を順次捨象して〃二人以上の人々の意識的に調整された活動または諸力のシステム〃という〈組織〉定義に至った。その過程で成員資格のような集団（の概念）に付着した属性は払拭され、組織を構成する行為の担手は誰でもよく、組織自体は出入自由な諸力の発現＝活動の〈場〉とイメージされる。唯一の縛りは共通目的に志向した〈協働〉という要件であり、この点は〃目的によって組織を定義する〃伝統に沿っている。ウェーバー風にいえば、バーナードは経営団体から出発し、途中で〈団体〉性を削ぎ落して〈経営〉に純化したのである。ただし〈経営〉の重点がウェーバーの反復持続的遂行から複数個人の（理念・利害の対立を準解決した）協働に移行している。

おなじく公式組織と称するものの、ルーマンのそれは（ウェーバーのいう）団体、バーナードのそれは経営である。バーナードは人間を含む協働システムから人間を捨象して行為のみを抽出した。ルーマンは集団における成員資格の公式化に注目して組織（＝団体）を定義したが、集団も組織も最初から（人間含まず）行為のみの社会システムとして設定されていた。――ルーマンの方がシステム論としてより徹底しているわけである。

二　組織のオートポイエシスと成員資格

ルーマンのオートポイエシス転回は一九八〇年前後に始まり『社会システム理論』一九八四年で確定したが、成員資格という組織の境界要件は変りなく維持されている。[6] 他方、「オートポイエシス論は、運動が境界を区切る円環運動論であり、成員資格で区切るという発想にはもともと馴染まない」[7] とする見解がある。――オートポイエシスと成員資格（という境界要件）は両立可能か否か？

1　長岡克行の解説に従えば、社会システムのオートポイエシスが生命システムのそれと異なる特性は、①意味をメディアとし、②コミュニケーションを要素とし、③作動に際して自己観察を要し、④自己準拠に際して他者準拠（情報）を随伴することである。[8] 組織も社会システムの一類型として、そうした特性を具えている。ただしルーマンは、組織について〝意思決定を要素とし、コミュニケーションを作動とする〟システムという一種の特定化を行っている。長岡によれば、ここでいう意思決定は心理的過程ではなく社会的な出来事としてのそれであり、それ自体がコミュニケーションである。組織では行為もまた意思決定として扱われる――というのも、行為はその行為に向けられた期待に反応するときには常に意思決定（期待に応えるか背くかの選択）として現われるからである。組織は意思決定のネットワークを通して意思決定を産出するシステムであり、このネットワークは成員資格（とその変更）に関する意思決定と成員の所属に関する意思決定が組織の公式の意思決定の産出物となるとき、閉じられる。非成員の意思決定はこのネットワークの要素ではない。たとえ企業にとって重要な顧客、銀行、政府機関などからのコミュニケーションであって組織がどのみち従わねばならぬ場合でも、それ自体は組織の要素ではなく、組織成員の意思決定において引用されることで、はじめて組織の意思決定ネットワークに入っ

ていく。(9)

2　意思決定という土台に立つオートポイエシスを前提として「組織は自らの環境に在る諸システムとコミュニケートする可能性をもつ。組織は諸々の社会システムの中でこの可能性をもつ唯一の型であり、この可能性を手に入れようと思うなら組織を作らねばならない。(10)」——確かに、その場に居合せた人々に限定されたコミュニケーションで成り立つ相互作用や全体社会から分化した諸機能システムは、環境との間でコミュニケーションを交わすことができない。そこで「組織のうちでもトップレベルの重要性や規模をもつものは機能システムの内部に形成され、当のシステムの優位機能を引き受けている。(11)」これは〝機能システムの組織依存性〟とよばれる事態であり、諸機能システムは組織を利用してコミュニケーションの不確実性を縮減している。諸機能システムを構成するコミュニケーションは、それぞれに固有の〝象徴的に一般化されたメディア〟（経済システムなら貨幣の支払）を用いて作動するのだが、そうした「メディアが利用されるのは、結合を解かれた出来事を結びつけ、それによって自らをメディアに刻印しうるリジッドな構造を通してである。(12)」ここにいう「〝リジッドな構造〟とは・・・貨幣支払の場合であれば組織とりわけ企業組織を指す。なぜなら支払の意思決定は組織で行われ、貨幣は組織のプログラム（例えば投資や消費のプログラムと予算）に従って物的設備・支払義務・労働契約などに投資あるいは拘束される。つまり貨幣は組織によって結合ないし再結合され、形態を与えられるのである。ルーマンが〝メディアと形態〟および〝メディアと組織〟の両表現を互換的に使う理由はここにある。・・・要するに、機能システムひいて全体社会システムの作動にとって、メディアと組織（形態）の協働・補完は欠かせないもの」であり、その組織（＝リジッドな構造）の内実としてルーマンが挙げているのが成員規則と職位体系なのである。(13)」成員規則と職位体系を〈成員資格〉と縮約してよいとすれば、公式の成員資格こそオートポイエティックなコミュニケーション・システムとしての組織の作動にとって不可欠の〝リジッドな構造〟といってよい。——以上、組織の境界要件＝成員資格とオートポイエティックな円環運動との両立可能性がほぼ明らかになった。

三 バーナードの組織概念とオートポイエシス

ルーマン流のオートポイエシス理解に照らすとき、バーナードの組織概念の特徴は何か。――バーナードが例示する組織の多くは（共通目的に志向した）社会的行為という意味で、まぎれもなくコミュニケーションを要素とするオートポイエティックな社会システムである。周知の〝石運び〟は居合わせた人々の間のコミュニケーション〔情報―伝達―理解〕に〔意思決定―行動〕が接続した例であり、ルーマンのいう相互作用に当たる。〝薪集め〟は（完全に公式化してはいないが）成員資格を境界とする組織であり、意思決定と言う要素を連続的に産出するオートポイエシスの例である。

バーナードのいう組織の三要素〔共通目的・伝達・貢献意欲〕の相互関連と、ルーマンのいうコミュニケーションの三つの構成要素〔情報―伝達―理解（→意思決定）〕の相互関連とは、奇しくも同型のように思われる。三つの構成要素の円環的自己産出の中で、情報が共通目的へと成形され、理解が深まって意思決定の不確実性が縮減され、貢献意欲へと高まっていく――という経過が想定される。無論、別の経過（理解が誤解であって〝貢献しない〟意思決定に導く）も同程度に可能であり、この場合はコミュニケーション不成立、組織も不成立あるいは解体ということになる。

春日淳一の解釈に従えば、バーナードのいう貢献は〝組織と人間を媒介する〟概念として、ルーマンのいう〝機能システムと組織を媒介する〟概念である参加と同型である。経済システムに例をとれば、それに固有のメディア＝支払の担手である企業や家計は、外部＝環境に在って経済システムと相互浸透する〝参加システム〟である。

同様にして「組織に固有のコミュニケーションを担う従業員・納入業者・投資家・顧客等々の人間は組織に貢献している。・・・ここには〔人間―（貢献）↓組織―（参加）↓機能システム〕という入れ子的関係が成立している」[14]という。――傾聴すべき示唆であるが、若干の異見を述べたい。

1　春日の説明では、機能システムは環境との間で自らコミュニケートすることができず、コミュニケーションの不確実性の縮減を組織に委託している、というのだが、諸多の機能システムは全体社会の複雑性が増大していく中で自生的に分化・形成されたものであり、本来、意思も目的もなく、（象徴的に一般化されたメディアを用いた）コミュニケーションをくり返す存在である。むしろ組織の側が、その環境（に在る組織や個人）との間で有効・確実なコミュニケーションを交わすことで、結果的に全体社会システム（を構成する）コミュニケーションを質量的に拡充し、諸機能システムへの分化の発条となったのではないか。組織の側に貢献の意図はないが、出来上った機能システムの側からみれば、組織が自生的に参加してくれた、という訳である。

2　意図的貢献と自生的参加との差異に注目すれば、〔組織―（参加）↓機能システム〕と同型の連関は〔人間―（参加）↓相互作用〕に見出されるのではないか。――近距離に居合わせるだけで相互作用は発生する。おしゃべりの断続で終わることもあり、口喧嘩が昂じて殴り合うこともある。登山路を塞いでいる落石を居合わせた登山者たちが協働して除去することもある。バーナードの定義に従えば、おなじ相互作用がコミュニケーションの帰結によって異なる扱いを受ける。〝石運び〟行為に接続すれば〈公式組織〉、おしゃべりに終始すれば〈非公式組織〉、喧嘩別れならば単なる〈相互行為〉である。バーナードの組織の担手たちは〝居合わせる〟や〝成員資格〟のような具体的な標識に出合うことなく、〝共通目的に志向する協働〟という唯一の抽象的な機能に〝宙吊り〟されているのである。

何らかの協働行為を貢献する、という以外、担手の資格・属性を一切問わない――とすれば、〝二人以上の人々の意識的に調整された活動〃は、具体的にどの範囲で同定されるのだろうか。

(1) 組織目的の原型はおおむね輪郭明瞭だとしても、そこから幾つもの〔目的―手段〕の階層的連関が展開し、絡み合う。企業組織で業績低迷の度毎に間接部門の肥大（↓圧縮）が問題となるように、目的手段連関の伸長・分岐には際限がない。断乎アウトソーシングに踏み切っても、担手の成員資格が変るだけで、組織目的との縁が切れるわけではない。外食企業の店長が週百時間以上働き、妻の懸命の援護で辛うじて過労死を免れているとすれば、彼女の企業に対する貢献は絶大といえよう。巨大メーカーの資金提供者や顧客はグローバルに拡散し、日々何千何万のオーダーで入れ替っている。――こうしてバーナードの組織（を構成する意思決定のネットワーク）は時々刻々流動する。目的手段連関の範囲の設定次第で、その境界は全体社会の外延に等しい地点まで限りなく近づくのである。

(2) バーナードが創始しサイモンが明晰化（もしくは矮小化？）した〃組織均衡〃理論は、貢献者の自由平等を前提とした組織概念からの抜き差しならぬ系論である。――個人は誘因と引き替えに貢献する。ⅠⅣC、この均衡図式をすべての貢献者について成立させるために、組織（の管理者）は芸術的リーダーシップを発揮して諸個人の提供する貢献を様々な変形・交換を通して、総貢献を上廻る総誘因へと創造するのである。

このような組織経済（の収支勘定）の理論としての組織均衡理論は、貢献者の範囲＝組織の境界の常時流動、無際限伸縮、別言すれば組織の無境界状況を含蓄している。サプライズ連発で無党派層を把んだ政党が正攻法に回帰して過半数割れに陥ったとすれば、急速流動・大幅伸縮の好例といえよう。廃棄物による環境汚染に黙って耐えている住民は企業の環境でしかないが、抗議行動を経て補償金を得たならば、金銭的誘因と引換に汚染による不快感や健康被害を受忍する貢献者となり、その意思決定は均衡体系に必須の要素として組織を構成する。要するに、貢献しさえすれば資格不問というバーナードの設定では、組織の境界は無際限に伸縮しうる。意思決定が循環的に産出されているという点で、オートポイエシスの要件は充足しているが、全体社会やその機能的下位システム（法・経済・科学など）とおなじ意味――つまり社会システムとして同類だという意味でのオートポイエシスであって、組織固有の根拠をもつオートポイエシスではない。

四　バーナードとルーマン。その対照性

ルーマンの組織が環境内のシステムとコミュニケートすることができ、諸機能システムが組織を利用してコミュニケーションの不確実性を縮減できるのは、組織が「成員資格を通して機能システムに特有の全員に対する開放性（包摂）を調節し、人びとを区別して扱う（排除する）ことができ・・・機能システムにおける相互依存の中断に資する」[15]からである。――組織（という社会システム）の形成は、機能的に分化した近代社会の構造と逆説的な形で密接に関連している。「近代社会そのものは、たとえ名目的形式的にであれ、すべての人々の排除ではなく包摂ということを原則とする。ところが、この社会において組織というシステムは原則的な排除ということを可能にしている。・・・包摂と排除をめぐって社会と組織では逆関係になっている。[16]」

まさに対照的に、バーナードの組織は全体社会や機能システムと同質の包摂、ひいては無際限の開放性を特徴とする。多少とも確定的な境界は存在せず、組織が現実に直面する状況に応じて決定する他はない。具体的には、①当事者の実践的関心に拠って、②研究者の理論的関心に拠って、そのつど境界を区切ることになる。バーナード自身は、熟達の管理者としての行為的直観に拠って状況適合的な境界設定を誤らず、理論的説明の場では論理の段階・局面に応じて複数の線引きを行った。コープランドへの反論では〝顧客の購買行為は組織の一部である〟と力説し、〝薪集め〟組織を用いた組織経済の例解では成員で境界を区切り、薪の買手は考慮外とした。

要約すれば、ルーマンの組織は成員資格によって閉じたオートポイエシス、バーナードの組織は目的達成に貢献する限り平等に開かれたオートポイエシスである。境界の安定vs流動、円環的に再生産される意思決定の持続性vs途切れ易さ、決定内容の相対的な凝集性vs拡散性――こうした対照性の故に、ルーマンの組織は全体社会の機能的下位システムにおけるコミュニケーションの不確実性縮減の主要な担手となり、バーナードの組織は諸機能システムに特有のメディアに対する粘結性が相対的に弱く、自在な弾力性には富むが漂流・暴走のリスクを孕み、自らのアイデンティティを確保するのに、管理者の芸術的・道徳的リーダーシップに頼ることになる。企業組織についていえば、その意思決定＝コミュニケーションの連続的産出の密度（頻度×持続性）は（自由な拡散を許容する）市場のそれと論理的に同等である。

遡っていえば、ルーマンは〝公式組織を目的と支配のいずれか一方もしくは両方によって定義〟してきた古典的組織論を批判しつつ自らの組織概念を打ち出したものの、成員資格という指標のなかに支配集団の存在と（組織目的によって正当化される）彼らの指揮監督に従う義務を装填したことによって、ウェーバーの〝経営団体〟概念を実質的に継承している。対するにバーナードは、目的追求のみを継承して支配の側面を（事実のレベルでは認めるのだが）理論のレベルでは徹底して忌避し、貢献者の自発性と平等性を強調した――この点においてルーマンとバーナードの（システム論へのコミットという同一性とは裏腹の関係ともいうべき）対照性は特に鮮明である。恐らくは組織の現実認識における両者の価値的・道徳的な態度決定の対照性を反映するものであろうか。

注

（1）庭本佳和「現代組織理論と自己組織パラダイム」『組織科学』第二八巻第二号、一九九四年、および『バーナード経営学の展開』文眞堂、二〇〇六年。

（2）Luhmann, N., *Funktionen und Folgen fomaler Organisation*, Berlin, Dunker und Humblat, 1964.（沢谷 豊他訳『公式組織の機能とその派生的諸問題』新泉社（上）、一九九二年、二八頁。）

（3）*Ebenda.*（邦訳（上）、三〇頁。）
（4）同訳書、四〇〇―四〇一頁。
（5）Barnard, C., *The Functions of the Executive*, Harvard U. P., 1938, p. 4.（山本安次郎・田杉　競・飯野春樹訳『経営者の役割』ダイヤモンド社、一九六八年、四頁。）
（6）Luhmann, N., *Soziale Systeme*, Frankfurt am Main (Suhrkamp).（佐藤　勉監訳『社会システム理論』恒星社厚生閣、一九九三年（上）、三一一頁。）
（7）庭本佳和、前掲『バーナード経営学の展開』二四七頁。
（8）長岡克行「自己組織化・オートポイエシスと企業組織論」経営学史学会編（年報第五輯）『経営学研究のフロンティア』文眞堂、一九九八年、一六六頁。
（9）同論文、一六七―九頁。
（10）Luhmann, N., *Die Gesellschaft der Gesellschaft*, Frankfurt am Main (Suhrkamp). 1997, S. 834.
（11）*Ebenda*, SS. 840-841.
（12）Luhmann, N., *Die Wirtschaft der Gesellschaft*, Frankfurt am Main (Suhrkamp). 1988.（春日淳一訳『社会の経済』文眞堂、一九九一年、三一四頁。）
（13）春日淳一「社会システムとしての組織」『関西大学経済論集』第四七巻第六号、一九九八年、一五七―八頁。
（14）同論文、一四七―八頁。
（15）Luhmann, 1997, *a. a. O.*, S. 844.
（16）Luhmann, N., *Organisation und Entscheidung*, Opladen (Westdeutscher Verlag). 2000, S. 392.

主要参考文献（直接引用しなかったもの）

春日淳一『貨幣論のルーマン』勁草書房、二〇〇三年。
長岡克行『ルーマン／社会の理論の革命』勁草書房、二〇〇六年。

九　高田保馬の勢力論と組織

林　徹

一　序

本稿の目的は、富永（一九七二）、向井（一九九六）、盛山（二〇〇三ａ、二〇〇三ｂ）に依拠しつつ、高田の勢力論（二〇〇三ａ）を紹介し、これに対して組織論の立場から考察を加えることにより、その位置と意義を明らかにすることにある。

第一に、勢力の定義を紹介し、高田がどのような社会理論を構想しまた課題を残したかについて確認する。第二に、社会的勢力をバーナード（Barnard, 1938）の権威受容説と比較する。第三に、第三史観、勢力の変動に関する諸法則の一部を紹介・吟味し、それらを組織変動論に関わらせて議論する。

二　勢力の定義とその射程

高田の人間観によれば、人は、欲望によって動き、競争し、他人からの服従を目指し、その結果、社会的な結合が生じることもあるのであって、予め結合を目指して行為するのではない（高田、二〇〇三a）。

このような人間観は、バーナードの組織観と通底している。バーナードは、地位と関係の整然とした構造がはじめから実在しているかのようなそれまでの記述的組織研究を排除して、組織とは燃えたぎる人間エネルギーの塊であると指摘した。すなわち、はじめに組織があったという伝統的な前提をくつがえして、はじめに力があったという、因果を転換させたパースペクティブを提示したのである（北野、一九九六）。にもかかわらず、後述するように、高田とバーナードの見方には重大な相違点がある。

欲望の対象には、具体的に、権力、名誉、服従、尊厳などがあり、これらを総称して社会的勢力と呼ぶ。それは「服従せらるる能力」（高田、二〇〇三b）であり、①服従者の側において自発的でありその態度が相手に対する尊敬でありさらには相手の人格に対する帰依である場合の「内的勢力」（馬場、一九四八）と、②服従者の側に何らかの自発的服従の有無とは無関係に、被服従者にその意志を強制しうる能力があるゆえにまたあることに基づいて服従が行われる場合の「外的勢力」とに大きく区別される（盛山、二〇〇三b）。

さらに、②の外的勢力は、（一）物理的手段に基づく武力、（二）可能性（または潜在性）と正当性という二重の被覆をまとった武力としての権力、（三）物財の授受によって相手を動かす富力（または経済的勢力）、（四）文化内容を通して他の主体の服従をとらえる文化的勢力とに分類される。外的勢力のうち、近代社会では、（一）、（二）、（三）の勢力、とくに（二）と（三）が主要なものと見なされる。このような諸形態から成る要素的勢力の関連性を考えると、富力は権力によって、権力は武力によって、さらに武力は内的勢力を基礎としているがゆえに、内的勢力が勢力一般のもっとも基礎的な要素である（馬場、一九四八・富永、一九七二）。

三　権威受容説との関係

「服従せらるる」とは、これを端的に言うなら、権力者にとって意のままにならない外的・自然的な出来事である。それは、服従者の行為が「あたかも雨に降られる」というように擬えることができる（盛山、二〇〇三b）。権威に関する法定説や職能説に対して、このように階層を前提としない考え方は、初期のバーナードが言う権威受容説の立場と共通する（高宮、一九六一・川端、二〇〇六）。権威受容説によれば、「権威」とは古典的な階層とは関係がない概念であり（田中、二〇〇一）、権威を受容すること、すなわち積極的であれ消極的であれ自発的に服従する意思ないし態度の裏返しである。

また、「能力」は、それに関する人々の認識によって影響され、予言の自己成就や自己破壊も関わってくる。文書化・客観化されうる「権限」や「責任」とは異なり、ちょうど「責任感」がそうであるのと同様に、「服従」も「能力」も主観的な概念である。

以上から、社会的勢力も（受容説における）権威も、どちらも観察可能性が低い。ところが、高田にとって社会的勢力は歴史変動の説明のための手段であるのに対して、バーナードにとって権威は必ずしもそうではない。バーナードは、公式組織における共通目的を不断に変更することの必要性を唱えてはいるものの、公式組織それ自体の分裂や解散を含む、いわゆる公式組織におけるライフ・サイクルの総過程を説明しようとしたわけではない。

四　社会的結合定量の法則

一定の社会内における社会的結合の分量は一定の時代においてほぼ一定している。この法則は、結合関係のみならず、分離関係および従属関係にも、さらには各部分社会の営む機能の分割についてもあてはまる。また、社会内部の結合の強さは、社会外部に対する分離を強める。内部の分離は外部への結合を促す（向井、一九九六）。たとえば、兼任取締役と専任取締役を比べるとき、社会的結合定量の法則に照らしてみると、関与の面において前者は後者に劣るはずである。しかし、結合の「質」が結合の「量」に比例するかどうかは定かでないため、この法則をそのままあてはめることには問題が残る。

また、長期雇用と全人格的な従属を前提としたゼネラリストとしてではなく、一定の専門的な知識や技能を持つホワイトカラーが緩やかな関係を雇用主と保つことの意義に鑑みれば、内部と外部の結合の強弱とバランスの維持が課題となる（太田、一九九三）。けれども、一時的で感情的な内部対立が短絡的に外部結合を一気に促すとは考えにくいので、中長期的な打算が結合量に影響を与えるという面にも注意する必要がある。このように、社会的結合定量の法則は社会的な結合の質に対する配慮を欠いている。

五　第三史観

外的勢力はそれ自体としては新たに別の外的勢力を獲得することができない。内的勢力を媒介することによってのみ拡大できる。他方、内的勢力は外側に表れないので、それを基盤とする勢力が結集されて外的勢力としての作用をもつ必要がある。この両者のダイナミックな連鎖が、後述する勢力加速度の法則の前提である。

新勢力が伸張しようとするとき、まず、それを内的に積極的に支えている中核的従属者がいて、次にこの集団が外的勢力として作用することによって、その外側にいる人々が消極的黙認をする。消極的黙認は外面的には内的服従と区別がつかないため、それを内心からの服従と受け止める人々がさらに消極的黙認をする。ここで、理論的に、勢力の主体はなくてもよく、服従する側の人々の思念がすべてである（盛山、二〇〇三b）。

このような主体の有無が問われない「新勢力の中心」に該当する何か、これを林（二〇〇〇、二〇〇五a）は「組織の重心」と称している。重心は必ずしも現存する人物とは限らない。たとえば、すでに他界している本田宗一郎や松下幸之助の個性や武勇伝に憧れて、ホンダや松下に若者が入社する現象がそれである。

しかし、新勢力に対する支持が積極的であるか消極的であるかは重要ではない。なぜなら、時間の流れとともにその支持の濃淡は変化しうるし、支持の対象それ自体、すなわち重心もまた、必ずしも時間的に安定的・固定的であるわけではないからである。にもかかわらず、それは、従属者（オペレーターないしフォロワー）の動静を規定する契機としての機能を果たしている。

こうして、ひとたび成立した勢力は均衡点に達するまで成長し、やがて衰退し始める。後述する勢力加速度の法則はその一側面にあてはまるものである。唯心論、唯物論に対して、「人々の結社の様式が他のすべての方面における変動を決定する」という立場が第三史観である。それを人口史観とみる論者（e.g. 橋本、二〇〇四）もあるが、思想史観とみる論者（e.g. 盛山、二〇〇三b）もある。本稿は後者に属する。

以下では、富永（一九七二）にしたがい、勢力の動態に関して、その分類と諸法則の一部について吟味する。

六　勢力の変動

1　勢力の変動

勢力の変動は二種類から成る。一つは、支配の組織そのものは変わらないが支配者集団が対立者によってとって代わられるとき、もう一つは、支配の組織そのものが変わるときである。前者について、高田は、支配者集団の変動を、後述する勢力加速度の法則の応用問題とみる。すなわち、A集団の勢力成長が行き詰まったとき、これと対立するB集団が新たな支持者を得て加速度成長をはじめる。やがてA集団の勢力は衰耗してB集団がこれにとって代わる。

2　組織それ自体の変動

新しい支配組織の要求が、後述する野性的勢力として成立しつつ、それが在来の社会構造において支配的地位に高まることができないとき、あたかも城内に乗り込んでこれを明け渡させそれによって天下に号令する代わりに城そのものを焼いてしまうようなことが、組織それ自体の変動である。

以上の通り、富永は勢力の動態を二つに分けているが、その意義はほとんどないように思われる。その理由は、組織の定義にある。富永（一九八九）をはじめ、社会学者は、組織の基本を、タテとヨコの分業、すなわち、構造‐機能主義に基づく権限と責任の没個性的な関係、いわゆるライン・アンド・スタッフの構造に求めている。たとえば、かつてデュポン社が、爆薬から他の化学製品への多角化戦略の後に、財務上の危機に陥り、その結果、総合本社を備えた事業部制を採用した（Chandler, 1962）、という史実について。

この場合、組織を、職能部門別構造あるいは事業部制構造というような構造－機能面（組織図）に限定して用いると、富永のように分類せざるを得ない。しかし、勢力を組織と等置させてみると、勢力の動態を二つに分ける意味はなくなる。

わが国の行政機構改革においてしばしば見受けられるように、巧妙な配置転換と外見上のみの部署の統廃合に終始するかたちで組織図が変更されるとき、前者の見方に立つと、それを「組織が変わった」と言わねばならないことになる。これでは組織の現実をよく説明しているとは言い難い。

3　勢力加速度の法則

一つの勢力要素が他の勢力要素を呼び集め、そうすることで勢力は加速度的に成長していく傾向がある。しかし、この成長は天井知らずではなく、有機体の成長、人口増加、商品普及におけるそれと同様に、やがて増加率を減じていく。したがって、勢力加速度は、前半は成長の順加速度を示し、後半は成長の逆加速度を示す。

4　公生的勢力と野性的勢力

国家の行動に基づいて成立する勢力を公生的勢力、国家の意思に基づくことなく、またはそれに反して成立する勢力をすべて野性的勢力という。後者は必ずしも反国家的勢力ではないけれども、非国家的勢力であるから、前者との間に拮抗的な関係を持つ。

5　諸勢力間の関係についての法則

(1) 相応の法則：新たな地位に付着する勢力の大きさは、彼・彼女がすでに有している基本的な勢力に相応して定められる。

(2) 吸収の法則：複数の集団所属による複数の勢力の総合は、それらの総和によるというよりも、もっとも強いもの一つが代表になって他を吸収するという形で決まる。

⑶ 対等接近の法則：交際や交婚やその他の社会的接触の頻度は、社会的勢力の台頭であるもの相互間においてもっとも高くなる傾向がある。

第一に、勢力加速度の法則の論理は、いわゆる製品ライフ・サイクル仮説のそれと同じである。したがって、加速度が順からゼロないし逆に転換する契機（変曲点）が問題となる。その契機を意図的に導けるのか、そうでないのか。また、できるとすればどのように、という点こそが解明されるべき課題である。

第二に、公生的勢力と野性的勢力の関係は、組織論の用語で言い換えるなら、ちょうど、公式組織と、いわば反公式組織（couter-organization）の関係である。

たとえば、ヤマト運輸社が（当時の）郵政省の規制の壁をうち破って宅配便事業で成功したという前提に立てば、ヤマトは野性的勢力と位置づけられる（小倉、一九九九）。けれども、いつか将来、宅配便事業に取って代わる新商品（新技術）あるいは新規参入業者が登場すればヤマトは公生的勢力と称されうる。公生的・野性的というのは相対的な概念なのである。パラダイム転換ないし科学革命の契機と同様に、野性的勢力が公生的勢力に転換する契機とその過程こそが重要である。

この点、林（二〇〇〇、二〇〇五ｂ）は、デュポン、ＧＭ、スタンダード・オイル・ニュー・ジャージー、シアーズ・ローバックの四社における事業部制成立史（Chandler, 1962）において、トップとミドルの間（ないし幹部の内輪）における保革対立が共通していることを理論的に抽出した。改革派が保守派を打ち破る過程、そのような剥き出しの保革対立こそが組織の内実を浮き彫りにする。したがって、高田の言う野性的勢力は改革派に、公生的勢力は保守派にそれぞれ対応する。

第三に、相応の法則については、マネジャーとリーダーの関係に照らして、これを理解することができる（林、二〇〇五a）。すなわち、階層的な職位上の権限・責任の関係に裏付けられている上位者をマネジャー（下位者をオペレーター）、階層とは無関係な支持・協働意欲の対象をリーダー（その主体をフォロワー）とみるのである。

たとえば、支持的な部下が多い上司は、マネジャーでありかつリーダーでもあると言えるが、支持されていない上司は、マネジャーであっても未だリーダーであるとは言えない。他方、いわゆる肩書きや所属を持たなくとも多くの支持者を持つ者は、リーダーではあるがマネジャーではない、と言うことができる。

吸収の法則については、会社の合併や買収（M＆A）に照らして考えてみると、レバレッジド・バイアウト（LBO）が資本の大きさとしての強さとは関係ないことを、これによって説明できる。

対等接近の法則は、たとえば、経団連、日経連、商工会議所、青年会議所などを通じて、一般に、社長が社長同士の交流機会を持っていることを裏付けている。逆に、勢力を伴わない世襲の二代目・三代目社長がそのような社交努力を怠った結果、廃業を招くという事例もこの法則から説明できる。さらに、異業種交流の成否を分ける理由についても、同様にして説明できるように思われる。

七 結語

本稿では、組織論で軽視ないし無視されてきた、高田保馬の勢力論を取り上げて、これを組織論の観点から吟味した。唯物論、唯心論、そのいずれでもない、欲望を基軸に据えた独特な人間観（第三史観）、勢力の定義、社会的結合定量の法則、これらを踏まえて、社会的勢力とバーナードによる権威受容説との異同を整理した。

そのうえで、勢力の動態とそれに関する諸法則の一部を紹介し、組織変動論の観点からそれぞれに対して検討を加えた。本稿で明らかにした諸課題をもとにして、「組織の重心」を精緻化し、彫琢するために、勢力論を理論的にさらに摂取する必要がある。

参考文献

Barnard, C., *The Functions of the Executive*, Cambridge, MA: Harvard University Press, 1938.（山本安治郎・田杉　競・飯野春樹訳『新訳版・経営者の役割』ダイヤモンド社、一九六八年。）

Chandler, Jr., A., *Strategy and Structure: Chapters in the History of the Industrial Enterprise*, Cambridge, MA: M. I. T. Press, 1962.（三菱経済研究所訳『経営戦略と組織―米国企業の事業部制成立史―』実業之日本社、一九六七年、有賀裕子訳『組織は戦略に従う』ダイヤモンド社、二〇〇四年。）

太田　肇『プロフェッショナルと組織：組織と個人の「間接的統合」』同文舘、一九九三年。

小倉昌男『小倉昌男経営学』日経ＢＰ社、一九九九年。

川端久夫「HO-SOモデルと渡瀬浩―バーナード理論研究散策（七）」『熊本学園商学論集』第十三巻第二号、二〇〇六年、八九―一〇七頁。

北野利信『経営学原論―新しい価値体系の創造―』東洋経済新報社、一九九六年。

盛山和夫「高田社会学における勢力理論」金子　勇編著『高田保馬リカバリー』ミネルヴァ書房、二〇〇三年a、第十章、一八四―二〇一頁。

盛山和夫「解説　高田保馬における勢力理論の展開」高田保馬『高田保馬・社会学セレクション①勢力論』ミネルヴァ書房、二〇〇三年b、所収。

高田保馬『勢力論』ミネルヴァ書房、二〇〇三年a。（中山伊知郎・東畑精一共編『新經濟學全集』日本評論社、第二八巻、一九四〇年。）

高田保馬『階級及第三史観』ミネルヴァ書房、二〇〇三年b。（改造社、一九二五年。）

高宮　晋『経営組織論』ダイヤモンド社、一九六一年。

田中政光「権威の受容説」山倉健嗣・岸田民樹・田中政光『現代経営キーワード』有斐閣、二〇〇一年、第四章、八五―八六頁。

富永健一「高田保馬の勢力理論」『社会学評論』第二三巻第二号、一九七二年、二八―四六頁。

富永健一『社会構造と社会変動―近代化の理論―』放送大学教育振興会、一九八九年。

橋本　努「書評　高田保馬『勢力論』」『東洋経済』四月二四日号、二〇〇四年、八二頁。

林　徹『革新と組織の経営学』中央経済社、二〇〇〇年。

林　徹『組織のパワーとリズム』中央経済社、二〇〇五年a。

林　徹「組織と革新―内部当事者の保革対立―」岸田民樹編著『現代経営組織論』有斐閣、二〇〇五年b、第十一章、二二四―二四三頁。

馬場敬治『組織の調整力と其の諸理念型』日本評論社、一九四八年。

向井利昌「高田保馬の理論」新明正道・鈴木幸壽監修『現代社会学のエッセンス　社会学理論の歴史と展開』改訂版、一九九六年、一七三―一八八頁。

十　組織論と批判的実在論

鎌田伸一

一　はじめに

科学の知は、反証可能性を保持し続けることに、その方法としての独自性がある。また、組織論の対象とする組織現象は、主体間の意図と行動の交互作用ならびに主体と社会構造との交互作用の総和として展開する変容過程そのものである。このような意味において、社会科学は、常に方法論的自省が問われ続けることになる。さらに、「理論と実践」の契機を課題とする経営学は、フィードバックとフィードフォワードの枠組みの中で、試行錯誤としての仮説－検証のサイクルを繰り返すという、持続的な知的努力が求められる。

本報告の目的は、ロイ・バスカーの論考を手懸りに、組織論における批判的実在論（critical realism）の可能性を考察することにある。新たな認識は、既存のパラダイムの前提を批判的に超越することで展開する。批判的実在論は、存在論ならびに認識論の前提に関して独自の立場を志向することで、新たな方向性を模索しようとするものである。

二　組織論の多元的アプローチ

組織現象のもつ社会現象としての普遍的性格から、組織論は、多様な領域からさまざまなアイディアや洞察を得てきた。このような知的源泉は、社会科学の領域のみならず自然科学、人文学、現代思想に至る多岐にわたる拡がりをみせている。このような組織論の多様性と複雑性を包括的に捉えたものに、バーレルとモーガンの整理がある。周知のように彼らの試みは、対象とする組織現象の本質に対し、組織メタファーを手掛かりに接近し、方法論の観点から多様なアプローチを比較整理したものである。

彼らは、多様な視点の背後（あるいは根底）にあり、暗黙の前提とされるメタ理論的仮定の集合に着目することで、組織論のパラダイムを識別している。すなわち、方法としての社会科学の性質に関する仮定の集合と、対象としての社会現象（組織現象）の性質に関する集合という、二つの次元を設定し、これらを組み合わせることで四つのパラダイムを識別したのである。

方法の次元は、存在論、認識論、人間に関する仮定、方法論の観点から、主観主義のアプローチ対客観主義のアプローチという次元で捉えられる。また、対象の次元は、社会秩序、統合、現状に着目するか、それとも社会変動、コンフリクト、人間の発展可能性の阻害に着目するかで、レギュレーション対ラディカル・チェンジという次元で捉えられる。方法の次元と対象の次元の二つを組み合わせることで、彼らは、ラディカル人間主義、ラディカル構造主義、解釈主義、機能主義という四つの組織論のパラダイムを識別したのである（Burrell and Morgan, 1979）。

三　批判的実在論の素描

実在論（realism）の前提は、科学的探究の究極的対象は、科学的探究（のあり方）から独立して存在する、あるいはそれに先行して存在するという立場に立つ。実在論は、認識論的還元主義、認識依存性を超越しようとするのである。では、批判的実在論は、方法論としてどのような独自性を持つのだろうか。経験科学（経験論的実在論 empirical realism）との対比において、（上述した組織論の多元的なアプローチの中でも、典型的には機能主義のアプローチが対比の対象となるが）とりあえず、二つのことが着目される。

第一は、対象の認識独立性の視点に立つということである。すなわち認識対象としての実在は、認識主体のあり方や諸条件によって左右されないという視点に立つ。このことはバーレルとモーガンの平面的なパラダイム整理に、奥行きを与えることになる。いうまでもなく、パラダイム論は、認識依存性の一例だからである。

第二に、客観主義（実証主義）のアプローチの陥穽と、主観主義のアプローチ（解釈主義）の陥穽を、超越しようとする試みであるということである。すなわち、認識主体と対象との間の相互依存性（相互作用）を無視（あるいは軽視）するという実証主義の誤謬を克服し、かつ対象の認識独立性をどちらかといえば軽視する解釈学の誤謬を克服することで、客観主義対主観主義という二分法的思考を超越しようとするのである。

経験科学において暗黙の前提とされていることは、感覚によって経験されたものは出来事であり、経験された恒常的連関は因果法則であるというものである。科学とは、このような因果法則の探求に他ならない。典型的には実験状況を創出し、何らかの因果関係に関する仮説を検証するということになる。実験状況とはクローズド・システムを創出することであり、実験者はそこに作用しているさまざまな要因（変数）をコントロールすることになる。そして、そこに観察された結果が、実験状況の外側の世界にどこまで適用できるかということで、結果の一般化可能性が問われることになる。

クローズド・システムの実験状況において観察される因果関係と、その外側のオープン・システムの世界において観察されるものが対応するということはどういうことなのだろうか（もし、対応していないとするならば、実験状況が適切に創出されていないということになる）。また、実験状況において特定の結果をもたらす原因となるものを、どのように考えたらいいのだろうか。実験状況では、さまざまな要因がコントロールされる。このようなコントロールされた変数が原因なのだろうか。それとも、このような変数をコントロールすること、いいかえれば実験状況に作用している要因を促進したり、阻止したりする実験者のトリガーが起因なのだろうか。

批判的実在論においては、実験というものを以下のように捉える。すなわち、科学における恒常的連関の多くは、少なくとも天文学を除けば、実験的コントロールの制約された状況でのみ生起する。これらは自然に生起するものではなく、実験者の介入の帰結としてもたらされる。実験というものは、対象の中に何らかの安定的なパターン、整合性、規則性を見出そうとする実験者の意思を前提に、実験状況を工夫し適切に設定することで、恒常的規則性（因果関係）を顕在化させようとするものに他ならない。天文学の場合でも、観測・観察の工夫、それに基づくデータの蓄積と適切なデータ処理が不可欠である。要するに、実験者の基本的機能は、対象の中の因果メカニズムを作用させるためのトリガーとなることと、同時にこのメカニズムの作用を阻害する要因を可能な限り除去することなのである。

このような因果メカニズムは、通常、クローズド・システムを人為的に創出しない限り、明瞭な形で確認することはできない。クローズド・システムの外側、いいかえれば実験状況の外側のオープン・システムの世界では、当該メカニズム以外のさまざまなメカニズムや諸力が錯綜的に作用しているから、当該因果メカニズムそれ自体を取り出して識別することが容易でない。場合によっては、正反対の現象が経験されることにもなるのである。

クローズド・システムで見出される恒常的規則性とオープン・システムの世界の恒常的規則性とが対応している（これこそ経験論の志向するところであるが）ということは、双方に共通のものが作用しているということに他ならない。実験状況も、いうまでもなく、その外側の世界の一部である。オープン・システムの世界を、時間・空間に関して、部分的に掬いとったものがクローズド・システムなのだ。後者においても、前者に作用しているものから逃れることはできない。

このことから、オープン・システム、クローズド・システムの双方に作用するものを何らかの形で想定せざるを得ないことになる。また、これら二つの世界における経験の乖離は、どちらか一方を他方に還元することはできない。いいかえれば、一方から他方を説明することはできない。両者を超越する、何らかの実在を考えざるを得ないのである。このような論理から、批判的実在論は、独自の存在論を展開する。

1　批判的実在論の存在論

批判的実在論によれば、世界は、実際の事象の変容・展開と、認識主体の経験を超えるもの、から成り立っていると考える。超越論的実在論ともいわれる所以である。表面的現象にとどまることなく、実際の状態を引き起こしている原因やメカニズムを明らかにすることこそが科学なのである。批判的実在論は、対象とする存在に、三つの領域を識別する。すなわち、経験の領域（Domain of Empirical）、事象の領域（Domain of Actual）、実在の領域（Domain of Real）の三つである。

経験の領域は、個々の認識主体の経験、知覚、印象などからなり、いわゆる経験論（経験科学）の出発点となる。このような個別の経験を超えることで、いわゆる客観的現実が構成されることになる。個別の経験的現実を踏まえて、実際に生起した出来事・状態としての事象的現実（データの集合）へと構成することが、科学的測定といわれるものである。そして、例えばデータ間の相関を統計学的に処理することで、対象のモデル化がなされる。事象の領域は、個別の経験的なものに加えて、このような事象的現実から構成される。

批判的実在論の存在論は、事象的現実の背後（あるいは根底）で、これを支配しコントロールしている実在の領域を識別するところに、その独自性がある。すなわち、世界は、事象的現実と個別の経験的現実だけから成り立っているのではなく、実際に生起している出来事・状態を、その背後でコントロール・促進している、メカニズム、構造、パワー、傾向からも成り立っている。[1] このような実在的現実は、それが認識されるかどうかに関わりなく存在すると考えるのである。いいかえれば、経験科学が目に見える経験的現実や、客観的な事象的現実を対象とするのに対し、批判的実在論は、その背後にあり、そこに作用しているメカニズムや構造的仕組みのレベルに着目するのである。実在的現実は、このような領域に加えて、経験的現実と事象的現実から構成される。

経験の領域、事象の領域、実在の領域の三つは、それぞれ位相を異にする。実在的現実は、事象的現実に還元することはできず、また事象的現実は経験的現実に還元することはできないのである（Bhaskar, 1997）。

2　批判的実在論と社会現象

批判的実在論は、認識独立的な対象としての実在をどのように捉えるのだろうか。いわゆる社会現象は、本質的に変化する人間の主体性に依存しているから、相対的に時間・空間に関して限定された一時的存在たらざるを得ない。常に変化するダイナミックな過程こそが、その本質なのである。これは、たんなる出来事の連鎖を意味するのではない。このような過程とは、何らかの構造やメカニズムの生成、再生産、衰退を意味するのである。

社会（構造）と人間の主体性との間の関わりについては、大別して、方法論的集合主義（決定論）と方法論的個人主義（主意主義）の二つの視点がある。前者によれば、社会は個人を制約する存在であり、人間の行動は環境の産物ということになる。後者によれば、より創造的な役割が人間に与えられ、個々人の意図や行動によって社会は構成されることになる。批判的実在論は、これら二つの視点を超越した立場に立ち、「社会活動の変容モデル（transformational model）」という視点を提示する。

人間が主体性を持つということは、つきつめれば選択を行うということである。そして、選択するということは、それ以外の選択の余地や可能性がありえたということを意味する。活動主体が実際に行った意思決定や行動をとらないことも可能であった、あるいはそれ以外の選択もありえたということである。選択の余地がなければ、それは選択とはいえない。必然性の世界の中では、選択は存在しないのである。選択如何によって、その結果として構成される社会は異なったものとなる。異なったものを選択することによって、異なった世界がもたらされる。その意味で、社会的な世界はオープン・システムであり、実際の事象的現実は必然性を逃れられないものではなく、それ以外の在り方もありえたのである、ということを前提としている。

それ以上に、人間の主体性に前提とされることは、選択活動の意図性、目的性である。たとえ限定合理性の下であったとしても、特定の活動の選択がどのような社会的帰結に結びつくかという事前の見通し（仮説）が前提となる。あるいは特定の社会的帰結（目的）をもたらすためには、どのような選択をすべきかが問われることになる。世界についての恒常的規則性や因果連鎖の安定的なパターンに関する知識がない限り、選択は主体的なものとはいえず、選択として意味を持たないことになるのである。必然性に満ちた世界では主体性は存在しないことになるが、主体的選択はある種の必然性を必要とする。何らかの恒常的規則性や因果連鎖が前提となって、選択は始めて主体的なものたりうるのである。

とはいえ、人間の主体的選択が一方的に社会を規定するわけではない。同時に、主体的選択を可能にし、その背後で、それを支配、コントロールしている構造やメカニズムが問われなければならないのである。このような実在としての社会構造として、例えば、社会的慣習や常識、法制度や約束事、言語行動の文法があげられる。主体的選択は、このような社会構造によって支配され、その制約から完全に逃れることはできない。同時に、主体的選択の結果として、社会構造は再生産され、進化・生成され、あるいは凋落・衰退するのである。人間の主体性は社会（構造）によって支えられ、社会（構造）は人間の主体性に依存しているのである。このような人間の主体性と社会の関係を、バスカーは変容モデルとして提示したのである（Bhaskar, 1998）。

社会現象（社会構造）の創発的特性は、個人の活動を媒介として産み出される。社会構造は個人の活動を支配し制約するが、社会構造のメカニズムそれ自体は、個人の活動を媒介にしてのみ存在する。人間は活動を通して、社会的産物を産み出すと同時に、その産出の条件を産み出すという二重の機能を果たしていることになる。社会構造は、活動を通して再生産・変容され、生成されるからである。その意味で、社会構造はそれ自体が社会的産物であり、その持続性、自律性は相対的なものに過ぎない。社会現象は、このような相対的に独立し、かつ持続的な生成的構造（generative structures）の分節化された全体として捉えられるのである。

また、選択活動の意図性、目的性を前提とするなら、社会構造の変容、生成・展開、あるいは凋落は、当事者としての主体が自ら行っている活動に関して抱いている考え（観念、意思）と無縁でないということになる。人間の主体性への依存が、社会構造を社会的存在たらしめることになる。と同時に、社会構造は人間に対し、その主体性行使の場を提供し、能力・資源を用意するのである。そして、このことは、社会構造に見られる傾向やパターンは、普遍的なものというより、時間・空間の制約を逃れられない文脈依存的なものであるということを意味する。社会的な世界は、とどまる事のない変容の過程であり、オープン・システムなのである。

四　むすびにかえて

組織論における批判的実在論の可能性として、以上のような理解を踏まえて、二つのことが指摘される。

第一に、組織現象において、見えないものを洞察するということの意味を強調していることである。組織現象は、人間の活動を通して顕在化する。経験科学が依拠する個別の経験や感覚は、確かにその出発点ではある。しかし、それら顕在化しているものの背後にある実在を、否定することはできないのである。見えるものの背後にある、休火山のような潜在的可能性に留まっている実在や論理こそ、探究すべき対象なのだということである。[2] 見えるものを手掛かりに、個別の経験を超え、間主観性を超えた、その根底にある実在をこそ明らかにしようとする知的努力が求められるのである。

第二は、理論と実践の契機に対するインプリケーションである。理論と実践を媒介するものは、文脈（状況）理解である。組織現象における適切な文脈理解と主体的意思決定は、社会構造と人間の主体的選択という枠組みの中で理解される。人間主体は組織という場によって方向付けられ、制約され、かつ地位や権能を付与される。と同時に、人間主体によって組織という場は修正、強化されるのである。文脈理解と主体的意思決定とは、より具体的な課題に即していえば、変えることができる（マネジしうる）要因と、変えることができない要因を識別するということに他ならない。

既存のパラダイムの前提を選択的に超越しようとする批判的実在論は、確かに今後の組織論の展開の方向を示す可能性の一つである（Hatch, 2006）といえよう。[3] しかし、超越論的な論考は、それ自体が超越される可能性から免れることはできない。批判的実在論も、常に批判と超越の対象であることに、その存在意義があると思われる。

注

（1）マートンは機能分析の中で、客観的な帰結としての顕在的機能と、意図されず認知されない帰結としての潜在的機能を概念的に識別している。所与の事象的現実の中に両者が混在しているとするなら、これら両者に通底し共約可能なレベルを想定することが求められることになる。

（2）これらは、例えば「組織の（必然の）論理」と表現される。このような論理は、具体的な課題に取り組む際に適切な理解が必要となる。大規模組織の変革が抵抗に遭遇し、行政組織の改革がそのねらいを常に裏切られるのは、このようなレベルの実在に十分な注意が払われないか、あるいは意図的に無視されるからである。

（3）ハッチによれば、組織論の展開の可能性として、批判的実在論、複雑系理論、ネットワーク理論、組織アイデンティティ論、組織審美論、が指摘されている。

参考文献

Bhaskar, Roy, *A Realist Theory of Science*, Verso, 1997, chap.1. in Archer, Margaret, Roy Bhaskar, Andrew Collier, Tony Lawson, and Alan Norrie, *Critical realism: Essential readings*, London, Routledge, 1998.

Bhaskar, Roy, *The Possibility of Naturalism*, 3rd Ed., London, Routledge, 1998.（式部　信訳『自然主義の可能性』晃洋書房、二〇〇六年。）

Burrell, G. and G. Morgan, *Sociological Paradigms and Organizational Analysis*, Oxford, Heinemann, Educational Books, 1979.（鎌田伸一・金井一頼・野中郁次郎訳『組織理論のパラダイム』千倉書房、一九八六年。）

Hatch, Mary Jo, *Organization Theory*, 2nd Ed., Oxford, Oxford University Press, 2006.

Lawson, Tony, *Economics and Reality*, London, Routledge, 1997.（八木紀一郎監訳　江頭　進・葛城政明訳『経済学と実在』日本評論社、二〇〇三年。）

Merton, R. K., *Social Theory and Social Structure*, New York, The Free Press, 1968, pp. 73-138.

鎌田伸一「主要学説と研究方法」稲葉元吉編著『企業の組織』八千代出版、二〇〇五年。

補記

経営学史学会第一五回大会における筆者の報告に際し、チェアパーソンの労をおとりいただいた小沢教授ならびに貴重なコメントを賜った各位に対し、御礼申し上げます。

十一　組織間関係論における埋め込みアプローチの検討

――その射程と課題――

小橋　勉

一　はじめに

本稿は、組織間関係論の近年の一潮流としての「埋め込み」というアプローチを学説史的に検討することを目的とする。組織論の歴史を振り返ると、コンティンジェンシーセオリー（状況適合理論）において組織を取り巻く環境と組織との関わりを深く扱うようになったが、そこでは環境それ自体がどのような要素から構成され、それらがどのような関連を持つのか、あるいは組織が自らの環境要素に働きかけ、いわば自らの環境システムをどのように形成していくか、については触れられなかった（岸田、一九八五）。そういった点を出発点の一つとしているのが組織間関係論であり、一九七〇年代以降、資源依存モデル、取引コスト経済学といった多様な議論が行われるようになってきた。そして一九九〇年代以降、埋め込みというアプローチが多く用いられるようになっている（Kilduff et al., 2006）。それはそもそもどのような議論であり、学説史上どのような意味を持つのか。それが現在ではどのように展開されているのか。本論では、埋め込みの議論の嚆矢、現状、課題および類似概念としての社会ネットワークとの関係について検討しながら、埋め込み研究の全体像の把握を行いたい。

二　議論の嚆矢と埋め込み研究

「埋め込み」に関する議論の嚆矢はGranovetter（1985）とされている。[1]彼は「埋め込み」について次のように述べている。即ち、行動や制度が社会的関係によってどのように影響を受けるのかを社会理論の古典的問題の一つとして捉え、一方で、功利主義的伝統の多く（古典派、新古典派を含む）は、社会的関係からは殆ど影響を受けない合理的で利己的な行動を想定しているとし、他方で「埋め込み」の議論を位置づけ、そこでは行動や制度が、現行の社会的関係に非常に制約されており、それらを独立のものとして解釈することは大きな誤解となると論じている。そして埋め込みの議論は、信頼を生みだし悪事を抑制する際の、具体的な関係や構造（ネットワーク）の役割を強調する。

このように、Granovetterは、行動への社会的側面の影響を指摘している。彼の議論が組織間関係論で多く用いられるようになったのは一九九〇年代後半以降である。そこでは、組織間の社会ネットワークの関係構造の特性が組織行動に直接影響するということを明らかにしようとしている（若林、二〇〇六）。資源依存モデルや取引コスト経済学といった、従来の組織間関係論の代表的な議論は、二者関係としての組織間関係に主たる焦点を当てていた。それに対して、埋め込みアプローチは、組織間関係の多様なネットワークへの分析を行いながら、それとの関わりの中で組織の行動を捉えようとするものであり、組織間関係論の射程を広げるという学説史上の意義がある。

このような性質を持つ埋め込みアプローチであるが、ここではネットワークとは何か、そしてそれがどのように機能するのかといった論点が中心となり、それをより明らかにするために、次節では埋め込み研究の展開を明らかにする。

三　埋め込み研究の現状

埋め込みに関する研究には多くのものが存在しており、その全体像を理解しやすい形で示すことが必要であるが、他方で、その多様さゆえに困難な作業でもある。このような状況の中で、Dacin et al.（1999）は埋め込み研究に関するレビューを行い、源泉、メカニズム、結果、そして戦略的実践的含意という四つに研究を類型化している。(2) しかし、ここではメカニズムという用語が不明確である、主体（組織）の行動に関する論点の位置づけがなされていない、そして各領域間の関係が示されていない、といった問題点を有しており、それらを踏まえた上で埋め込み研究の展開を示すと図1のようになる。以下では、各々の論点に関わる内容を検討する。

図1　埋め込み研究の展開

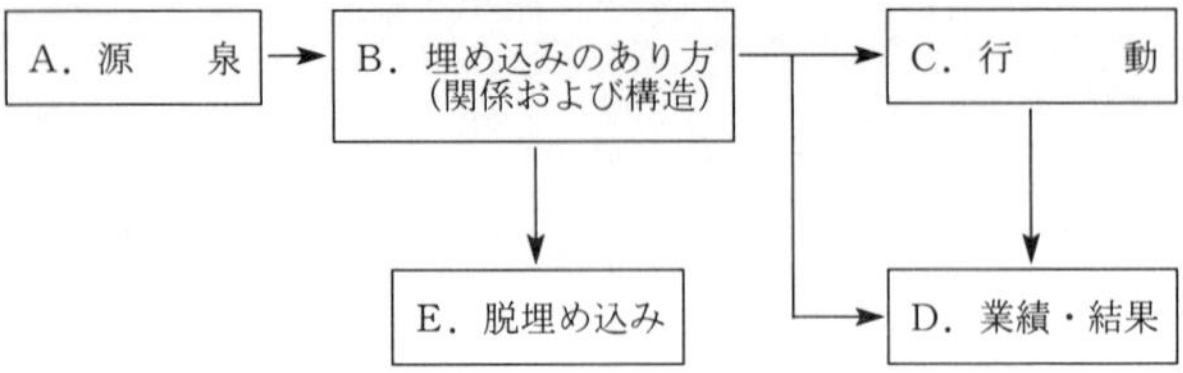

出所：Dacin et al. (1999) に基づき作成。

A：源泉

「何が埋め込みをもたらすのか」に言及するもので、Dacin et al.（1999）によれば、国家の制度、血縁などが挙げられている。しかし、ここではパラドキシカルな側面が存在する。埋め込みの議論は、組織間関係に関する行動は真空状態を出発点として行われるわけではなく、社会関係のパターンの影響が見られるとして、そのパターンの重要性を主張しているが、埋め込みの源泉を問うことは、そのパターンが真空状態からどのように形成されるのかを問うことにつながってしまう。

B：埋め込み

個々の企業の行為と結果、ネットワーク全体の結果等に影響を及ぼす要因として挙げられている概念であり、様々な点でこれを規定しようという試みが行われている。ここでは、関係的埋め込みという側面（二者関係に関連）と、構造的埋め込みという側面（ネットワークの全体構造と関連）の二つのいずれか（あるいは両方）に焦点を当てることが多い。

関係的埋め込みとして、過去五年で形成された二社間でのアライアンスの数（Gulati, 1999）、接触頻度の高さ（若林、二〇〇二）などがあり、構造的埋め込みとして、所与の一組の組織が共通のパートナーを有しているか（Gulati, 1999）、そして構造の中でのポジションとしての情報中心性(3)（若林、二〇〇二a）、サプライヤーが取引するメーカーの範囲（近能、二〇〇二a）などがある。また、Soda & Usai (1999) は、関係的‐構造的という区分はしていないが、イタリア建設業界に存在する提携関係のネットワークを挙げており、梅木（二〇〇一）は新規事業において成立したネットワークを捉えている。

このように多様な捉え方が存在しているが、それらは関係的‐構造的という形で分類可能といえる。

C：行動

埋め込みのあり方が組織の行動に対して及ぼす影響には様々なものが存在し、これをさらに細かく分けるならば三種類存在する。正の影響、負の影響、そして中立的な影響である。それぞれ、C_1、C_2、C_3として、既存研究で扱われた変数を挙げると以下のようになる。

C_1：正の影響

信頼の増大、詳細な情報の伝達、共同問題解決、時間の経済性、統合的調整（Uzzi, 1996, 1997）、部品の継続

的取引（近能、二〇〇二ａ）

C_2：負の影響

パートナー変化の困難さ（Uzzi, 1996, 1997）、自己規制（Soda & Usai, 1999）

C_3：中立的影響

多角化の採用（Fligstein, 1991）、アライアンスの形成（Gulati, 1995）、共同行為（展示会）への繰り返しの参加（Sandberg, 2003）

この中のいずれかの影響に焦点を当てるという方法も存在するが、未発達な論点として、C_1とC_2との間での転化を挙げることができる。例えば、Soda & Usai (1999) は、関係資本（社会的関係）の量が増大すると、産業の自己規制が強くなり、対話を通じて不確実性を削減する方向へのプレッシャーが強くなることを指摘し、またUzzi (1997) は埋め込みが負債となってしまう条件として、(1)ネットワーク内の中核プレイヤーが予期せぬ形で退出する、(2)制度的諸力が市場を合理化する、(3)過度の埋め込み状態になる、という三つを挙げているが、第三点についてUzziはある点を越えると過度の状態になる、閾値という表現で説明しているに過ぎず、そのメカニズムを示していない。

C_1とC_2は表裏一体であり、例えば信頼の増大は関係の固定化につながり、いわゆる「馴れ合い」と呼ばれる状況を招きうる。埋め込み研究の問題意識の根底に行動への社会的側面の影響を捉えることがあり、そして若林（二〇〇六）が述べるように、異なったネットワーク特性が経済成果に対して異なった影響を及ぼすことを踏まえると、このような$C_1 \rightarrow C_2$、あるいは$C_2 \rightarrow C_1$という転化のメカニズムに言及することは重要と考えられる。

D：業績・結果

埋め込みから影響を受けた行動によって、一定の業績・結果がもたらされることは自明のことであるが、個々の企業の行為に対する意図に影響することなくもたらされる結果も指摘されている。具体的には、生存、経済全体への悪影響（Soda & Usai, 1999）、多様性の減少・適応能力の低下（Uzzi, 1996, 1997）、過剰埋め込み（若林、二〇〇二b）、優良ではない顧客の巻き込み（梅木、二〇〇一）、といった点が挙げられている。そしてこれらが新たな企業行動への刺激となることが考えられる。

E：脱埋め込み（disembededness）

脱埋め込みとは、「遠方のネットワークが近接のネットワークを再定義する可能性」（Dacin et al., 1999）として指摘される。この点に関する研究蓄積は少ないが、大規模な企業の場合には埋め込みの力は弱くなる（Ussi, 1997）、あるいはグローバル化によってこれまでの埋め込みが変化する（Dacin et al., 1999）、といった可能性を指摘できる。

四　埋め込み研究の課題――多様な展開に伴う諸問題――

前節では埋め込み研究の全体像を概観した。かなりの研究の蓄積はあるものの、まだ明確な統一的枠組みが存在しているとはいいがたい。したがって本節では、逆説的だが、現状での埋め込み研究の課題として、大別して二つの課題があることを指摘することを通じて、埋め込み研究の輪郭を示したい。

1　変数の多様性

多くの研究において見られることであるが、研究の進展と共に、用いられる変数も多様化する。埋め込み研究も同様の傾向を有しているが、他の研究領域と異なり、二つの面での変数の多様化が見られる。

第一が、「埋め込みという関係」とは何か、即ち、図1でのBに関わる変数である。一方で取引の有無といった、具体的な資源の移動を伴うものが扱われており、他方で情報交換といった無形資源に焦点を当てた研究も存在する。情報も広く捉えれば資源ではあるが、情報交換のネットワークと取引のネットワークとが無条件で一致するかどうかには疑問が残る。(4) 別の言い方をするならば、埋め込み研究のベースにある社会ネットワークの定義の広さが問題になっているといえるだろう。例えばバーンズは「多くの個人が相互に間接的にしか調整し合えないような何らかの活動を遂行する際に使われる社会関係のシステム」と、また、Bott (1955) は「その構成要素となっている外部単位が、全てではなく部分的に、相互に関係を維持しているような社会的布置状況のこと」と、社会ネットワークを定義している。この広さゆえに分析対象とするネットワークが多様になる恐れがある。但し、この点については、現状が発展途上であるために発散の方向に向かっており、いずれ収束する可能性があると考えることもできる。

第二が、「どのレベルでの関係なのか」という問題である。埋め込み研究の嚆矢として挙げたGranovetter (1985) は、個人に対する焦点を出発点としながらも、市場‐組織というマクロなレベルでも埋め込みのアイデアを用いることができるとしている。しかし、このためには個人レベルでの議論をそのまま組織間関係のレベルで用いることができるかどうかという援用可能性についての理論的検討が必要である。さらには、もしそれが可能であるとしても、レベルの複層性と呼べる問題が残っており、第一の点との関わりで次のような問題が生じる。例えば、取引関係は長年続いているけれどもトップレベルでの個人的つながりがあまり無い場合と、逆に取引等の関係は殆ど無いものの、トップ同士が数十年来の知己である場合とでは、どちらが強い紐帯であるかは必ずしも明確に規定できない。

つまり、個人ベースの議論を出発点としながら組織間関係までは捉えようとするという試みは、それまでの議論に、もう一つ分析レベルを付加することになるため、個人、組織、組織間関係といった多様なレベルの関わりを説明することが大きな理論的課題となる。

2　脱埋め込みという論点

前節では埋め込み研究の展開方向の一つとして、「脱埋め込み」という論点が存在することを示し、実際にいくつかの研究も存在する。例えば近能（二〇〇一b）はネットワーク構造を密なものと疎なものとに分類し、それをミックスしたハイブリッド型の望ましさを指摘している。また、Kilduff et al. (2006) は、ネットワーク内の個々人はネットワークに対して皆異なった見方を有しており、個々人の属性を見た場合、自己管理度が高い個人(high self-monitors) と低い個人とがあり、後者は、移転性、中心性、組織外連結の多様性といった点で、より埋め込みの度合いが高いといったことを指摘している。こういった議論が生じつつあるが、これらは「埋め込み」というアプローチに逆行するものである。

そもそも埋め込みという考え方は、ある経済合理的な行動があったとしても、それが社会的関係によって抑制されるという発想と関連しており、その意味で、自身に最適なネットワークの構築という議論とは異なっている。確かに、埋め込み研究を進める中で、そのような発想に至るのは一つの帰結なのかもしれないが、埋め込みアプローチの枠内で捉える前に隣接領域に眼を向ける必要があるのではないだろうか。

五　今後の展望

これまで埋め込み研究の課題を見てきたが、それを踏まえた上での今後の課題を示すことが建設的な研究展開上必要と考えられる。本節では三つの点から議論を行う。

第一が理論そのものの進展である。埋め込み研究は多岐に渡っているが、Bを軸としながら他の変数との関わりを探るという方法が一般的である。したがって、いずれかの変数に着目し、既存研究で用いられていない要因を抽出し、検討することによって、新たな貢献をすることは可能である。[5] また、既に述べたように、行動に関するC_1からC_2、あるいは逆の転化、さらにはDがもたらす結果等による行動変化なども考察対象となりうる。

第二が社会ネットワーク論全体としての展開である。また、先述の脱埋め込みについての注意に関して、確かにそのような方向性での組織の行動はありえるのだろうが、それはBurt（1992）などに見られるような社会ネットワークの議論といえよう。それらを埋め込みアプローチのような因果とを包含して、広い意味での社会ネットワーク研究と呼ぶことができるのかもしれない。その場合、ネットワーク↓組織、組織↓ネットワークという双方向での因果関係を捉えることになり、組織と環境に関するこれまでの組織論での捉え方と類似性を有することにもなろう。

第三が既存理論との関係性である。組織間関係に関する理論は既に多く存在しており、それらとの関係について、十分な議論はなされていない。例えば、若林（二〇〇六）において、取引費用経済学、ゲーム理論、資源依存理論、組織生態学といった理論との対比はなされているが、そこでは違いが意識されている。しかし、組織間関係という複雑な事象を多面的に捉えるためには、既存理論との関わりを深く検討することが求められよう。Casciaro and Piskorski（2005）は、ネットワーク論での二者関係の議論に資源依存のあり方を積極的に取り込んでいけば、両者は補完的になると論じている。このような方向での議論を深めていくことによって、我々の理解はより深まっていくものと考えられる。

六　結び

本稿では、埋め込み研究の全体像の理解のために、その嚆矢から現状、課題、そして今後の展望を行った。一般的に、議論の多様な展開は発展の証であると共に、学説史的整理の必要性の増大につながるものであり、埋め込み研究も同様である。

今後は、埋め込み研究内部での議論の深化と共に、方法論的検討、既存研究との関わりといった点についての考察を行っていくことが重要といえるだろう。それらの努力により、組織間関係に対する理解が深まることに加えて、論としての組織間関係論の健全な理論的展開につながると考えられる。

注

（1）例えばPfeffer and Salancik (1978) もembeddedという言葉を用いているが、それは構成概念としてではなく、企業が環境に埋め込まれているという記述で見られるのみであり、埋め込みの概念定義や操作化は行われていない。

（2）Dacin et al. の概要と組織間関係論での位置づけについては、小橋（二〇〇五）を参照のこと。

（3）ネットワークの中心に位置し、情報の流れを制御できる程度。詳細は安田　雪（二〇〇一）『実践ネットワーク分析』新曜社、を参照のこと。

（4）このことは、組織間関係論全体にもあてはまることである。伝統的な組織間関係論（例えば資源依存モデルなど）においては、有形資源に主たる焦点が当てられているが、近年の組織間学習論では知識の移転に焦点が当てられている。例えばNUMMIでは、有形資源の面では例えば双方が資金を提供するといったことが見られたが、知識の移転という面ではトヨタがGMから米国での経営ノウハウを獲得したのに対して、GM側はトヨタから結果的には学習できなかった、という点を指摘できる。

（5）例えば、脱埋め込みに関して、ネットワークの中核にいるが故に、そこから退出し新たなネットワークの構築が可能になる、といった論点は、BとEという変数に焦点を当てた新たな議論といえる。

主要参考文献

相原基大・秋庭　太「企業者ネットワークに関する経験的研究の現状と展望」『經濟學研究』（北海道大学）第五六巻第一号、二〇〇六年、五七—

七六頁。

Bott, E., "Urban Families: Conjunct Rules and Social Networks," *Human Relations*, Vol.8, 1955, pp.345-384.（野沢慎司編・監訳『リーディングス　ネットワーク論』勁草書房、二〇〇六年。）

Casciaro, T. and M. J. Piskorski, "Power Imbalance, Mutual Dependence, and Constraint Absorption: A Closer Look at Resource Dependence Theory," *Administrative Science Quarterly*, Vol.50, No.2, 2005, pp.169-199.

Dacin, M. T., M. J. Ventresca, and B. D. Beal, "The Embeddedness of Organizations: Dialogue & Directions," *Journal of Management*, Vol.25, No.3, 1999, pp.317-356.

Granovetter, M., "Economic Action and Social Structure," *American Journal of Sociology*, Vol.91, No.3, 1985, pp.481-510.

Gulati, R., "Social Structure and Alliance Formation Patterns," *Administrative Science Quarterly*, Vol.40, No.4, 1995, pp.619-652.

Kilduff, M., W. Tsai, and R. Hanke, "A Paradigm too Far?: A Dynamic Stability Reconsideration of the Social Network Research Program," *Academy of Management Review*, Vol.31, No.4, 2006, pp.1031-1048.

小橋　勉「第九章　環境変化と組織間関係」岸田民樹（編）『現代経営組織論』有斐閣、二〇〇五年、一六七―一八四頁。

近能善範「自動車部品取引のネットワーク構造とサプライヤーのパフォーマンス」『組織科学』第五三巻第三号、二〇〇二年a、八三―一〇〇頁。

近能善範「「戦略論」及び「企業間関係論」と「構造的埋め込み理論」⑵」『赤門マネジメントレビュー』第一巻第六号、二〇〇二年b、四九七―五二〇頁。

Soda, G. & A. Usai, "The Dark Side of Dense Networks," in A. Grandori (ed.), *Interfirm Networks*, Routledge, 1999, pp.276-302.

Uzzi, B., "The Source and Consequences of Embeddedness for the Economic Performance of Organizations: The Network Effect," *American Sociological Review*, 1996, Vol.61, 1996, pp.674-698.

Uzzi, B., "Social Structure and Competition in Interfirm Networks," *Administrative Science Quarterly*, Vol.42, No.1, 1997, pp.35-67.

若林直樹『日本企業のネットワークと信頼：企業間関係の新しい経済社会学的分析』有斐閣、二〇〇六年。

Williamson, O. E., *Markets and Hierarchies*, Free Press, 1975.（浅沼萬里訳『市場と企業組織』ダイヤモンド社、一九八〇年。）

十二　実践重視の経営戦略論

吉成　亮

一　序

本稿では、これまでの経営戦略論の流れを、おおまかに二つに分類している。第一の流れは、ポーターの市場ポジショニング論（一九八〇）に代表される、外部環境重視の戦略論である。第二の流れは、バーニーのリソース・ベースト・ビュー（一九九一）に代表される、内部環境（資源）重視の戦略論である。これら外部環境重視と内部環境重視という二つの経営戦略論を整理し検討する。そして、外部環境および内部環境をどちらも重視すべきであるという、両方を折衷する議論に陥らないために、第三の流れとして、実践重視の戦略論へたどり着きたい。具体的な事例として、一九六〇年代から一九七〇年代におけるホンダによる自動二輪車の米国進出（一九七五、一九八四）を、それぞれの戦略論の立場から取り上げる。

本稿において主張する実践重視の戦略論とは、野中ら（一九九五、二〇〇六）や本論の手がかりにしているレイブやウェンガーら（一九九一、二〇〇〇）によるナレッジ・マネジメントの議論を源流にしている。すなわち、ナレッジ・マネジメントの議論は、グラント（一九九六）などが主張しているように、一般的には、内部環境（資源）重視の組織論であると考えられてきたが、野中（二〇〇六、三頁）が指摘しているように、外部環境かそれとも内部環境かという二元論に陥らないのが、ナレッジ・マネジメントの議論の本質である。第二に、（少なくともウェンガーらの）ナレッジ・マネジメントの議論は、どちらかといえば、精緻な業界分析や崇高な企業理念よりも、むしろ取引先や顧客との接点における経験による学習（learning by doing）などの、実践に比重をおいている。本稿では、企業における競争優位性の源泉を、これまでの戦略論のように、外部環境と内部環境のどちらかに求めるのではなく、実践それ自体に求めたい。

二　安定的な市場で収益を獲得する外部環境重視の経営戦略論

これまでの経営戦略論を検討するために、まず、外部環境重視の戦略論を考察する。外部環境重視の戦略論を代表するのは、産業組織論をベースとする、ポーター（一九八〇）の市場ポジショニング論である。ポーターの市場ポジショニング論は、まず、業界構造などの外部環境を中心に分析する。そして、企業の強みを発揮できるように、企業行動を引き起こすならば、その企業は、参入する業界において一定の収益を獲得する可能性が高いと考えている（外部環境→企業行動→収益）。

業界構造を分析する上で主要な要因となるのが、①新規参入の脅威、②顧客の交渉力、③サプライヤーの交渉力、④既存企業同士のポジショニング争い、⑤代替品や代替サービスの脅威である。これらの要因から業界を分析するのが、いわゆるファイブ・フォース分析である。企業はファイブ・フォース分析にもとづき、魅力的な業界を特定することができる。企業は魅力的な業界を特定したうえで、その業界におけるポジショニングを定め、参入する。そして、自らの強みを強化し自らの弱みを補強しながら、業界におけるポジショニングを防衛する。

これにより、企業はその業界において一定の収益を獲得することができる。

ここで仮に、一九六〇年代の米国自動二輪車業界におけるホンダの企業行動をポーターの市場ポジショニング論を適用して説明するならば、つぎのようになる。ホンダは米国の自動二輪車業界に参入するために、多くの英国企業とは異なり、ファイブ・フォース分析にもとづき、魅力的な業界とポジショニングを特定する。それゆえ、ホンダは米国自動二輪車業界において、小型二輪車というセグメントを切り開き、英国企業から防衛可能な業界のポジショニングを定める。その結果、ホンダはこの業界において成功をおさめ、トライアンフやノートンをはじめとする、英国二輪車メーカーを、米国市場から駆逐する。

しかしながら、実際には、ホンダは上記のような分析を行っていないし、行動もしていない。パスカル（一九八四）の分析によれば、ホンダは多くの英国企業と同じように、米国の自動二輪車業界を分析している。事実、ホンダは、多くの英国二輪車メーカーが米国で一定の収益を獲得していた大型二輪車から参入しようとする。しかしホンダは、度重なる大型二輪車の故障から米国市場への参入に失敗し、米国自動二輪車業界から撤退する瀬戸際で、否応なくスーパーカブという小型二輪車を投入せざるを得なくなる。その結果、ホンダは小型二輪車というセグメントを新規に開拓し、その後の成功に弾みをつける、というのがリアル・ストーリーである。

この事例から、市場ポジショニング論に関して、つぎのような問題点を指摘することができる。第一に、当該業界が魅力的な業界かどうかを判断する時点は、必ずしも業界に参入する以前とは限らない。いいかえれば、魅力的ではない業界に参入した後、事後的に、その業界の新たな魅力を発見する可能性がある。ホンダのように、米国自動二輪車業界へ参入した後に、小型二輪車という新たなセグメントを発見することもある。第二に、企業は業界に参入後、業界におけるポジショニングを防衛するにつれて、今度は、防衛しているポジショニングから異なるポジショニングへ容易に移動できない。英国二輪車メーカーは、ホンダが切り開いた小型二輪車というセグメントに対応することができなかった。クリステンセンが『イノベーションのジレンマ』（一九九七）で述べているように、特に既存の業界において優位性を確立している企業ほど、新規参入企業が新しい業界の可能性を見出していることに対応できないことが多い。

以上のように、少なくともポーターの市場ポジショニング論だけでは、ホンダがなぜ米国において成功したのかを十分に説明することができない。ポーターが主張する市場ポジショニング論は、一九六〇年代前半の米国自動二輪車業界のように、業界の構造が比較的安定している場合において有効であっても、業界の構造が急速に変化する場合には、必ずしも有効な枠組みとは言えない。

三　稀少で模倣困難な資源を活用する内部環境重視の経営戦略論

つぎに、内部環境（資源）重視の戦略論を代表するのが、ワーナフェルト（一九八四）やバーニー（一九九一）らによるリソース・ベースト・ビューである。バーニー（一九九一）は、ポーターらの外部環境を重視する戦略論に対して、市場ポジショニング論による業界の魅力とは、「業界ではなく、それぞれの企業に起因している」と指摘している。したがって、バーニーのリソース・ベースト・ビューでは、企業はまず、企業の内部に蓄積している経営資源を中心に分析する。そして、企業は内部に蓄積している資源を活用できる業界を見つけ出し、参入する。その結果、企業はその業界において競争優位を獲得する可能性が高いと考えている（内部環境↓企業行動↓競争優位）。

企業は内部に蓄積している資源を、①経済的価値があるかどうか、②稀少性があるかどうか、③模倣困難であるかどうか、④資源を活用できる組織の仕組みがあるかどうか、という四つの観点から評価し、稀少で模倣困難な資源を特定する。

バーニーのリソース・ベースト・ビューでは、たとえ市場ポジショニング論による魅力の低い業界であっても、企業が四つの観点から高く評価できる資源を蓄積しているならば、その企業は、業界において長期にわたって競争優位を獲得する可能性が高いことになる。バーニーが頻繁に取り上げる事例には、パソコン直販を稀少で模倣困難な資源にしている、デル・コンピュータや、ローコスト・ロープライスや高度の物流管理を稀少で模倣困難な資源にしている、小売のウォルマート・ストアーズなどがある。

バーニーのリソース・ベースト・ビューを適用し、再度一九六〇年代の米国自動二輪車業界におけるホンダの企業行動を説明するならば、つぎのようになる。ホンダは、米国に進出している英国企業には製造困難な小型二輪車の生産を、日本においてすでに行っている。さらにホンダは日本において、小型二輪車を低コストで大量に生産できる組織体制を確立している。それゆえホンダは、米国の自動二輪車業界において、稀少かつ模倣困難な資源（小型二輪車）を蓄積し、その資源を活用できる組織の仕組み（小型二輪車を低コストで大量に生産する体制）を作り出しているということができる。その結果、ホンダは米国自動二輪車業界において、いったんは大型二輪車で失敗したものの、その後小型二輪車から成功をおさめることになる。

リソース・ベースト・ビューは、ホンダの米国進出の事例を説得的に説明しているように見えるものの、問題点もある。第一に、プリムとバトラー（二〇〇一）が指摘しているように、一方では、「成功する企業は、稀少で模倣困難な資源を蓄積する」ということができるが、他方では、「稀少で模倣困難な資源を蓄積するから、その企業は成功する」ということができるように、そこにはトートロジーが存在する。わかりやすくいえば、成功する企業と稀少で模倣困難な資源が、どちらも原因と結果になり得る。ホンダの事例では、ホンダが米国で成功したのは、小型二輪車という英国企業にとって製造困難な稀少で模倣困難な資源を有していたからであるということもできるし、ホンダが米国において成功したからこそ、小型二輪車が稀少で模倣困難な資源であることがわかった、というようにいうこともできる。

第二に、リソース・ベースト・ビューは、業界に参入する以前に、希少な模倣困難な資源を明確に特定することによって、その資源の可能性を制限してしまうという問題である。ホンダの事例では、米国の自動二輪車業界に当初大型二輪車から参入し、その後失敗するという経験を経たうえで、小型二輪車に乗り出したからこそ、ホンダは成功したとも言える。それゆえ、ホンダが当初から小型二輪車に焦点を合わせて米国自動二輪車業界に参入しても成功したかという疑問が残る。したがって少なくとも、バーニーのリソース・ベースト・ビューだけでは、ホンダがなぜ米国において成功したのかを十分に説明することができない。

四　アイデンティティを構築する実践重視の経営戦略論

これまで検討したように、外部環境重視と内部環境重視の戦略論にはそれぞれ問題点がある。これらの問題を解消するために、外部環境と内部環境の双方を重視すべきであるという誘惑へ駆られる。しかしながら、両方の折衷は、経営戦略論の進展をもたらさない。折衷主義の自滅性は、田中（一九九〇、一五頁）がギアツの議論を用いて指摘しているように、経営戦略論の進むべき方向の可能性をあまりにも多くする。そこで、内部環境重視と外部環境重視のどちらも重視すべきであるという議論に陥らないように、ナレッジ・マネジメントの議論を源流とする経営戦略論を展開したい。

本稿におけるナレッジ・マネジメントの議論とは、精緻な業界分析や経営資源の分析などをはじめとする、形式知のみならず、過去に蓄積しているノウハウやストーリーのような暗黙知に着目することにより、主に暗黙知から形式知へという知識創造のプロセスを対象にする議論である。それゆえ、ナレッジ・マネジメントの議論では、どちらかといえば、形式知より、暗黙知に比重をおいている。また、レイブ（一九九一）および、レイブとウェンガーは、暗黙知（一九九一）を企業の内部に蓄積可能ととらえず、製品開発プロセスにおける取引先との試行錯誤や、営業における顧客とのやりとりにおける経験による学習など、実践の中に埋め込まれているととらえている。

したがって、レイブとウェンガー（一九九一）のようなナレッジ・マネジメントの議論を源流にしながら、戦略論を展開するならば、企業の競争優位性を、どれだけ希少で模倣困難な資源を蓄積するのかということに求めるだけでなく、たとえ偶然であれ、企業現場における実践を、どのように暗黙知として企業行動として敷衍させ、戦略として確立することができるのかということに求めることが必要になる。それゆえ、われわれはナレッジ・マネジメントの議論を源流にする戦略論を、実践重視の経営戦略論と呼ぶ。

さらに、レイブとウェンガーによる正統的周辺参加（legitimate peripheral participation）という概念に注目するならば、実践の中でつくり出す暗黙知こそ、企業のアイデンティティになりうる、ということになる。このような企業のアイデンティティは、リソース・ベースト・ビューが主張する、稀少で模倣困難な資源と似て非なるものである。なぜならば、企業のアイデンティティは、その希少性や模倣困難性を、業界に参入する以前に（実践する前に）リソース・ベースト・ビューが主張する基準によって評価することが困難であるからである。

これまでの議論を整理するならば、実践重視の戦略論とは、内部環境を重視するか、外部環境を重視するかという二元論に陥らず、①偶然をともなうような実践の中でつくり出す暗黙知を、どのように企業行動として敷衍させ、戦略として確立することができるのかということ、そして、②実践の中でつくり出す暗黙知を、企業のアイデンティティとして保持するかということが問題になる。

われわれの主張する実践重視の戦略論を適用して、あらためて一九六〇年代の米国自動二輪車業界におけるホンダの企業行動を説明するならば、つぎのようになる。ホンダは米国の自動二輪車市場で大型二輪車を投入したものの、故障の連発などによって、米国から撤退を余儀なくされていた。そのような中でも、ホンダの現地社員は、小型二輪車を乗り回しながら営業をしていた。あるとき、営業をしていた社員が乗り回していた小型二輪車を、二輪車を扱うディーラーではなく、スポーツ用品店のバイヤーが注目する。これらをきっかけに、スポーツ用品店の店頭に、ホンダの小型二輪車が並べられるようになり、市街地で身近に乗り回す道具として、はじめてホンダの二輪車が脚光を浴びることになる。そしてホンダはこの小型二輪車の成功を契機にして、大型二輪車でも成功をおさめ、英国企業をこの業界から駆逐する。

ホンダは偶然ではあるものの、これまでのように長距離を乗る道具ではなく、身近に乗り回す道具というように自動二輪車を新しく定義する。そしてそのように新しく定義する自動二輪車を、若者におしゃれな乗り物として売り出すために広告宣伝を大々的に行う。ホンダは、たとえ偶然であれ、実践の中でつくり出す暗黙知を、最終的に、企業行動として敷衍させ、戦略として確立する。つまり、市街地で身近に乗り回す道具としての小型二輪車への注目を、偶然の産物に終わらすことなく、戦略として昇華していくことが、ホンダのアイデンティティになるのである。

これまでの戦略論同様に、実践重視の戦略論にもいくつかの問題点はある。しかしながら、内部環境か、外部環境かという二元論に陥らない、実践重視の戦略論は、経営戦略論における第三の流れになる可能性がある。

五　むすび

本稿では、これまでの戦略論を検討する中で、実践重視の戦略論という流れを見出そうとしている。なぜならば、外部環境重視の戦略論では、安定した業界においてその収益性のみを焦点に当てているため、適用範囲に限界があるためである。そして内部環境重視の戦略論では、稀少で模倣困難な資源を蓄積することに焦点を当てているものの、稀少さや模倣困難性を実際の成功例と切り離して定義困難であるためである。

実践重視の戦略論は、ナレッジ・マネジメントの議論を源流にしながら、偶然をともなう実践の暗黙知を戦略にまで敷衍させることで、企業のアイデンティティになりうることを指摘した。さらに、もし外部環境重視の戦略論のように、収益性のみを確保するために参入する業界を選択するならば、また内部環境重視の戦略論のように、稀少で模倣困難な資源をめぐって競争するならば、企業のアイデンティティを失う可能性があることを指摘することができる。

参考文献

Barney, J., "Firm resources and sustained competitive advantage," *Journal of Management*, Vol. 17, No. 1, 1991, pp. 99-120.

Boston Consulting Group, *Strategy alternatives for the British motorcycle industry*, London: Her Majesty's Stationery Office, 1975, 2 vols.

Christensen, M. C., *The innovator's dilemma: when new technologies cause great firms to fail*, Boston, MA: Harvard Business School Press, 1998.（伊豆原　弓訳『イノベーションのジレンマ―技術革新が巨大企業を滅ぼすとき―』翔泳社、二〇〇〇年。）

Grant, M. R., "Toward a knowledge-based theory of the firm," *Strategic Management Journal*, Vol. 17 (Winter Special Issue), 1996, pp. 109-122.

Lave, J., "Situated learning in communities of practice," In L. B. Resnick, J. M. Levine, and S. D. Teasley (Eds.), *Perspectives on socially shared cognition*, APA, 1991, pp. 63-82.

Lave, J. and Wenger, E., *Situated learning: Legitimate peripheral participation,* Cambridge University Press, 1991.（佐伯　胖訳『状況に埋め込まれた学習—正統的周辺参加状況に埋め込まれた学習—』産業図書、一九九三年。）

Nonaka, I. and Takeuchi, H., *The knowledge-creating company: How Japanese companies create the dynamics of innovation,* Oxford u.a.: Oxford University Press, 1995.（梅本勝博訳『知識創造企業』東洋経済新報社、一九九六年。）

野中郁次郎「イノベーションの動態理論に向かって」大薗恵美・児玉　充・谷地弘安・野中郁次郎『イノベーションの実践理論』白桃書房、二〇〇六年、一—三〇頁。

Pascale, R. T., "Perspectives on Strategy: The Real Story Behind Honda's Success," *California Management Review,* Vol. 26, 1984, pp. 47-72.

Porter, M. E., *Competitive strategy,* New York: Free Press, 1980.（土岐　坤・中辻萬治・服部照夫訳『競争の戦略』ダイヤモンド社、一九九五年。）

Priem, R. L. and Butler, J. E., "Is the Resource-Based "View" A Useful Perspective for Strategic Management Research?," *The Academy of Management Review,* Vol. 26, No. 1, 2001, pp. 22-40.

田中政光『イノベーションと組織選択—マネジメントからフォーラムへ—』東洋経済新報社、一九九一年。

Wernerfelt, B., "A Resource-Based View of the Firm," *Strategic Management Journal,* Vol. 5, No. 2, 1984, pp. 171-180.

十三　プロジェクトチームのリーダーシップ

——橋渡し機能を中心として——

平井信義

一　はじめに

本稿は、今日一般的となっている組織活動形態の一つであるプロジェクトチームのリーダーシップを検討している。プロジェクトチームの使命は、資金提供者である顧客や主催者となる母体組織の目的を具体的成果物として一定期間内に提供することである。使命達成に向けてプロジェクトチームは、企業内の各職能部門に散在する知識、技能、経験を効果的に利用するために（北野、一九八一）、適格と思われる職能部門出身者で編成される。その具体例には、新製品開発を行う研究開発組織の革新的取組みが挙げられる。最近では、プロジェクトチームの革新的取組みへの有効性に対する企業評価と採用が高まり、プロジェクトチームのリーダーシップは重要視され（Yukl, 2006）、一般的なリーダーシップ研究と比べ数に限りはあるものの多くの研究業績が蓄積されている。

プロジェクトチームのリーダーシップに関する既存研究を見ると、「公式に任命される」プロジェクトリーダーの行動に注目し、プロジェクトリーダーとして果たすべき役割を理論と実証により示す研究が主流である。主流の見方で示されているプロジェクトリーダーの果たすべきとされる主な役割を示すと、プロジェクトのビジョンと戦略の明確化、プロジェクト成果達成に必要な資源獲得のための外部交渉や活動調整、プロジェクトチームメンバーが各担当作業を遂行するときに抱える問題解決に有効な外部情報探索とチームメンバーへの支援、チームメンバー間の活動調整である（e.g., Pinto et al., 1998；Yukl, 2006；Cobb, 2006）。

しかし、これら主流の見方に関して一部の議論では、プロジェクト活動がマーケティングや製造などの職能部門からの資源獲得や活動調整、情報収集により成立することを考慮すると、主流の見方で示されている役割をプロジェクトリーダー一人で適切に遂行することは困難であると指摘されている（Elkins & Keller, 2003；Yukl, 2006）。この指摘への答えを示唆すると思われる議論が一部の論者により示されている。Gronn（Gronn, 2002）は、一般的なリーダーシップ研究でリーダーシップを特定の個人に帰属させる傾向を批判し、分業で作業遂行する組織の作業プロセスでは、活動への参加者間でリーダーシップの役割が分担して果たされると主張している。この主張は、Mehraら（Mehra et al., 2006）の社会ネットワーク研究の分析手法を利用した実証研究で展開され、プロジェクトチームメンバーがリーダーシップの役割を分担することの業績への有効性を示唆する結果を得ている。対人間コミュニケーションに関する社会ネットワーク研究では、後述するように、プロジェクト遂行中にチームが直面する様々な問題解決の局面で、関連する専門領域に存在する有効な情報を仲介する「境界の橋渡し」という役割遂行を通じて、チームメンバー達が最善のプロジェクト成果達成へリーダー的な貢献を果たしていることが観察されている（e.g., Allen, 1984；Ancona & Caldwell, 1992）。言い換えれば、プロジェクトのビジョンと戦略の明確化、プロジェクト成果達成に必要な資源獲得のための外部交渉や活動調整、プロジェクトチームメンバーが各担当作業を遂行するときに抱える問題解決に有効な外部情報探索とチームメンバーへの支援、チームメンバー間の活動調整、という主流の見方で示されているリーダーの役割が、各問題解決の局面ごとに、チームメンバー達による各専門領域とチームの、「境界の橋渡し」という役割を中心に、分担して達成されていることが示されている。このプロジェクトチーム・リーダーシップの役割がチーム内で分担されて達成されるという見方は、主流の見方と異なるプロジェクトチーム・リーダーシップ検討へ有効な見方を示唆していると思われる。

そこで本稿では、革新的取組みにおける最善のプロジェクト成果達成にとって、どのようなプロジェクトチームのリーダーシップが有効であるかを検討する。この時、前述の議論により本稿では、プロジェクトチームのリーダーシップを多様な価値志向を持つ人々を成果達成に向けて動機付けるリーダーシップと定義する。そして、現在主流の見方と後者の見方で共通の役割要因を示す「境界の橋渡し」を検討の手掛りに、本稿は次の構成で検討を進める。第一に、一般的に標準とされるプロジェクト遂行過程における確認を行う。第二に、境界の橋渡しメカニズムとその有効性を検討し、本稿の目的達成に向けた理論的基盤を構築する。第三に、それまでの検討を踏まえて、プロジェクトチームのリーダーシップを再検討し、最後に本稿のまとめと今後の研究課題を示す。

二　プロジェクト遂行過程

一般的に標準とされるプロジェクト遂行過程は、大まかに始動、計画、発足、実行、終結の五段階に分けられる。[1]「始動段階」では、顧客または母体組織の目的を満たす取組みを開始するために、母体組織の執行部が公式にプロジェクトリーダーを指名し、プロジェクトリーダーは顧客や母体組織の上級マネジャーとの相談により大まかなプロジェクト基本方針を決定する。

「計画段階」ではプロジェクト基本方針の具体化のために、プロジェクトリーダーは本人の持つ知識や経験、組織内で過去に実施された類似プロジェクトの報告書と周囲の経験者や人々から情報収集する。それらの情報に基づいてプロジェクト遂行に必要とされる作業、予算、スケジュールの見積を行い、プロジェクトリーダーによる雛形としての暫定計画書を作成する。暫定計画書が顧客や母体組織の上級マネジャーに承認されると、プロジェクトリーダーは暫定計画書に記した各作業遂行に必要な知識、技能、経験を持つと思われるプロジェクトチームメンバーを組織内の各職能部門から選出する。この時、プロジェクトチームの編成となり、プロジェクトは発足段階へと移行する。

「発足段階」の主な目的は、プロジェクトリーダーの作成した暫定計画をプロジェクトチームメンバーが実行可能なものとすることである。初めのチームミーティングでプロジェクトリーダーは、各チームメンバーへ暫定計画の内容説明と作業割当を行う。作業割当の後、各チームメンバーは、担当する作業範囲の実行可能な作業計画書を作成するために、所属する職能部門で得られる情報に基づいてプロジェクトリーダーの暫定計画作成と同様の手順で作業、予算、スケジュールの見積をする。各チームメンバーが担当する作業計画は、適宜行われるチームミーティングで進捗報告され、その報告に基づいて各チームメンバーは自ら担当する作業計画の調整を行う。これら一連の過程を経て最終的にプロジェクトチームとして提出するプロジェクト計画書には、プロジェクト全体で遂行される実行可能な作業、予算、スケジュール、そして、活動の結果として最終的に提供される具体的な成果物が明示される。この計画書は、顧客や母体組織の執行部を含めた検討会議で承認されるとき、初めて顧客や母体組織の目的を具体的な形で示すという意味でのプロジェクトのビジョンや戦略を明らかにする公式的なプロジェクト計画書となり、プロジェクトは実行段階へと進む。(2)

「実行段階」では、チームメンバーは公式のプロジェクト計画書に従って作業が進められるように各職能部門への計画説明、プロジェクト進捗の監視と監督、そして、変更の必要性や不測の事態が生じた場合のプロジェクトチームへの報告およびチームとしての対処を行う。実行段階で生産される製品、プロセス、サービスという具体的成果物が顧客または市場へ提供され始めると「終結段階」へと入り、成果物が実際に利用されたときプロジェクト成果の評価が示される。最後に、それまでの一連のプロジェクト遂行過程はプロジェクト報告書として記録され、後の類似プロジェクトへの参考資料として組織内に蓄積される。

以上のプロジェクト遂行過程の変遷を情報の流れに注目して振り返ると、プロジェクト成果達成までの活動方針決定に影響を与える二つの側面からの情報の流れが示し得る。一方は、プロジェクトの初期で明確なように、顧客と母体組織の目的に関する情報をプロジェクトリーダーが仲介者としてチームへ提供している。他方は、発足段階以降のプロジェクト成果実現に向けた各職能部門に存在する情報の各チームメンバーによるチームへの提供である。言い換えれば、前者は、プロジェクト成果への承認を与える顧客や母体組織の情報であり、後者は、実際にプロジェクト作業を遂行する現場のプロジェクト成果具体化、もしくは現実的な成果の程度に関わる情報である。いずれの情報提供の側面もプロジェクト成果達成に不可欠であり、それらを遂行する「境界の橋渡し」の役割はプロジェクトリーダーとチームメンバー達によりプロジェクトの進捗に従って果たされている。

三　境界の橋渡しメカニズムとその有効性

本節では、「境界の橋渡し」の役割とプロジェクトチーム・リーダーシップの関係を明確にするために、「境界の橋渡し」メカニズムとその有効性を検討する。境界の橋渡しに関する幾つかの定義を見ると、「他の組織との連絡的機能を果たす」(Evan（土屋他訳）、一九六九)、「組織と組織の境界を機能的に関係付けることに貢献する組織メンバー、または、仲介者（agents）の活動」(Adams, 1980)、「(組織内部へ侵入する情報の選択、伝達、解釈または翻訳という）情報処理と外部への表明（representation)」(Aldrich & Herker, 1977）である。これら

図1　組織の境界システムの構造モデル

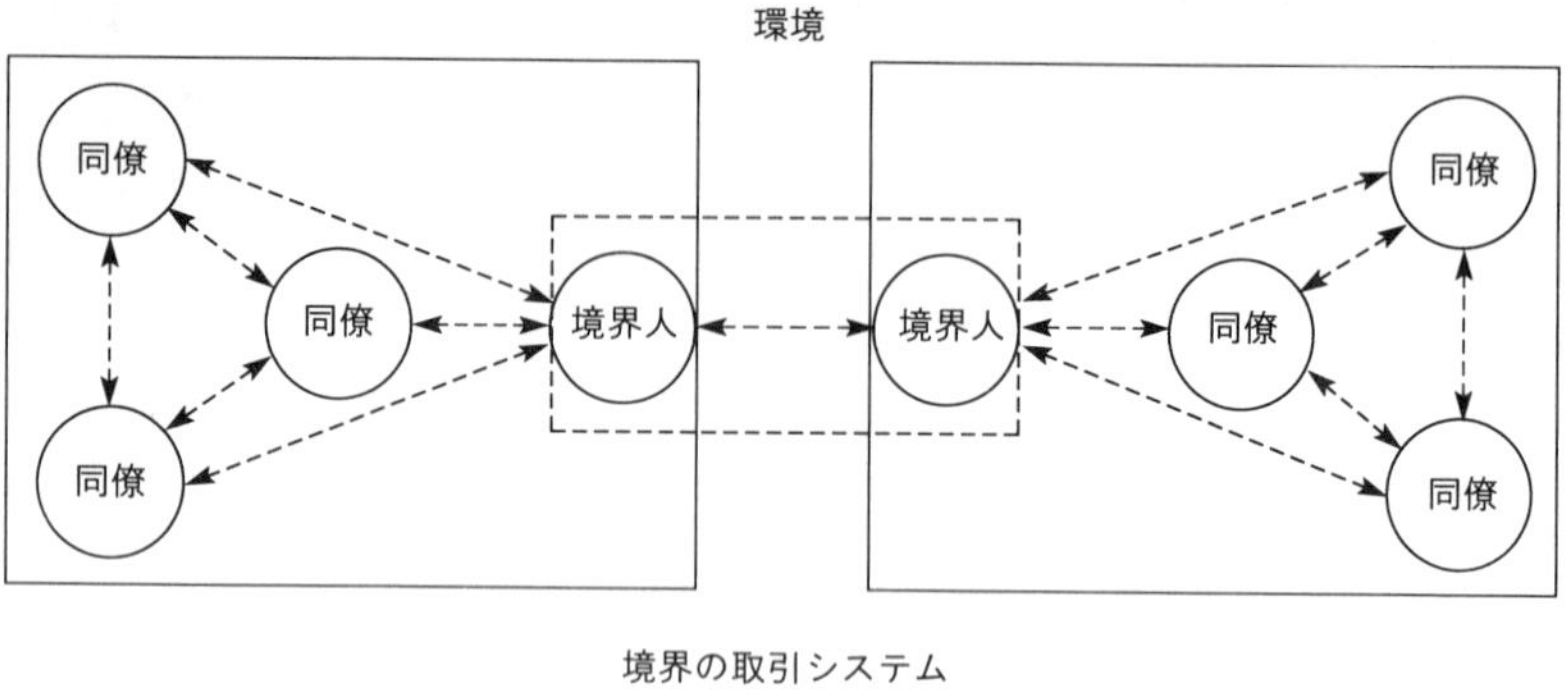

出所：Adams（Adams, 1976）に基づき著者が作成。

の定義により、「境界の橋渡し」は、特定の人物の選択と解釈により異なる組織の間で情報が流され、その活動により組織と組織を機能的に結び付ける活動である。このように「境界の橋渡し」は、異なる組織が一つの成果達成に向けて共同作業するときの相互依存的関係を形成するという重要な役割を果たしている。

以下に示すAdams（Adams, 1976）のモデルは、プロジェクトチームにおける境界の橋渡しメカニズムを具体的に表すことに有益であると思われる（図1）。モデルでは、複数の活動間の取引が境界の橋渡しをする人々（図1では、境界人と表記）により果たされる様子が描かれている。境界の橋渡しをする人物は、所属する組織の同僚と相手組織で類似の役割を担当する人物の影響を受けながら交渉する。図1の各組織の境界の橋渡しをする人々と同僚の間の矢印が示しているように、各人はお互いに影響を与え、組織の選好（preference）や境界の橋渡し交渉に同意したり、しなかったりする関係にある。このような関係にある二つの組織を結び付けているのが、図1の境界の取引システムの部分であり、一方の組織構成員によるアウトプットは、境界の取引システムへのインプットとなり、次に境界の橋渡しをする人々によるアウトプットは、他方の組織へのインプットとなる。

そこで改めてプロジェクト活動を見ると、プロジェクトチームミーティングには各職能部門に同僚を持つチームメンバーが参加する。一方の職能部門からのアウトプットは、チームメンバーの選択と解釈を通じてプロジェクトチームへのインプットとなる。このインプットは別のチームメンバーの解釈により伝達され、他方の組織のインプットとなる。このような境界の橋渡しのメカニズムにより各職能部門は結び付けられ、プロジェクト計画作成での作業調整がなされると考えられる。このメカニズムを前提とするとき、誰の選択と解釈によってチームミーティングに各職能部門の情報が持ち込まれるかがプロジェクト成果に大きく影響を与えると言える。各職能部門出身であるチームメンバーは、所属する職能部門の価値志向を良く知る人物であり、職能部門の情報を正確かつ適切に選択と解釈をし、他のチームメンバーが理解し得るように伝達できる可能性が高い。チームメンバーによる適切な情報選択と解釈は、最善の成果達成に向けた計画作成だけでなく、各職能部門の現状や意向を反映した共同作業実現への活動調整を推進するだろう。言い換えれば、チームメンバーによる境界の橋渡しは、最善の成果達成に向けた各職能部門への「チームとしての」リーダーシップ発揮につながると言えよう。このような見方の妥当性は、チームメンバーの多様な情報ネットワーク利用による情報伝達が、革新的なプロジェクトの業績向上（Allen, 1984；Cummings & Cross, 2003）や達成期間の短縮（Morten, et al, 2001）という成果達成への有効性を実証した研究で示されている。

四　プロジェクトチーム・リーダーシップの再検討

これまでの議論で、プロジェクトチーム・リーダーシップの役割がチームメンバー全員の分担により果たされることの有効性と可能性を示してきたが、それらの議論の焦点は主にチームメンバーの役割に当てられ、直接的に「公式の」プロジェクトリーダーが果たす役割を検討していない。そこでこれまでの議論を改めて振り返り、本節でプロジェクトリーダーの役割を検討する。この検討により初めて、本稿で対象としているプロジェクトチーム・リーダーシップへの見解を示し得ると思われる。

第二節のプロジェクト遂行過程で示したように、プロジェクトリーダーは雛形の暫定計画の内容説明と作業割当を通じて、顧客や母体組織の目的に関する情報仲介という境界の橋渡しの役割を遂行していた。プロジェクトリーダーがこの役割を適切に果たすことは、各チームメンバーに顧客や母体組織の目的を満たす最善の成果達成に向けたプロジェクトチーム全体への共通目標を与える。共通目標は、異なる職能部門出身で様々な価値志向を持つチームメンバーに目標達成に向けた最善のプロジェクト計画書作成という一定の方向性を提供し、チームミーティングでの活動調整におけるチームメンバー間の情報交換を容易にすると考えられる。

このような共通目標に基づく情報交換で果たされる境界の橋渡し活動は、最善のプロジェクト成果達成を実行する各職能部門への正確な要求伝達、各職能部門からのプロジェクトへの理解、そして、チームメンバーの職能部門における適切な情報収集と選択を確実なものとする。言い換えれば、プロジェクトリーダーによる適切な境界の橋渡し遂行により、チームメンバーは顧客や母体組織の目的と各職能部門の意向を一致させる実行可能なプロジェクト計画を作成し、推進することができる。このような意味で、プロジェクトリーダーは、プロジェクト遂行に不可欠な役割を担うプロジェクト参加者の一人であると言える。

以上の検討により、公式のプロジェクトリーダーは、顧客や母体組織の目的というチーム全体が目指すべき共通目標に関わる境界の橋渡しの役割を果たす一方、各チームメンバーはその共通目標の実行可能性に関わる境界の橋渡しの役割を遂行する。これら二つの異なるリーダーシップの役割が組み合わされて発揮されることで、チームはプロジェクトに関わる全ての人々の合意に基づく最善のプロジェクト成果達成を実現し得る。したがって、革新的プロジェクトにおける最善の成果達成にとって、プロジェクトリーダーシップがチームメンバーの間で分担されて果たされることが有効であると言える。この視点でこれまでの検討を振り返るとき、計画作成への参加は、チームメンバーが最終的に達成される成果や全体の活動と各自の担当作業との関係やその意味を理解することを容易にし、活動への貢献を動機付けるというリーダーシップ発揮の一要因である可能性を示し得るだろう。

五　おわりに

本稿は、「境界の橋渡し」という役割を中心にプロジェクト遂行過程の検証と検討を行い、プロジェクトチーム・リーダーシップの役割がプロジェクトリーダーを含むチームメンバー全員により分担されて果たされることの最善の成果達成への有効性を示した。この認識を踏まえるとき、現在主流である、「公式の」プロジェクトリーダー一人を対象とする見方は、プロジェクト遂行において果たされるリーダーシップの役割の一部分に注目した見方であるように思われる。今後のプロジェクトチーム・リーダーシップの検討において、チームメンバーが果たすリーダーシップの役割を検討対象に含めることは、より現実的なプロジェクト活動に即した検討を可能にするだろう。このような検討に際して、本稿で注目した境界の橋渡しに関する社会ネットワーク研究の考え方や手法は、情報の流れを通じてプロジェクトにおける実際の人々の活動を捉えた検証に有効な手段を提供すると思われる。

しかし、本稿は一部のプロジェクトチームのリーダーシップに関する既存研究と社会ネットワーク研究に基づく検討で得た手掛りに過ぎない。本稿は主にプロジェクトチームメンバーの境界の橋渡しに注目したけれども、プロジェクトリーダーの境界の橋渡しに関する検討は不十分である。さらに、本稿では人々の情報ネットワークにおける「プラス」の側面に注目し、「マイナス」の側面に注目していない (e.g., Ancona & Caldwell, 1992)。

したがって、本稿のプロジェクトチームメンバーの動機付けへの見解は、あくまでも一つの可能性に過ぎない。これらの問題点を初めとして、今後、プロジェクトチームのリーダーシップ検討をさらに進める必要がある。

注

（1）プロジェクト遂行過程は一義的に定義し得るものではない。本稿では、専門家協会（Project Management Institute, 二〇〇四）や研究者（Cobb, 2006; Roberts & Fusfeld, 1981）により管理上のツールやプロジェクト遂行過程の説明のために示されるプロジェクトライフサイクルの中の遂行段階と順序を参考に提示している。

（2）この時点でプロジェクトチームは解散される場合と実行段階で説明や実行参加のために存続する場合がある。本稿ではプロジェクトチームが存続している場合で説明している。

主要参考文献

Adams, J. S., "The Structure and dynamics of Behavior in Organizational Boundary Roles," In M. D. Dunnette (Ed.), *Hand book of Industrial and Organizational Psychology,* Chicago : Rand McNally, 1976, pp. 1175-1199.

Adams, J. S., "Interorganizational Processes and Organization Boundary Activities," In B. W. Staw, & L. L. Cummings (Eds.), *Research in Organizational Behavior,* 2, Greenwich, CT: JAI Press, 1980, pp. 321-355.

Aldrich, H., & D. Herker, "Boundary Spanning Roles and Organization Structure," *Academy of Management Review,* April, 1977, pp. 217-230.

Allen, T. J., *Managing the Flow of Technology,* The MIT Press, 1984.

Ancona, D. G., & D. F. Caldwell, "Bridging the Boundary: External Activity and Performance in Organizational Teams," *Administrative Science Quarterly,* 37, 1992, pp. 634-665.

Cobb, A. T., *Leading Project Teams,* Sage Publications, Inc., 2006.

Cummings, J. N., & R. Cross, "Structural properties of work groups and their consequences of performance," *Social Networks,* 25, 2003, pp. 197-210.

Elkins, T., & R. T. Keller, "Leadership in research and development organizations : A literature review and conceptual framework," *The Leadership Quarterly,* 14, 2003, pp. 587-606.

Evan, W. M. 著、土屋敏明他訳「組織群－組織相互関係理論を目ざして」『組織の革新』ダイヤモンド社、一九六九年、二二五－二四六頁。

Gronn, P., "Distributed leadership as a unit of analysis," *The Leadership Quarterly,* 13, 2002, pp. 423-451.

北野利信編著『マトリックス組織の編成と運営』ダイヤモンド社、一九八一年。

Mehra, A., B. R. Smith, A. L. Dixon, & B. Robertson, "Distributed leadership in teams: The network of leadership perceptions and performance," *The Leadership Quarterly*, 17, 2006, pp. 232-245.

Morten, T. Hansen, J. M. Pondoly, & J. Pfeffer, "So Many Ties, So Little Time: A Task Contingency Perspective on corporate Social Capital in Organizations," *Social Capital of Organizations*, 18, 2001, pp. 21-57.

Pinto, J. K., P. Thoms, J. Trailer, T. Palmer, & M. Govekar, *Project Leadership from Theory to Practice*, Project Management Institute, 1998.

Project Management Institute, Inc. 編『プロジェクトマネジメント知識体系ガイド　第三版』Project Management Institute, Inc. 二〇〇四年。

Roberts, E. B., & A. R. Fusfeld, "Staffing the Innovative Technology-Based Organization," *Sloan Management Review*, Spring, 1981, pp. 19-34.

Yukl, G. A., *Leadership in organizations*, 6th ed., Pearson Prentice Hall, 2006.

＊謝辞　本稿の査読をお引き受け頂いた先生方にお礼申し上げます。また、指導教授の田中教授からの多大なご指導に感謝を申し上げます。

十四　医療における公益性とメディカル・ガバナンス

小島　愛

一　はじめに

コーポレート・ガバナンスは、一九九〇年代初頭から先進国を中心として議論され、今日もなお、企業経営にとって重要な機能とされている。そして、今や、先進国や民間企業といった枠組みを超えて、先進的な病院が、著しく高度なコーポレート・ガバナンス改革を実践している。さらに、その実践がコーポレート・ガバナンス論において世界をリードした国の一つであるイギリスにおいてみられることは注目すべきであろう。

非営利性の最たる病院経営は、いかにして、コーポレート・ガバナンス改革を実践するようになったのだろうか。(1) これを解明するためには、次の三つの過程に着目し検討を重ねる必要がある。第一は、コーポレート・ガバナンス論の適用範囲の広がりである。ここでは、コーポレート・ガバナンスのベンチマークとしての役割を担うコーポレート・ガバナンス原則の新展開を紐解く必要が生まれる。第二は、イギリスにおける医療制度の仕組みと病院経営の改革である。とりわけ、ブレア政権以降の病院経営をめぐる改革が、コーポレート・ガバナンスの導入を可能とした基盤となっている。第三は、第一義的利害関係者であるコミュニティによる経営参画の方法、およびそれを可能とする法律・経営形態である。ここでは、先端的なコーポレート・ガバナンスを実践する病院ほど、一つのセクターにおさまらない実態がみられる。

そこで、本稿は、ファンデーション・トラストを中心とするトラスト病院がコーポレート・ガバナンスの機能を適用するにいたった背景と経営形態を解明することによって、非営利性のある組織へのコーポレート・ガバナンスの適用可能性を明らかにする。

二　イギリスにおけるコーポレート・ガバナンスの新展開

1　今日におけるコーポレート・ガバナンス論

コーポレート・ガバナンス論は、一九九〇年代初頭から、先進国における悪質な企業不祥事の続発と、それに呼応する企業業績の低迷とに対処するために議論されている。これは、二十一世紀に入ってもなお、いっそうの関心を集め、企業倫理や企業の社会的責任など学問領域の拡大を導いている。

OECD (Organisation for Economic Cooperation and Development) によると、今日、コーポレート・ガバナンス論の新展開に関する機運は、アングロサクソン型や大陸型など先進国だけでなく、南東ヨーロッパやユーラシア、南米など、市場経済移行国と発展途上国とにおいても高まっている。ここから、この問題が、上場企業など大企業だけでなく、非上場企業や国有企業などにおいて実践されていることが理解できる。(2) そして、このような動向をみると、今日のコーポレート・ガバナンスは、健全で効率的な経営を行うためだけでなく、「公益性」の維持および経済発展のために用いられるようになっていると分かる。

世界中で湧き上がるこの議論を包括的に理解するには、コーポレート・ガバナンス原則 (corporate governance principles、以下「原則」という）の系譜を紐解くことが必要となろう。というのも、国際機関と公的機関、国内機関で策定される原則は、最終的に企業に対してコーポレート・ガバナンスの実践を求めるだけでなく（小島大徳、二〇〇四）、上記のように、発展途上国や市場経済移行国などへとコーポレート・ガバナンスの実践を推奨する役割をもっているためである。

2　コーポレート・ガバナンス原則の非営利性のある分野への展開

イギリスは、一九九二年の『キャドバリー報告書（cadbury report）』の発表以降、『グリーンブリー報告書（greenbury report）』と『ハンペル報告書（hampel report）』を発表し、三つの原則をまとめ『統合規範（combined code）』を公表している。[3] その後、統合規範を基点として世界規模で策定された原則は、先進国におけるコーポレート・ガバナンス論を牽引した。さらに、イギリスにおいて注目されるのは、自国のコーポレート・ガバナンス論を深化させていたことである。今では、保健省がコーポレート・ガバナンスの適用に取りくみ、原則を用いたコーポレート・ガバナンス改革をほとんどの病院に要請している。

筆者の考察によると、イギリスの病院経営へのコーポレート・ガバナンス論の展開は、二度にわたって行われた。第一期は、病院の臨床現場において、クリニカル・ガバナンス（clinical governance）が形成された一九九〇年代後半の時期である。DH（1998）によれば、クリニカル・ガバナンスは、キャドバリー報告書の発表からすぐに、病院の臨床現場において病院のコーポレート・ガバナンス機能を構築しようとの目的で、客観的証拠に基づく医療（evidence-based medicine）や臨床監査（clinical audit）などからなる機能を構築する概念である（Davies HTO and Mannion R, 1999）。[4] 第二期は、病院経営のトップ・マネジメントにおいてクリニカル・ガバナンスをも包括するようにコーポレート・ガバナンスが認識された二〇〇四年以降の時期である。この時期には、イギリスの原則から続いた世界中の原則、およびコーポレート・ガバナンスが、イギリスの病院経営の指針となる『新NHSプラン（The NHS Improvement Plan）』へ引き継がれ、最終的に、二〇〇六年に『ガバナンス・ハンドブック（Integrated Governance Handbook）』が発表されたのである。ガバナンス・ハンドブックは、国（保健省）が、すべての病院経営者に対してコーポレート・ガバナンスの実践を要請した点において、とりわけ注目すべき原則である（小島　愛、二〇〇六、二〇〇七）。

このように、コーポレート・ガバナンスが、二度にわたり、原則をもとにして、非営利性の最たる病院に浸透しているのは注目すべきことである。ここでの着目点は、イギリスは、二〇〇〇年前後にアメリカで起こったエンロンの破綻などを契機とするコーポレート・ガバナンスに対する強化を着実に認識し、より効果的なコーポレート・ガバナンス論を、病院経営に浸透させていたことである。

三　イギリスにおける病院経営と公益性

1　イギリスにおける医療制度とトラストの変革

では、イギリスの病院経営は、原則の病院への展開によってのみ、コーポレート・ガバナンスを適用できたのであろうか。周知のとおり、病院経営は、専門性と非営利性とをもつため、コーポレート・ガバナンスの機能をそのまま適用できる組織といえない。これを強調するかのように、営利と非営利とのパフォーマンスの比較により、営利の病院経営が優れているわけではないとの研究が行われている（遠藤、二〇〇五）。ここでは、イギリスの医療制度を確認しつつ、病院経営の形態をめぐる改革が、コーポレート・ガバナンス原則に牽引されるコーポレート・ガバナンスの導入を受け入れ適用するにいたったことを検討する。

イギリスは、第二次世界大戦後の一九四八年に、国営の医療制度であるNHS（national health service）を創設し、「ゆりかごから墓場まで」と称されるように、全居住者に無料で包括的な医療を提供している。この制度では、初期治療を行う第一次医療と専門的な治療を提供する第二次医療以降とに区分される照会制が整備されている。そして、一九九一年のサッチャーリズム以降、国営の医療制度を維持しながらも、待ち時間の長期化や医師の流出入などの問題へ抜本的に改革しなければ万人に質の高い医療を提供できないとの機運が高まり、次のように、トラスト（trust）と呼ばれる病院の創設に象徴される内部改革が始まったのである。[5]

トラストは、サッチャー政権の余韻が残るメージャー政権で初めて生まれた。これについて、Klein R.（1995）は「医療サービスの購入者をひきつけ運営資金を確保し、自己統治しなくてはならない主体」と定義している。また、渡辺（二〇〇五）は、それを「資本投資、スタッフの雇用、副業の開業などいくつかの重要な現場決定権を与えられる自主運営病院」と定義している。さまざまな邦訳をもつトラストは、つまるところ、「効率性を主眼とする病院」と言える。トラストは、表1のように、一九九一年と一九九七年、二〇〇三年といった第三段階で、創設から深化を経て今日に至っている。そして、二〇〇三年以降には、効率性だけでなくアカウンタビリティーをも兼ね備えることが求められるなか、第二次病院のトラスト病院が、ファンデーション・トラスト（foundation trust）という新たな病院へと移行し始めている。ファンデーション・トラストは、トラストと比較すると、おおむね、NHSから経営と余剰金との裁量をもつことが認められている。

2　ファンデーション・トラストに関する病院の形態と利害関係者

表1のようなトラスト病院の深化をふまえると、今日の医療制度は、図1のように表される。第一次医療では、家庭医としてのGP（general practitioner）が地域単位で統合されて待機するプライマリー・ケア・トラスト（primary care trust, 以下「PCT」という）が現在一五二ある。一方、第二次医療では、現在約四〇〇病院あるトラスト病院が二〇〇八年までに徐々にファンデーション・トラスト（foundation trust）へ移行することになっ

表1　トラスト病院の深化

トラスト病院をめぐる改革	保守党　メージャー政権 ※新自由主義のながれ	労働党　ブレア政権 ※第三の道	労働党　第2次ブレア政権 ※第三の道
	1991年改革	1997年改革	2003年以降
主な内容と手段 効率性	■内部市場化の導入　医療サービスの購入者であるＧＰ〔一般開業医〕と提供者である病院との分離 ①ＧＰのなかに，予算の直接配分などにより権限を与えられたファンドフォルダーを創設 ②病院のなかに，資本投資や，スタッフの雇用，副業の開業などに関する決定権を持つトラストの新設	■内部市場化の継承 ①プライマリー・ケア・グループの開設により購入者としてのＧＰを統一	■内部市場化の継承
主な内容と手段 患者へのアカウンタビリティ	—	■内部市場化の見直し ①プライマリー・ケア・グループやトラスト，地方自治体が，それぞれを監視しながら，医療の質を向上させる ②プライマリー・ケア・トラストとケア・トラストとについての検討	■市場化の見直し ①中央集権から，地方分権と現場決定　患者参加といった規制の変更 ②分権化を強調し，営利化を容認するファンデーション・トラストの創設
主な問題点と根拠	■内部市場化の失敗 ①患者が直接医療サービスを購入しないため，中途半端な市場競争であること ②ファンドフォルダーＧＰと従来のファンドフォルダーＧＰとの共存により，事務管理が複雑化したこと	ファンデーション・トラストは，1997年以降の労働党における到達点と考えられている	

出所：小島　愛（2006)。

図1　各居住区単位のイギリス医療制度（基本モデル）

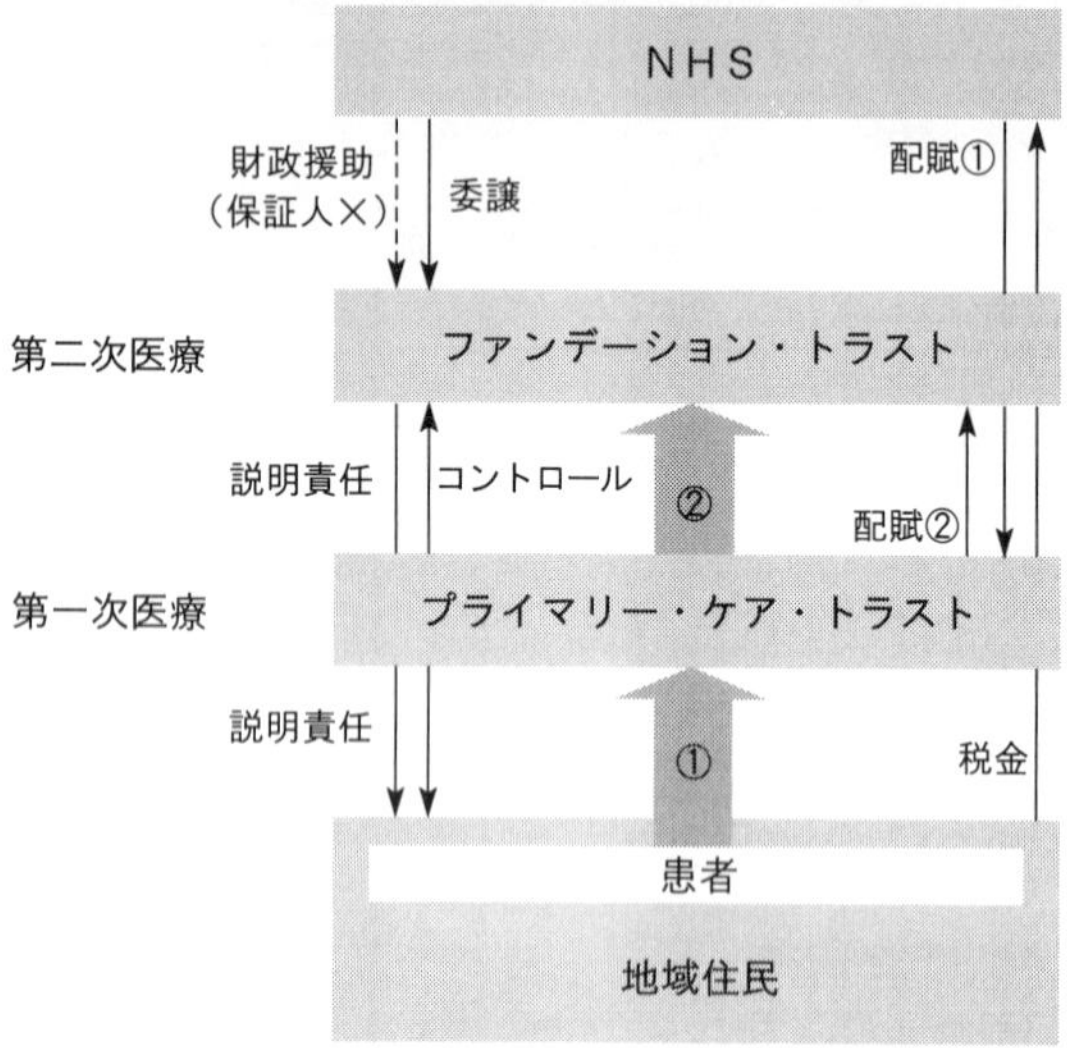

出所：小島　愛 (2007)。

ているが、このうちすでに七九病院はファンデーション・トラストである。そのほか、高齢者や身障者などの支援に特化するケア・トラスト (care trust) や救命に特化するアキュート・トラスト (acute trust) などがある。

各病院の主たる利害関係者は、コミュニティである。というのも、イギリスの医療制度は、イングランドを十地区に分けて、各地区の居住者数にそって、ＰＣＴとトラスト病院（あるいはファンデーション・トラスト）が運営されている。また、資金面においても、ＮＨＳ資金の七五%がＰＣＴへ投入される。[6] ファンデーション・トラストは、患者の獲得によってＰＣＴから運営資金を得る。[7] このように、極めて整合性の高い医療制度において、コミュニティは、納税者であるとともに、属する病院の第一義的利害関係者となる。

今日では、第一次医療のＰＣＴも第二次医療のファンデーション・トラストも、コーポレート・ガバナンス改革が浸透し始めている。ＰＣＴでは、多くのＧＰが集まるなかいかなる経営機構改革ができるのか、といった点に注目が集まる。また、ファンデーション・トラストでは、ＰＣＴでの診察などを経て関与する病院において、患者らがいかにして利害関係者としての役割を果しているのか、といった点が注目される。そして、コミュニティは、両者のコーポレート・ガバナンス改革の進展に関して大きな鍵となるのである。

四　トラストとコーポレート・ガバナンス

1　プライマリー・ケア・トラストにおけるコーポレート・ガバナンス改革

図2は、ＰＣＴにおけるコーポレート・ガバナンスを表している。

図２　ＰＣＴにおける経営機構とコーポレート・ガバナンス

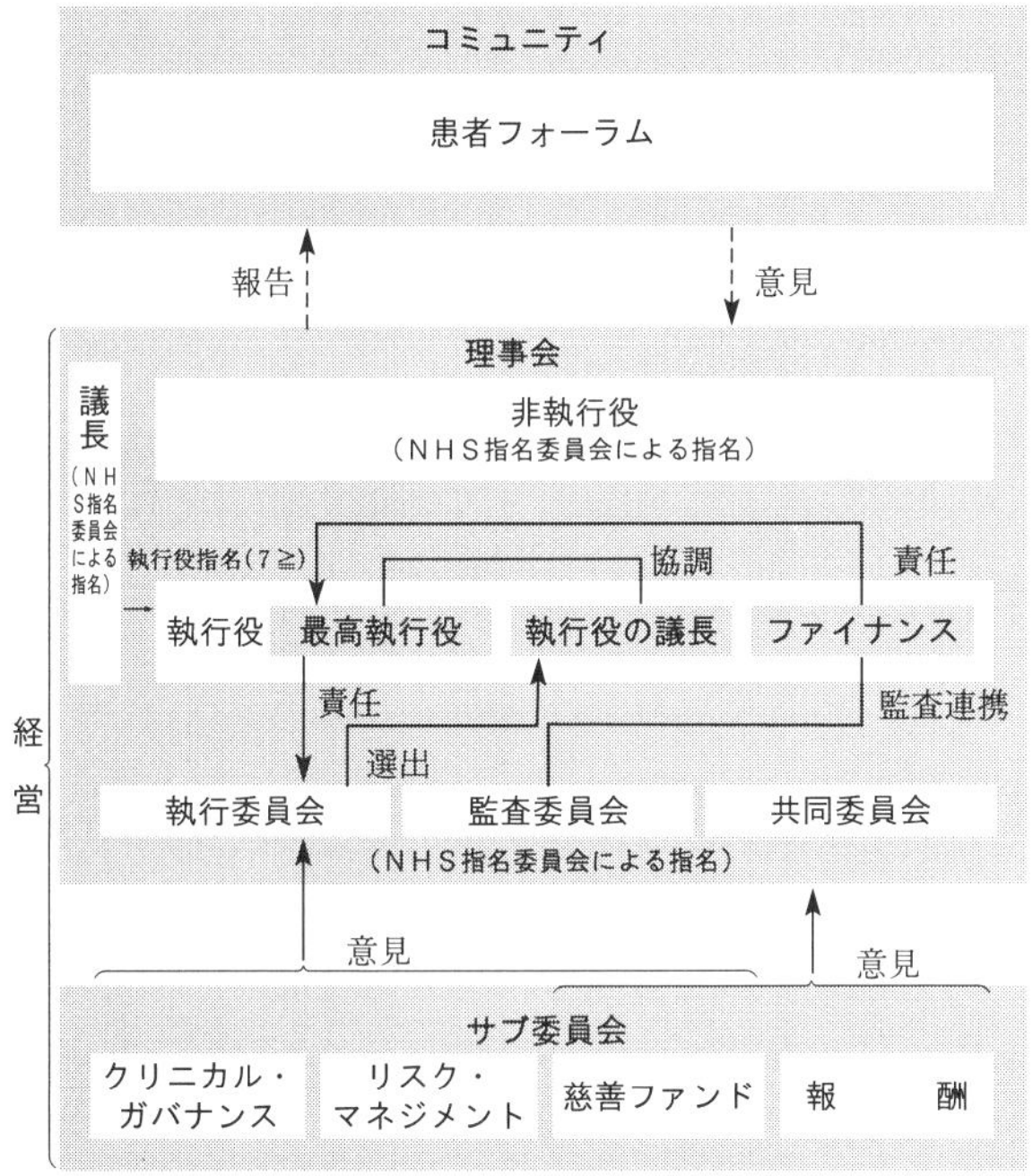

出所：小島　愛（2007）。

ＰＣＴの経営機構は、トップ・マネジメントにおける職務分担が著しく進展している。たとえば、執行役についてみると、非執行役の人数（上限七名）以下との制限のもと、その責任や連携などの関係が明確に規定されている。特徴的なことは、執行委員会と監査委員会、共同委員会といった各種委員会が、議長と執行役、非執行役と同程度の重要な役割を担っている。そして、クリニカル・ガバナンスとリスク・マネジメント、慈善ファンド、報酬といったサブ委員会が、民間企業のトップ・マネジメントにおける委員会としての機能を果たしている。しかし、ＰＣＴは二点の欠点をもっている。

第一は、その指名方法である。非執行役

や議長、監査委員会に関する指名は、NHS所管の指名委員会（NHS Appointment Commission）が規定している。各PCTは、高度なトップ・マネジメント体制をもつにもかかわらず、決定権をもたない。とりわけ、非執行役が政府より決定されることは、トップ・マネジメントの半数に国の関与が入ることになり、意思決定が硬直的となる。第二は、所有者の問題である。PCTの主たる利害関係者のコミュニティは、各PCTの経営に参加できない。つまり、コミュニティは、意見交換のためのみにある。

このように、PCTのコーポレート・ガバナンス改革には、主として、二つの問題点がある。そこでは、「所有と経営の分離」の前提がなく、また、税金を通して全ての病院へ出資を行うコミュニティに対する考慮がないため、コーポレート・ガバナンスの手段としてのモデルがトップ・マネジメントに応用されただけなのである。(8)

2　ファンデーション・トラストにおける法規定とコーポレート・ガバナンスの成果

ファンデーション・トラストによるコーポレート・ガバナンスは、図3のように示される。ここでは、PCTの第二の問題と関連するが、地域住民（潜在的な患者）にくわえて、有識者とスタッフとを交えたコミュニティが、評議会（board of Governors）での審議に基づき、理事会（board of directors）にも経営参加し、あるべき医療を積極的に唱えている。なかでも、各ファンデーション・トラストの評議会には、地域住民が半数を占めている。ファンデーション・トラストは、コミュニティを起点とするコーポレート・ガバナンス改革を行っているため、報告、対話のプロセスが極めて簡潔である。

最後に、コミュニティとファンデーション・トラストとの関係に着目し、ファンデーション・トラストにおけるコーポレート・ガバナンスの意義について検討したい。ファンデーション・トラストは、public benefit corporationとのNHS法での法律形態をもち、邦訳するならば、独立行政法人である。(9) 一方で、コミュニティは、納税者と居住者としての利害関係者の権利に加えて、ファンデーション・トラストへの登録にあたり、一ポンドを支払うことによって、それの解散時に責任を負っている（伊藤、二〇〇五）。それに着目するならば、ファンデーション・トラストは、実態として、保証有限会社たる私会社（private company limited by guarantee）なのである。さらには、さまざまな利害関係者が参画している点においてボランティアセクターの組織である。実際に、DTI（2002）は、ファンデーション・トラストを社会的企業（social enterprise）と位置づけている。

このように、イギリスのファンデーション・トラストによるコーポレート・ガバナンス改革は、非営利性の最たる病院において実践されていることへの注目のみならず、国営企業や私会社、非営利組織などにおけるガバナンス論に対する先進的事例であるといえよう。

図３　ファンデーション・トラストにおける経営機構とコーポレート・ガバナンス

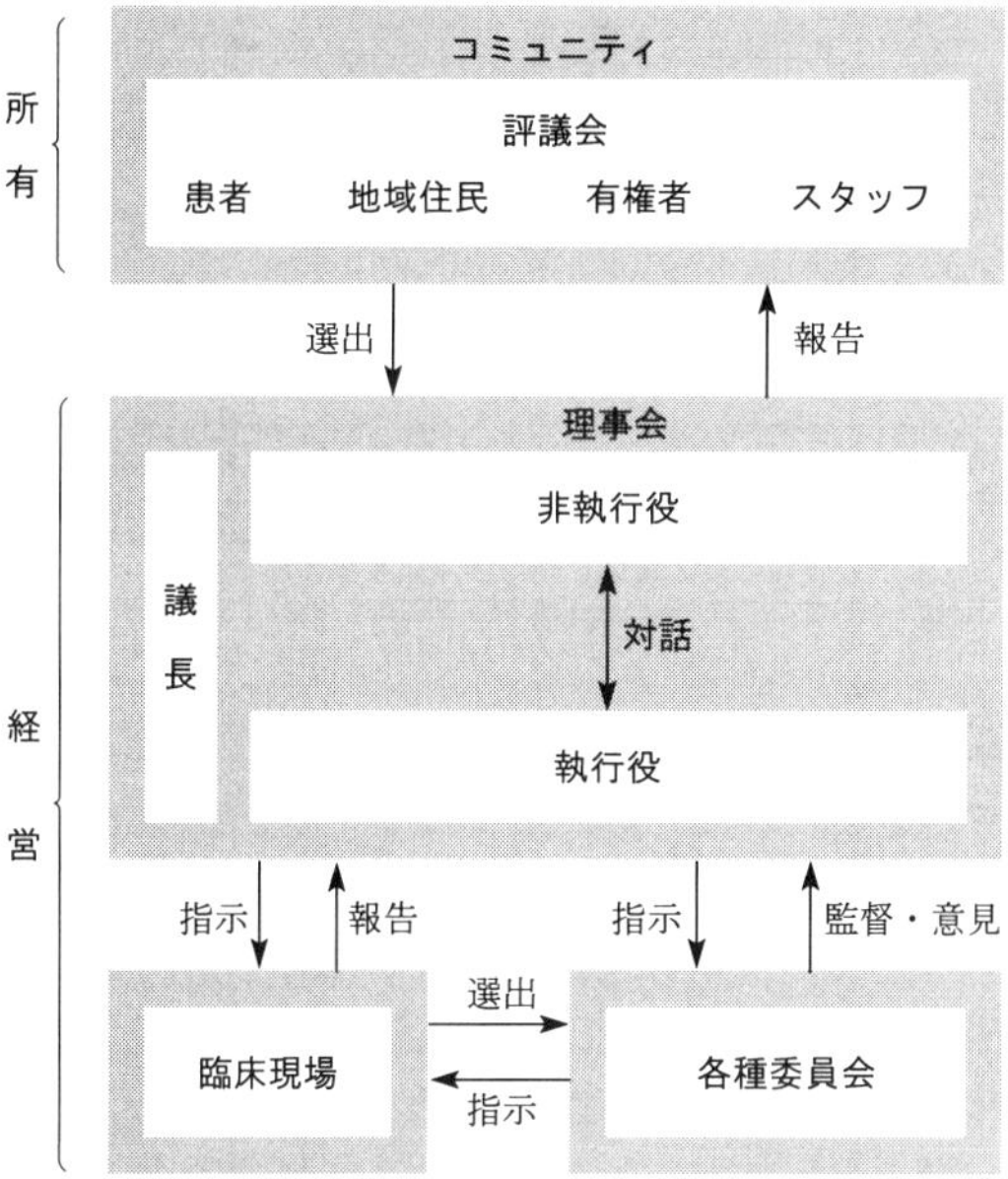

出所：小島　愛（2007）。

五　おわりに

本稿では、ファンデーション・トラストを中心とするトラスト病院は、原則の広がりおよび病院経営の進展とをもとにして、高度なコーポレート・ガバナンス改革を実践していることを明らかにした。健康保健委員会（Healthcare Commission）の調査結果によれば、二割の病院で専門医への支払いなどの点において課題が見つかっているものの、おおむね、ファンデーション・トラストの経営は、コーポレート・ガバナンス改革により効果が上がっている（Healthcare Commission, 2005）。また、ファンデーション・トラストのリスク・ランキングを公表しているモニター（Independent Regulator of NHS Foundation Trust）の評価からも、約九五％の病院がすぐれたガバナンスを実践していることが明らかになっている。[10] それらの結果、多くのファンデーション・トラストがますますコミュニティからの支持を得て、万単位のメンバーを獲得するようになっている（Monitor, 2007）。

このように、「非営利性」の最たる病院経営に、民間企業で活発に実践され、市場原理を連想されがちな、「営利性」の最たるコーポレート・ガバナンスが応用されているが、コーポレート・ガバナンス論の適用範囲の拡がりや、今日における病院経営の現状などを理解するならば、病院経営とコーポレート・ガバナンスとの関係は単純に否定されるものではない。そして、イギリスの病院経営での実践は、経営学を基点とした学際的な研究の必要性を鮮明にしているといえよう。

注

（1） 筆者は、コーポレート・ガバナンス論をもとにした病院経営におけるガバナンスを「メディカル・ガバナンス」として研究している。ただし、コーポレート・ガバナンスの発祥であるイギリスは、医療分野において積極的に「コーポレート・ガバナンス」との表現を使用している。本稿は、イギリスのみを対象としているため、「コーポレート・ガバナンス」という表現を用いる。

（2） 二〇〇〇年前後から、世界中に広がるコーポレート・ガバナンス論に対し、世界を五地域に分けて深化・統一させる動向がある。それにともなって、発展途上国と市場経済移行国で実践がみられるようになり、国有企業原則や非上場原則が策定されている。

（3） 一九九〇年の統合規範は、二〇〇四年に新統合規範として改訂される。

（4） イギリスの病院経営では、トップ・マネジメントが医師でないという実情から、「医療」と「経営」の分離があるため、同様な経営機構をもつ民間企業のコーポレート・ガバナンス論を適用することが可能であったのである。そして、筆者の考察によれば、イギリスの病院経営自体の深化、およびコーポレート・ガバナンスの適用範囲の広がりにより、病院のコーポレート・ガバナンス原則といえるガバナンス・ハンドブックが発表された二〇〇六年には、最終的には、臨床現場に軸足を置くクリニカル・ガバナンスから、病院経営者に力点が置かれるコーポレート・ガバナンスへと関心が移行している。

（5）イギリスでは、医療をめぐって様々な問題が深刻化していた。具体的には、待ち時間の長期化や、医師不足や医師の流出、医師の雇用方法の不透明さ、医師と患者との間の情報の非対照性、医療事故・医療過誤の多発、医療評価の厳格化、少子高齢化の問題などがある。これらの問題は、NHSの当初の理念（万人に平等の医療サービスを提供する）の維持を困難にさせるため、サッチャー政権における鉄道などの他の国営事業の効率化に伴って、トラスト病院の創設に始まる改革が行われたのである。

（6）Stevens, S., 2004, pp. 40-41.

（7）PCTは、イングランドに一〇ある戦略医療機関（Strategic Health Authority）地域に属している。その一〇地域とは、ロンドン（London SHA）と東イングランド（East of England SHA）、南東海岸（South East Coast SHA）、南・中央（South Central SHA）、南西（South West SHA）、ヨークシャー・ハンバー（Yorkshire and The Humber SHA）、北東（North East SHA）、北西（North West SHA）、西ミッドランド（West Midlands SHA）、東ミッドランド（East Midlands SHA）である。各PCTは、GPの集結したトラストである。PCTのコーポレート・ガバナンスは、規模からすると最も改革が行われている。

（8）NHS資金の約九〇％は、国民の税金から賄われている。そして、この資金は、イングランドの十地域に割り当てられる。さらに、各地域のコミュニティは、日ごろの納税に加えて、所属する病院に対し寄付行為などを行い、所有者としての意識を高めている。以上を要すると、病院の所有者はコミュニティであると言うこともできる。なお、この傾向は、第二次医療で大きくなる。

（9）これには、営利性を前面に出すcompanyを敬遠するために、corporationへ変更された経緯がある。

（10）二〇〇七年度に実施された六七病院を対象としたリスク・ランキングに基づいている。

主要参考文献

日本文献

池上直己『成熟社会の医療政策―イギリスの「選択」と日本―』一九八七年、保健同人社。

伊藤善典「英国の医療福祉サービスの動向と官民関係（上）」『大原社会問題研究所雑誌』（法政大学出版局）五六〇号、二〇〇五年、三三―四五頁。

上田純子『英連邦会社法発展史論―英国と西太平洋諸国を中心に―』信山社、二〇〇五年。

遠藤久夫「医療における市場原理と非営利性」『組織科学』（組織学会）第三八巻第四号、二〇〇五年、四―一二頁。

風間信隆「二一世紀経営学の課題―企業統治改革と共生型経営―」『明大商学論叢』（明治大学）第八五巻第一号、二〇〇二年、七―二二頁。

菊池敏夫・平田光弘編著『企業統治の国際比較』文眞堂、二〇〇〇年。

小島大徳『世界のコーポレート・ガバナンス原則―原則の体系化と企業の実践―』文眞堂、二〇〇四年。

小島　愛「国有企業のコーポレート・ガバナンス―コーポレート・ガバナンス原則の新たな展開―」『経営行動研究年報』（経営行動研究学会）第一七号、二〇〇七年、四八―五二頁。

小島　愛「コーポレート・ガバナンスと病院の先進的経営改革―イギリスの病院経営とコミュニティの役割―」『商学研究論集』（明治大学大学院商学研究科）第二七号、二〇〇七年、一四一―一五五頁。

小島　愛「ユーラシアにおけるコーポレート・ガバナンス」『経済科学』（名古屋大学大学院経済学研究科）第五五巻第二号、二〇〇七年、三九―五〇頁。

小島　愛「コーポレート・ガバナンスと病院経営の実践―イギリスのファンデーション・トラストに焦点を当てて―」『比較経営研究』（日本比較経営学会）第三一号、二〇〇七年、六五―八二頁。

小島　愛「イギリスの病院経営における経営参加とコーポレート・ガバナンス―ファンデーション・トラストの情報開示・透明性―」『医療と社会』（財団法人医療科学研究所）第一六巻第二号、二〇〇六年、二一三―二二六頁。

中村瑞穂編著『企業倫理と企業統治』文眞堂、二〇〇三年。

堀真奈美「英国医療制度の動向―地域医療連携の視点を中心に―」『Monthly IHEP』（医療経済研究機構）第一五五巻、二〇〇七年、一五―二四頁。

渡辺　満『イギリス医療と社会サービス制度の研究』渓水社、二〇〇五年。

外国文献

Davies, HTO and Mannion, R., *Clinical Governance: Striking a Balance between Checking and Trusting,* York, The York Series on the NHS White Paper, 1999.

DH, *NHS Foundation Trusts: A sourcebook for developing governance arrangement,* London, Department of Health, 2006.

DH, *Integrated Governance Handbook: A handbook for executives and non-executives in healthcare organizations,* London, Department of Health, 2006.

DH, *The NHS plan: a plan for investment, plan for reform,* London, Department of Health, 2000.

DH, *A First Class Service: Quality in the new NHS,* London, Department of Health, 1998.

DTI, *Social Enterprise: a strategy for success,* London, Department of Trade and Industry, 2002.

Healthcare Commission, *The Healthcare Commission's Review of NHS foundation trusts,* London, Healthcare Commission, 2005.

Klein, R., "Big Bang Health Care Reform―Does It Work: The Case of Britain's 1991 National Health Service Reforms―," *The Milbank Quarterly,* 73 (3), New York, Milbank Memorial Fund, 1995, pp. 299-337.

Lewis, R., Hunt, P., and Carson, D., *Social Enterprise and Community Based Care: Is there a future for mutually owned organizations in community and primary care?,* London, King's Fund Working paper, 2006.

Lewis, R., *GOVERNING Foundation Trusts: A new era for public accountability,* London, King's Fund Seminar paper, 2005.

Monitor, *NHS Foundation Trusts: Review and Consolidated Accounts 2006-07,* Independent Regulator of NHS Foundation Trusts.
OECD Principles of Corporate Governance, "Organisation for Economic Co-operation and Development," 1999.
Sashittal Gand Donaldson LJ., "Clinical Governance and the drive for quality improvement in the new NHS in England," London, *British Medical Journal* 317, 1998, pp. 61-65.
Stevens, S., "Reform Strategies For The English NHS," *Health Affairs,* Volume 23 Number 3, Philadelphia, Philadelphia Pa University Of Pennsylvania, 2004, pp. 37-44.

十五　コーポレート・ガバナンス論における Exit・Voice・Loyalty モデルの可能性

石嶋芳臣

一　はじめに

コーポレート・ガバナンス（以下、C・Gと略記）論は、企業経営へのチェック&モニタリング・システム、あるいは経営陣への適切なインセンティブ・メカニズムの構築、さらには、企業の経済的パフォーマンスや企業価値の向上をもたらすガバナンス構造のあり方に関する議論と言える。また他方、企業の業績低下や不祥事の発生など、いわば従来の企業システムにおける機能不全を再活性化するための制度的アレンジも重要な論点である。

しかし、全ての企業に妥当する唯一最善のガバナンス構造は存在しない。また、人間の限定合理性から企業は常に誤りうるし、非効率な行動を取りうる可能性がある。このため、企業における非効率的現象を未然に回避する制度設計と同時に、何らかの機能不全や衰退傾向に陥った企業が回復・改善に至るメカニズムを明らかにすることもまた、C・G論における重要な課題の一つであると考える。こうした点から本稿では、かのアルバート・O・ハーシュマンによる Exit・Voice・Loyalty モデル（以下、EVLモデルと略記）に従って、C・G問題を再検討することによって、C・G論における更なる理論的展開の可能性を考察する。

二 EVLモデル

A・O・ハーシュマンのEVLモデルは、企業、組織、国家などが何らかの衰退傾向に陥った状態から回復する機能と、その調整プロセスに着目した議論である点、周知の通りである。ハーシュマンによれば、商品やサービスの「質」の低下に対する不満が消費者や組織メンバーなどから出され、それが経営陣などによって察知され何らかの反応を引き出すことに、企業における衰退傾向からの回復・改善機能の本質があるとされる。

不満の表明には二つの方法がある。一つは、不満を抱いたものは他の商品や組織に乗り換え当該企業との関係を絶ってしまうExitと、もう一つには、Exitせずに関係を維持したまま何らかの改善を求める行動に出るVoiceとである。

Exitは売上げや株価のような統計的数値としても表れるが、Exitを食い止めるために何らかの改善策が講じられるかどうかは不確実である。対照的にVoiceは、不満の具体的内容を直接的に伝えようとすることであり、関係が維持されている以上、不満を解消する改善策が講じられるまで何度も行いうるオプションである。Voiceは不満を回避するのではなく、そうした事態を変革しようと立ち上がることであるから、Exitよりも強力な回復・改善圧力として機能しうる。

Exitは、主体にとって不満の解消という点では即時的解決方法である。これに対しVoiceは、不確実でコストの極めて高い方法である。このためExitとVoiceの両方が利用可能な状況では、容易に不満を解消しうるExitを選択しがちにさせるバイアスが主体に働くこととなる。つまり、代替的なExit先の存在そのものが主体にVoice

行動を回避させてしまう可能性がある。例えば、商品の質に不満のある消費者は、他社の商品に乗り換えるだけで済む。投資先企業の先行きや配当性向に不満のある株主は、保有株式を売却して他社の株式に乗り換えればよい。ところが、当該企業の商品や株式は他の消費者や投資家にとってはいまだ魅力的である場合がある。このとき企業にとって、Exitした主体を代替する他の主体の存在が、衰退傾向に対する経営陣の察知を遅らせ、Exitのもつ改善機能を低下させる可能性をもたらす。

ここでハーシュマンが注目するのは、不満を抱えた主体がExitできるにも関わらず、改善の不確実性が高くコストのかかるVoiceを敢えて選択する主体の存在である。このようなVoiceを行う主体の特徴を説明するためには、Loyaltyという概念を理解する必要がある。ハーシュマンによるLoyaltyとは、ただただ忠誠を誓う、何の根拠もなく闇雲に信じる、という意味ではない。Loyaltyは、当該企業の業績回復を期待して留まることによって得られる将来的な利益を計算した、主体の合理的判断に基づくものである点が重要である（Hirschman, 1970, p. 91. 邦訳、九八頁）。

ハーシュマンによれば、衰退傾向からの回復においてExitの果たしうる機能は部分的なものに過ぎない。もし不満を抱く全ての主体が一斉にExitし出すならば、潜在的に業績回復の可能性がありながらも企業はそのチャンスを逃し、消滅してしまうことになるだろう。こうした事態が頻繁に起こらないのは、業績回復までのタイム・ラグを吸収するスラックが存在するからである。このスラックを生み出すのがLoyaltyと、一部の無意識の忠誠者（Loyalists）と呼ばれる当該企業に何らか投資をし続けてきた主体である。Loyaltyが存在することによって、改善による業績回復までに必要な時間的猶予が与えられるわけである。

ＥＶＬモデルは、ExitとVoiceとの相互関係、および、ExitとVoiceを架橋するLoyaltyとの相互作用において理解されなければならない。ExitかVoiceかという二者択一的な関係のみでは、組織的問題を改善へ導くメカニズムを解明するには不十分なのである（矢野、二〇〇四、一九八―三〇一頁）。

三　C・G論におけるEVLモデルの適用可能性

ハーシュマンのEVLモデルにおける適用範囲の広さと有効性は、社会科学の多くの領域で認められているところである。これまでもC・G論において、株主行動を説明する際にしばしば用いられてきたように、極めて重要なモデルである。

ところで、新古典派経済学によれば、企業は顧客や株主の Exit により収益性や株価の低下を察知し、業績回復への改善策をとらざるを得なくなると解釈される。そのため Voice のもつ機能に注意を払う必要はないこととなる。つまり、「ウォールストリート・ルール」に従う株主行動は株価を基準とした競争に基づくものであり、株式の売却によって株価の低下した企業は何らかの改善策をとらざるを得なくなる。それ故、Exit オプションは、当該企業の経営陣への規律付けとして十分に機能するものと説明される。完全合理性を前提とする新古典派経済学では、市場競争による圧力が各経済主体に錯誤的行動を回避させる規律となる。これが利益の最大化を目指して徹底的なパフォーマンスの発揮を強制するメカニズムとなり、ロスやスラックを排除し、効率的活動を保証することになる。非効率な企業は市場から駆逐されるだけである。そのため、正常な状態から逸脱した企業を元に戻すメカニズムの存在は看過されてしまう。

これに対しハーシュマンの問題意識は、競争が経済的組織における問題解決にとって唯一確実な改善策とはなりえない、という点にある。競争を決して否定しているわけではないが、ハーシュマンにとってスラックは常に存在し絶えず生起してくるものと理解され、さらに衰退や失敗も必ず起こりうるものとした上で、とりかえしのつかない過失ではなく、「とりかえしのつく過失」(Hirschman, 1970, p. 1. 邦訳、一頁)からの回復プロセスの分析という問題設定がなされるのである。

実際のところ、ほとんどの企業の経営陣は、誠実に企業価値の向上や株主の利益を拡大しようと努めていると思われる。しかし、たとえ善良で正直な経営陣であっても、人間が限定合理的存在である以上、ミスは必ずありうる。さらに、そうしたミスを回避するための完全なチェック&モニタリング・システムを構築することは不可能である。この点から、衰退傾向にある企業の回復・改善メカニズムを明らかにすることは、C・Gの観点からも一定の意義が認められるだろう。以下、C・Gについて、アメリカを株主主権、日本を従業員中心主義とする仮定に基づいて、EVLモデルから少しく検討してみたい。

四 EVLモデルから見たアメリカのC・G

ハーシュマン自身の議論によれば、企業におけるExitとVoice行動の主体として顧客と従業員に主眼が置かれており、株主のExitとVoice行動については、ウォールストリート・ルールに関して若干言及されているに過ぎない。ハーシュマンにとって株主は、単に目先の利益に敏感な投機家に過ぎず、企業業績の改善や回復には寄与しないとされている(Hirschman, 1970, p. 46. 邦訳、五二頁)。この点は、今日のアメリカにおける主要な株主である機関投資家の行動から、若干の修正を必要とするだろう。

C・G問題への注意が喚起される以前は、投資先企業に不満のある株主は保有株式を証券市場で売却するか、あるいは議決権を行使するかという、ExitかあるいはVoiceかという関係で論じられており、主に株主のExitオプションにのみ注意が払われていたに過ぎない。ところが、持株比率を上昇させていた機関投資家は投資先企業の収益低下や不祥事の露呈などによって莫大な損害を被る危険性がありながらも、容易にExitを選択できない状況に陥ってしまう。機関投資家にとってExitが不可能であれば、経営陣への質問状や株主提案、取締役解任投票などの議決権行使を伴うものまで、「モノ言う株主」として様々なパターンのVoice行動へと向かう可能性がある。もっとも、Voiceにかかるコストや業績回復の不確実性を考慮するとき、企業内部に経営陣を効果的に規律付けるチェック&モニタリング・システムを構築する方が合理的である。ここにC・G論の契機がある。

ＥＶＬモデルによれば、Voiceが衰退傾向からの回復に効果をもたらすためには、Exitの余地が残されている必要がある。ここで、衰退傾向にある企業に対するＭ&Ａの可能性が重要となる。証券市場を通じたExitが不可能な状況においても株主には、Ｍ&Ａの仕掛人への売却というExitオプションが存在しうる。敵対的Ｍ&Ａにおいて保有株式を売却した株主行動をＥＶＬモデルから理解すれば、当該企業の業績はすでに回復不可能な状況にあり、レイダー（買収側企業や買収ファンド）への保有株式売却が不満の解消へと導く可能性があるとの判断に基づくものとなる。実際はレイダーによって提示されるプレミアム次第による場合もありうる。

しかしながら、ここでExitせずに敢えてVoiceという不確実性を選択する機関株主の存在こそが、C・G改革に最も大きな影響を及ぼしてきた点に留意しなければならない。例えば、アメリカの公的年金基金にみられるリレーションシップ投資は、投資先企業との継続的関係の中で経営陣との対話を通じて改善を働きかけてゆく株主行動と考えられる。こうした株主行動を理解するには、Loyalty概念が極めて重要な意味を持つことが判る。

企業業績の回復によって得られる将来的利益を期待した機関株主の戦略的判断であるLoyaltyが、Voice行動を促進することで企業における衰退傾向からの回復・改善の可能性を拡大しうる。しかしLoyaltyは、自らの影響力が企業に対してどの程度あるのかという主体の判断によって左右され、さらに主体におけるLoyaltyの度合いによってExitとVoiceに対するバイアスも異なってくる。また、衰退傾向にある投資先企業において回復・改善の余地が残されているかどうかを判断しうる情報が、主体のLoyaltyに影響を及ぼす。その意味で、企業による情報開示がVoice行動に対する重要な構成要素となる（Kostant, 1991）。他方、不満を抱くものが「Exitの脅し」によってVoiceの改善効果を高めることもありうる。しかしExitの脅しによる改善効果は、主体の企業に対する影響力に依存している。このため機関株主が業績回復の見込みがあると判断しうるならば、持株比率を上昇させるなどの手段によって、企業への影響力を高めVoice効果の拡大を目指す方が合理的行動であると説明できる。

もっとも、ほとんどの株主において考えられうる不満の内容は、商品やサービスの質ではなく、株価や配当性向であろう。企業にとってExitやVoiceによる改善圧力が利益や業績の回復となって表れるためには、ある程度の期間が必要となる。また中長期的戦略策定などの点から、短期的にはExitやVoiceから距離をおいた経営行動の自由度を確保しておく必要もある。このため、財務状況が悪化している企業ほど重要な情報を先送りする傾向をもつこととなる。こうした経営陣の抵抗は、衰退傾向に対するフィードバックを安全弁へと転化し、Voiceを単なる「ガス抜き」にしてしまう危険性がある。さらに「無意識の忠誠者」の存在も重要となる。ハーシュマンによれば、無意識の忠誠者は、連続的に変化する現象を正確に認識することの困難性による場合と、これまで支払ってきた高い費用の存在が現実の認識を押さえ込み自分を偽ることで不満を解消する場合とがあることを、認知的不協和理論から説明している（Hirschman, 1970, pp. 91-94. 邦訳、九九―一〇二頁）。エンロン事件においてカルパース（CalPERS）のような行動主義的機関投資家がチェック＆モニタリングに失敗した一つの要因として、投資集中度の高さが指摘されている（Kim & Nofsinger, 2004）。ＥＶＬモデルからすれば、このときカルパースは無意識の忠誠者に陥っていたと理解しうる。無意識の忠誠者は組織上の問題を見落とす傾向があるため、Voice行動はもちろんExitにも繋がることはない。一定のLoyaltyの存在は衰退傾向から回復する時間的猶予を与えるが、無意識の忠誠者に見られる過度のLoyaltyは、Exitオプションの無視とVoiceオプションの抑制へと結びつく。この点は、これまでのC・G論に欠けていた視点ではないかと考えられる。

五　EVLモデルから見た日本のC・G

日本におけるC・Gは主に、株式相互持合い、内部昇進取締役、年功序列賃金体系、メインバンクなどとの相互連関に基づいた従業員を中心とするガバナンス構造であるとされ、日本的経営システムと結びついていたと考えられる。いわゆる日本的経営の特性は、長期安定的雇用のもとで従業員の多くが勤続年数とともに地位も給与も上昇するシステムであった。その際の人事考課は、経験による熟練が能力として重要項目をなしていたが、同時に誠実性や信頼度など主観的な人物評価も重視された。さらに企業内組合は、組合での発言がそのまま経営陣に筒抜けとなり、従業員による経営陣への批判を封じ込める役割も果たしていた。また、経営陣は内部昇進者によって占められ、取締役・監査役は管理組織上の昇進ポストになっていた。

ところで、企業が従業員の長期安定的雇用を保証することは、企業特殊的人的資本への投資を促進する観点から合理的と評価される。従業員における企業特殊的人的資本の蓄積は個人に内在する移転不可能な知識や能力の蓄積を意味し、当該企業の競争優位性と結び付く。企業特殊的人的資本の蓄積は、企業における「無形資産（Intangible Assets）」の価値を高めることによる経営効率や持続的競争優位性の源泉となりうる（岩井、二〇〇三）。企業特殊的人的資本に対する適切な投資インセンティブを従業員から引き出すことは、企業価値と企業の経済的パフォーマンスの向上という点から、企業にとって重要な課題の一つである（Blair&Stout, 1999）。

しかし、従業員にとっての年功賃金は、企業特殊的人的資本に対する投資を回収するまでタイム・ラグが存在することを意味している。また、技能・ノウハウ・経験・熟練などを含む人的資本が当該企業に特化される程、転職コストも増大し、労働市場が非流動的であるほど代替的Exit先は容易に見いだせないこととなる。従業員にとってExitオプションは完全に遮断されているわけではないが、不満を抱く従業員のExitへのバイアスは相当程度抑制されることになる。他方、企業特殊的人的資本への投資インセンティブは従業員間のランク・ヒエラルキーにおける競争によって促進され、取締役が昇進ポストの頂点と認識されることで、従業員におけるLoyaltyの維持・強化へと結びつく。主体のもつLoyaltyが増加するほどExitへのバイアスは抑制されるが、同時にVoiceの抑制と「無意識の忠誠者」を増加させる可能性も高くなる。さらに経営陣は、一定の自律性と経営行動の自由度を確保する必要性から、Voiceを骨抜きにする対策を取る傾向にある。

こうした点をＥＶＬモデルから見れば、従来の日本的経営システムは、ExitとVoiceの両方を押さえつけるような過剰なLoyaltyとさえ言える企業への「忠誠心」を醸成してきたと考えられる（石坂、一九九八）。ところが、もし特定の従業員が企業に対する影響力を有していると自己認識している場合は、Voice行動が促進される可能性は高くなる。また一般に、当該企業へのコミットメントが強いとされる中堅以上の管理職ないしコア従業員にとって、自分がExitしたあとに企業がさらに衰退するのではないかという、あまり合理的ではない理由からExitを延期する場合もあり得るのである（Hirschman, 1970, p. 99. 邦訳、一〇五頁）。その他の不満を抱える従業員にとっては、Exitの脅しが省略され、ある日突然Exitする状況がもたらされることとなる。もちろん、従業員にとってのExitは不満に対する最終的選択肢であり、Voiceの変形パターンが順次取られるのが一般的と考えられる。このときVoice行動は「上役への陳情」から「脅し」、「被害者行動」へと行動パターンを変化させるものと考えられる。なお、従業員における不満への反応は、積極的・消極的（active-passive）な次元と建設的・破壊的(constructive-destructive）な次元とに分けることによって、表1のように分類することができる（Rousseau, 1995, pp. 134-135.）。

表1　不満への反応

	建設的	破壊的
積極的	Voice	無視／破壊
消極的	Loyalty／沈黙	Exit

企業においてExitとVoiceを抑制しようとする傾向は、衰退傾向に対する察知を遅らせ、業績回復・改善の機会を自ら放棄する可能性を含んでいる。ところがハーシュマンによれば、Exitが抑制された状態でありながらもVoice行動を誘発・活性化させる可能性は、家族や国のように生まれながらに「所属」しているという事実によってもたらされるという（Hirschman, 1970, p.97. 邦訳、一〇四頁）。日本企業がしばしばイエという隠喩を用いて説明されてきた点と同期する。もちろん企業は血縁・地縁で結びついた伝統的社会形態（ゲマインシャフト）ではあり得ず、擬似的「所属」感を与えうるに過ぎない。この点については、企業における社会的関係、権力・権限構造に関する更なる検討を必要とするが、少なくともEVLモデルは、日本企業におけるガバナンス問題に対し、新たな分析視点を提示するものと考えられる。

六　結びにかえて――今後の課題――

C・G構造の改革が経営陣への規律付けと企業価値の向上にあるならば、衰退傾向からの回復・改善への反応を経営陣から引き出すメカニズムを明らかにする必要があろう。Voiceは、不確実であるとともにコストのかかるオプションである。従って、Voiceが業績の維持・向上のメカニズムとして機能するためには、Voiceに関するコストを削減しうる制度を整備し、Voiceに対するフィードバック・システムを構築することが必要となる。

この点から、C・G構造における様々な改革が、企業の衰退傾向に対する回復メカニズムを促進するよう構築されているか、また、近年の日本企業における様々な変容が、諸利害関係者における当該企業へのLoyaltyに如何なる変化を与えたか、あるいはExitやVoiceのバイアスにどのような影響を与えているか、実証的に明らかにする必要がある。もっとも、ＥＶＬモデルが実証的分析に耐えうるかどうか、更なる理論的精緻化が求められるところであろう。

主要参考文献

Blair, M. M. and Stout, L., "A Theory of Corporation Law in Team Production," *Virginia Law Review*, Vol. 85, No. 2, 1999.

Hirschman, A. O., *Exit, Voice, and Loyalty*, Harvard Univ. Press, 1970.（矢野修一訳『離脱・発言・忠誠』ミネルヴァ書房、二〇〇五年。）

Hirschmam, A. O., *A Propensity to Self-Subversion*, Harvard Univ. Press, 1995.（田中英夫訳『方法としての自己破壊』法政大学出版局、二〇〇四年。）

Kim, K. A. and Nofsinger, J. R., *Corporate Governance*, Pearson Prentice-Hall, 2004.（加藤英明監訳『コーポレート・ガバナンス』ピアソン・エデュケーション、二〇〇五年。）

Kostant, P. C., "Exit, voice and loyalty in the course of corporate governance and counsel's changing role," *Journal of Socio-Economics*, Vol. 28, No. 3, 1999.

Rousseau, D. M., *Psychological Contracts in Organizations*, SAGE Publications, 1995.

石坂　巌「日本の企業と経営」『経営システムの日本的展開』創成社、一九九八年。

岩井克人『会社はこれからどうなるのか』平凡社、二〇〇三年。

矢野修一『可能性の政治経済学』法政大学出版局、二〇〇四年。

十六　企業戦略としてのCSR

――イギリス石油産業の事例から――

矢口義教

一　はじめに

CSRは世界的な「課題事項」となっている。その背景には、企業不祥事や環境問題など企業行動の社会的影響力の増大が関係している。それゆえ、大規模株式会社には社会性が求められ、「脱私化」(Entprivatisierung)の必要性が強く説かれている(高橋、二〇〇六)。しかし、「経済的・社会的・環境的パフォーマンスの向上を目指す」といわれるように(谷本、二〇〇四、五頁)、CSRには経済全体および個別企業の競争力強化の視点も内包されている。

吉森は理念型として三つの企業概念を提示している(吉森、二〇〇一)。株主利益重視の「一元的企業概念」、株主と従業員の利害が等しく扱われる「二元的企業概念」、そして、日本のように従業員が中心となりステークホルダー間の利害調整を重視する「多元的企業概念」の三類型である。こうした企業概念に相応して、企業責任も一元、二元、多元と限定されてくると考えられる。しかし、CSRは「多様なステイクホルダーにアカウンタビリティを果たす」と定義される点で（谷本、二〇〇四、五頁）、本質的には多元的企業概念と最も親和性が高いと考えられる。

イギリスでは一元的企業概念下で株主利益が追求されるため、本来ならばＣＳＲとの親和性は低いと考えられる。しかし、多くの企業がステークホルダーを多元的に考慮したＣＳＲを実施し、「ＣＳＲ先進国」と称されるほどその評価は高い。それゆえ、筆者は、一元的企業概念下で展開されるＣＳＲをいかに捉えるべきか、という点に問題意識を有している。また、イギリスにはＢＰやシェルといった石油企業が存在し、これらの売上高だけでＧＤＰの二六・一％を占めており（二〇〇四年）、石油産業が同国の基幹産業の一つになっている。加えて、ＣＳＲの重要性が強調されているのも石油産業であり（*Marketing Week*, 2004, p. 26）、石油各社もそれを認識し企業戦略の一環に取り込んでいる。本論文では、イギリスの石油産業（特にＢＰ）を事例として、同産業におけるＣＳＲの意義を探るとともに、一元的企業概念下で展開されるＣＳＲの性質の一端を明らかにしたい。(1) 以下では、イギリス政府のＣＳＲ政策の概要および石油産業とＣＳＲの関係を見たうえで、ＢＰがＣＳＲを積極化させた契機を述べ、そして、同産業におけるＣＳＲの戦略的意味を考察していく。(2)

二　イギリスのＣＳＲおよび石油産業とＣＳＲの関係

１　イギリスのＣＳＲの概要――ＣＳＲ政策――

イギリスのＣＳＲは、政策的関与の大きさが特徴の一つになっている。とくに、九七年のブレア政権の発足以降、その政策にＣＳＲが取り込まれている。具体的には、二〇〇〇年の年金法改正から始まり、二〇〇一年には貿易産業省（ＤＴＩ）にＣＳＲ担当大臣が設置されたのに加えて、二〇〇二年にはＣＳＲそれ自体の法制化を試みた「企業責任法」、二〇〇四年にはＣＳＲ情報を含む「事業・財務レビュー」（ＯＦＲ）の開示義務化も俎上に載るほどであった。[3] これらの法案は未成立なものの、情報開示や企業の透明性を主眼においた同国政府による先駆的な取り組みが見て取れる（UK Parliament HP）。

同国のＣＳＲ政策の全体像としては、ＤＴＩが中心的な役割を担いつつも、各省庁が独自の政策を実施してＣＳＲ活動を支援していることにある。加えて、法規制ではなく、一定の方向付けを付与して、企業のＣＳＲを誘導する「ソフト・アプローチ」方式が採られていることも特徴的である（ＩＬＯ海外労働事情調査団、2003）。

2　石油産業とＣＳＲの関係

ＣＳＲとの関連で、石油産業は多くの問題を抱えてきた（Levenstein and Wooding, 2005）。環境問題については、森林伐採や石油流出[4]といった自然破壊、最終製品から生じるＧＨＧ（温室効果ガス）など、環境に対して大きな負荷を与えてきた。一八年の「アクナキャリー協定」（Achnacarry Agreement）以降、原油価格支配などカルテル行為も行われており（伊藤、二〇〇四、九三―九五頁）、また、政府との癒着関係や環境運動家の弾圧といった人権問題など、ＣＳＲに関する問題は枚挙にいとまがなかった。

こうした問題への批判が強まったこともあり、近年の石油産業ではＣＳＲの重要性が強調され、その競争力強化にはＣＳＲが不可欠な要因になっている（UKOOA HP）。また、石油の戦略的商品特性ゆえに国家利害も大きく、石油産業のＣＳＲに対する政策的関与も大きくなっている。例えば、二〇〇三年には、企業・政府間の癒着問題の排除などを意図した「採掘産業透明性向上イニシアティブ」（ＥＩＴＩ）といったプロジェクトも政府主導で組織され、石油産業の透明性向上が図られている。

三　ＢＰにおけるブラウンのＣＥＯ就任とＣＳＲ戦略

ＢＰは、メジャーのなかで早期にCSRの重要性を認識し、その企業戦略にＣＳＲを組み込んでいった企業である（Bakan, 2004）。これには、九五年にＣＥＯに就任したブラウン（Lord Brown of Madingley）のリーダーシップが重要な役割を持つことになる。当時、ＢＰの業績は低迷しており、エクソンやシェルの売上高が一二〇〇億ドルを超えていたのに対して、ＢＰは七〇〇億ドルと、大きな差が開いていた（九七年）。しかし、二〇〇四年には、その売上高は二八五〇億ドルまで拡大し、三大メジャーを形成するほどに成長している（*Fortune*, 1997；2004）。これを達成するために、ブラウンは二つの戦略を実施している。まず、旧スタンダード系メジャーを相次いで買収するなど、積極的なＭ＆Ａ戦略を実行して規模拡大を図ったことであり、この成功が石油産業の大再編の契機ともなっている。

　もう一つの顕著な取り組みがＣＳＲ戦略である。京都議定書の発効に対してメジャー各社は反対運動を実施していたが、ブラウンは議定書のＧＨＧ削減計画に賛成し、その目標数値の達成を約束したことで大きな注目を集めた（Bakan, 2004, p.39）。そして、九七年には、取締役会内に「倫理環境保証委員会」（Ethics and Environment Assurance Committee）を他社に先駆けて設置し、ＣＳＲ全般に対する積極的な姿勢をいち早く示した。結果として、ＢＰは、石油産業におけるＣＳＲの優等生として各メ

図表１　ＢＰのＣＳＲフレームワーク

グローバル・リーダーシップ（Global Leadership）

プログレッシブ・オペレーター（Progressive Operator）

リーガル・コンプライアンス（Legal Compliance）

出所：BP (2004), "Sustainability Report 2004," p. 11.

ディアから高い評価を受けることになった。(5)

BPのCSR戦略は、「British Petroleum から Beyond Petroleum へ」と呼称され（BP, 2004）、これに基づきその枠組みがつくられている（図表1）。リーガル・コンプライアンスとは、法令順守という最も基礎的な責任である。これに対して、以下の二項目は、より上位の責任事項を示している。まず、プログレッシブ・オペレーターとは、BPの「行動規範」との関連で「健康・安全・環境」、「従業員」、「政府とコミュニティ」などの領域に対して、法律以上の責任を負うというものである。そして、グローバル・リーダーシップとはBP自身が、地球温暖化のような「世界的な課題事項」（Global Challenges）を「長期的な戦略」に組み込むというものである。このように、BPではCSRを三つの次元で捉えてその枠組みを構築している。以下では、BPの事例を中心に石油産業におけるCSRの戦略的意味について考察する。

四　石油産業におけるCSRの戦略的意味——BPの事例を中心に——

1　海外進出先での好条件の獲得

近年のBPの上流事業では、未開拓のリスクの高い国での事業展開が積極化しているという（Schwarz, 2004, p. 59）。このような国々での活動に際しては、現地政府と有利な条件で契約を締結したり、現地市民の反発を抑えることが重要になり、その手段として、地域貢献などのCSRが重要になってくると考えられる。

一例として、フェロー諸島への進出に際して、BPは同国の社会資本のうち情報通信網の整備が不十分であると考え、事前調査の段階で光ファイバーの敷設に協力している。同国の石油大臣は、他のメジャーは当該企業のCSR政策に基づき、それを適用してくるのに対して、BPは現地の課題事項に対応したCSRを展開している、とそのＣＳＲ活動を高く評価している。これにより、ＢＰは、政府の干渉を最小化し、また経済的・地域的にも歓迎され、後の石油生産事業を容易ならしめたといわれている（Anderson et al., 2005）。[6]

2　採掘利権確保の手段

二点目として、採掘利権確保の手段としてのＣＳＲ活動の有効性が考えられる。近年、資源保有国における資源ナショナリズムが活発化しているが、その際に環境や人権問題といったＣＳＲに関する諸事項が、現地政府をして採掘利権接収の口実の一因になっている。

ロシアの「サハリン２」では、シェル主導でＬＮＧ開発が行われていたが、二〇〇七年四月、同国のガスプロムへと採掘利権が強制譲渡されたことは記憶に新しい。そして、その利権接収の口実がまさに環境問題であった。[7]九〇年代の同社は「ブレント・スパー」の大西洋投棄や環境運動家排斥などの諸問題を惹起しており、ＣＳＲに対して否定的な評価がなされてきた。[8]このことが、ロシア政府による利権接収を招いた可能性も否定できない。加えて、石油流出など環境破壊も指摘されており、ＣＳＲに関する諸問題を実際に抱えてもいたという（藤、二〇〇七）。

ＢＰは九九年からロシアに進出し、その合弁企業ＴＮＫ‐ＢＰは、同社の生産高の一〇％を占めるまでになっている。ブラウンはロシア事業のリスクの高さを認識して（Schwarz, 2004, p. 59）、早くから環境・社会・安全の三領域を中心に同国でのＣＳＲ基準の確立に努めてきたこともあり（BP, 2004, p. 21）、現状ではシェルのような被害には直面していない。

また、ＥＩＴＩでは、現地政府との不明瞭な関係が摩擦の源泉になると考えられているが（UK Government HP）、シェルの場合、ＢＰと違い母国政府との関係が弱いために、これまで現地政府と蜜月の関係を持つことに腐心して不透明な関係構築がなされてきたという（Frynas, 2003, p. 279）。

図表２　ＢＰとシェルの時価総額および純利益推移

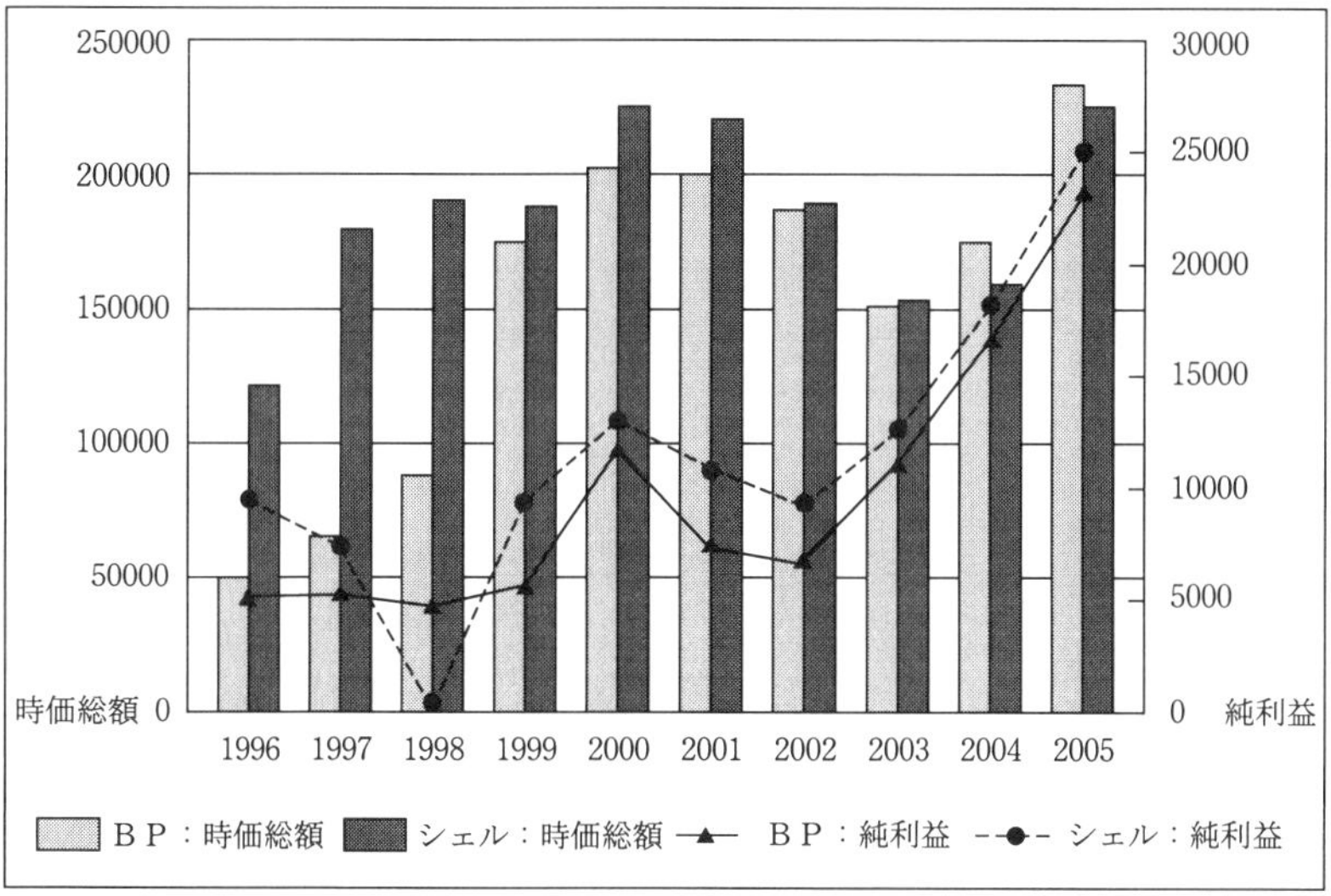

注：単位は100万ドル。
出所：*Forbes 2000 World Largest Companies* 各年版に基づき作成。

このような観点から、メジャーとしては、ＣＳＲをシステムとして確立させ、実際のＣＳＲ活動を徹底させるとともに、ＣＳＲ情報を積極的に開示することによって透明性とその評価を高め資源国有化の口実を減らしていくことが重要になってくると考えられる。ＣＳＲが資源ナショナリズムの防衛手段の一つとして捉えることができよう。

３　株主価値の向上への寄与

ＣＳＲと株価の関係については、相関があるとする見解（Antunovich et al., 2003）と、相関が不明確であるとする見解（Guido et al., 2007）があり、見解が一致しているわけではない。しかし、石油産業の場合では、ＣＳＲに対する評価が株価へと反映されやすい傾向があると考えられる。

九七年のＢＰの株価は四ポンド程度であったが、同社がＣＳＲを企業戦略として位置付け、その評価が高まるに連れて株価も上昇し、九九年には、六・二四ポンドと同社史上最高値をつけている。同年は、ブラウンが「アース・デイ」で表彰され、ＢＰのＣＳＲへの評価が最も高くなっていた時期であり、株価が最高値を記録した時期とも符号している。図表2は、ＢＰとシェルの時価総額と純利益の推移を表している。純利益では、シェルは一度急激な低下を見せているが、当該期を除けばＢＰよりも高い業績を達成し続けている。[9] これに対して、時価総額では、ＢＰは九九年以降シェルに急速に接近し、二〇〇三年以降シェルのそれを上回り、以後これを維持し続けている。業績ではシェルがＢＰを上回っているにも関わらず、株式市場からの評価はＢＰに対してより好意的なのである。

欧州では、ＣＳＲの失敗が株価下落に結びつきやすく（足達、二〇〇四）、また、"Beyond Petroleum" によって構築されたブランドもＢＰの評価や株価に結びついているという（Grande, 2007）。環境問題に敏感な欧州の地域的特性、批判が集中しやすい石油産業の性質を考慮するならば、ＢＰが時価総額でシェルを上回った一因にはＣＳＲの影響を看過することはできないであろう。

4　諸問題点の極小化

しかし、このようなＢＰに対する高い評価が、ガバナンスやＣＳＲの現実的諸問題を極小化していることも指摘されるべきである。

まず、極端な株主利益重視と経営者報酬についてである。ＢＰの究極的な目的は株主利益の最大化であり株主への配当性向も極めて高く、二〇〇四年の配当総額は六十四億ドルにも達している（BP HP）。イギリスでは、民営化企業の経営者報酬が高額化し世論の大きな批判を集めたが、ＢＰ経営陣の報酬額は同業他社に比べて高水準であるのに加え、経営者による自社株式保有も見られ、その保有数も一人で一〇〇万単位保有していることも稀ではない。それゆえ、高額配当は経営者報酬をより高め、また時価総額の増大は経営者の保有資産額を高める効果も有しているのである。実際、二〇〇四年のブラウンの報酬内訳は、金銭報酬が三七七万ポンド（八億五千万円）、[10] 行使可能シェア・オプションが一五〇万株、株式報奨が三五万三千株（三億四千万万円）、受取配当額が六四万ドル（七千万円）、株式保有残高が二〇〇万株（一九億円）にまで及んでいる（矢口、二〇〇六）。

そして、ＣＳＲにおいても現実的な諸問題が生じている。例えば、二〇〇五年のテキサスシティ製油所の火災事故は、一五名の従業員が死亡し、一五〇人以上の負傷者を出した大惨事となっている。これは突発的な事故ではなく安全管理上の問題に起因しており（*Marketing Week*, 2007, p. 22）、「従業員の安全」という同社の行動規範から逸脱した管理体制が敷かれていたことになる。テロ行為の危険性が高いイラク操業も積極的に進めていることから（Chung, 2003）、従業員の安全よりも営利追求が優先されているのである。さらに前述の"Beyond Petroleum"についても、現在のところ、収益の九〇％以上を依然として化石燃料に依存していることから（Assadourian, 2004）、それが単なる評価形成のための手段になっているに過ぎない。

このようなことから、ＢＰのＣＳＲは、その戦略と現実との間に乖離が見られ、実際には多くの問題を生じせしめているといえる。[11] しかし、経営者報酬などの問題と合わせて、同社に対する批判が少ないことも事実であり、[12] 各メディアによるＢＰのＣＳＲに対する評価は依然として高水準のままである。ブラウンのＣＳＲ戦略に対する絶大な評価が、本来は批判の対象となるべきＣＳＲ活動の実際およびガバナンス上の問題を極小化もしくは粉飾しているとさえ考えられる。このように捉えるならば、ＣＳＲにはステークホルダーを操作して、本質的な問題に対する批判を顕在化させない機能も内包されているといえよう。

五　むすびにかえて

本論文では、企業戦略としてのＣＳＲについてイギリス石油産業の事例に依拠して考察してきた。石油産業におけるＣＳＲの戦略的意味としては、上記の四点を少なくとも指摘することができよう。ＢＰでは、上流事業の

ている

展開、IR（Investors Relations）、企業評価の確立などを目的として、CSRが企業戦略の重要な一要素になっていることもわかる。ことも見て取れた。

また、イギリスでは、CSR政策が経済政策の一環になっていることもわかる。とりわけ、資源確保が経済発展上不可欠であるが、これを企業の自助努力に任せるだけでは不十分である。よって、政府としても、企業のCSR活動を助言・誘導して資源保有国での事業活動を促進させる必要があり、CSRが政府のエネルギー政策にも深く関与しているともいえる。

最後に、一元的企業概念下におけるCSRの意義について考えたい。BPのCSRは、一見すると、多元的企業概念に基づいて展開されているように見えるが、結局のところ、株主利益とそれに連動する経営者報酬の高額化に帰着している。つまり、企業戦略にCSRが組み込まれているにも関わらず、あくまでそれは利益追求のための手段であって、現実的な側面における機能に関しては疑問を呈せざるを得ない。ステークホルダーとの関係を強調して、CSR体制が構築されているようであるが、それは対外的な評価を得ることを目的としているに過ぎない。そして、実際には、社会性と営利性が対立した場合には営利性が優先され、行動規範が実際の操業においては履行されていないのである。CSRは社会的な批判を回避しつつ、所有者ならびに経営者の自己利益追求を徹底させる役割さえ担っていると筆者は考えている。つまり、イギリス企業古来の「私的性格」の強さを、CSRによって社会性を認識しているかのように見せかけているのである。このように、徹底した私的営利追及を覆い隠す機能こそが、一元的企業概念下におけるCSRの特徴の一つとして指摘できるのではないだろうか。

注

（1） 日本における石油産業の研究は、国際政治との関係で論じられるものが多く（岡本、二〇〇六など）、個別企業研究に関しても、経営史的研究や現状分析が殆どである（池ヶ谷、二〇〇二など）。

（2） CSRは、企業内部に対する行為と企業外部に対する行為に峻別される（EC, 2001, p. 2）。前者には従業員の健康や安全などが、そして、後者には人権、地球環境などの課題事項が含まれる。
(3) 結局、イギリス産業連盟の反対もありOFRは廃止され、開示内容が大幅に緩和された「ビジネス・レビュー」(Business Review) での対応に留まることになった（川上、二〇〇六）。
(4) 石油流出については採掘施設からの流出に加えて、「バルティーズ号事件」などタンカー座礁も大きな環境破壊を引き起こしてきた。
(5) *Fortune*や*Newsweek*などの誌面では、ブラウンを絶賛する記事が多く掲載された。
(6) 石油産業の海外進出においてCSRを重視する研究は、アンダーソンらの予備的な考察があるに過ぎない。しかし、BPとも提携関係にあるノルウェーのスタトイルのように、現地政府と有利な契約を結ぶためにCSRが重要な戦略的要素の一つになっていることを明示している企業もある（Statoil, 2005）。それでも、CSRによってどれだけ便益を得ることができたかについては情報が開示されていない。今後、メジャーの海外進出における綿密な比較をして、それを明らかにしていくことが重要であると考えている。
(7) 『日経産業新聞』、二〇〇七年四月二〇日。
(8) *Newsweek Global 500* (2005) では、CSRに主眼を置きながら多国籍企業の順位付けが行われている。これによると、シェル（一五五位）はBP（三六位）に比べて、かなり低いランクが付与されている。
(9) 自己資本利益率や総資産利益率においても、シェルは一貫してBPのそれを上回っている。詳細は、矢口（二〇〇六）を参照されたい。
(10) 各国の物価水準の違いを考慮には入れなければならないが、このブラウンの報酬額は、平均的エネルギー企業のCEOのそれが一一五万ドル（カレント報酬）であることと比較すると極めて高いことが分かる（稲別、二〇〇二、六七頁）。
(11) 欧州委員会は、CSRが日常の業務に反映されることの重要性を指摘している（EC, 2001, pp. 15-16）。
(12) ベイカン（Bakan, J.）が、BPのアラスカ油田開発における環境破壊を若干指摘している程度であった（Bakan, 2004, pp. 42-46）。

参考文献

Anderson, C. L. and Bieniaszewska, R. L., "The Role of Corporate Social Responsibility in an Oil Company's Expansion into New Territories," *Corporate Social Responsibility and Environmental Management*, Vol. 12 No. 1, 2005.
Antunovich, P. and Laster, D. S., "Are Good Companies Bad Investments ?," *Journal of Investing*, Spring, 2003.
Assadourian, E., "How Serious is BP ?," *World Watch*, May/June 2004.
Bakan, J., *The Corporation : The Pathological Pursuit of Profit and Power*, Free Press, New York, 2004.（酒井泰介訳『ザ・コーポレーション—わたしたちの社会は『企業』に支配されている—』早川書房、二〇〇四年。）
BP p.l.c., "Sustainability Report 2004," 2004.
Chung, J., "Protesters Taunt BP over Role in Iraq," *Financial Time*, April 24, 2003.
European Commission (EC), *Green Paper : Promoting a European Framework for Corporate Social Responsibility*, 2001.
Frynas, J. G., "Global Monitor Royal Dutch Shell," *New Political Economy*, Vol. 8 No. 2, 2003.

Grande, C., "Global Brands: Performance Enhancing," *Financial Times*, April 23, 2007.
Guido, B., Riel, C. B. M. and Rekom, J., "The CSR Quality Trade Off," *Journal of Business Ethics*, 2007.
Levenstein, C. and Wooding, J., "Oil and the Contradictions of Development," Woolfson, C. and Beck, M. ed., *Corporate Social Responsibility Failures in the Oil Industry*, Baywood Publishing, New York, 2005.
Schwarz, N. D., "Inside the Head of BP," *Fortune*, July 26, 2004.
Statoil ASA, "Statoil and Sustainable Development," 2005.
ＩＬＯ海外労働事情調査団「イギリスにおける『企業の社会的責任』」日本ＩＬＯ協会編『世界の労働』第五十三巻第十二号、二〇〇三年。
足達英一郎「ＣＳＲは欧州では売上激減や株価急落の回避策」日本経営協会編『オムニマネジメント』第一三巻第一二号、二〇〇四年。
池ヶ谷清貴「メジャーオイルの系譜とその戦略　RD/Shell」石油学会編『PETROTECH』第二十五巻第十二号、二〇〇二年。
伊藤　孝『ニュージャージー・スタンダード石油会社の史的研究—一九二〇年代初頭から六〇年代末まで—』北海道大学図書刊行会、二〇〇四年。
稲別正晴「コーポレート・ガバナンスと経営者報酬」桃山学院大学総合研究所編『経済経営論集』第四十三巻第四号、二〇〇二年。
岡本博之「石油企業の経営戦略と国際関係—オイルメジャーと政府政策との対立と協調—」日本大学国際関係学部編『国際関係研究』第二十七巻第二号、二〇〇六年。
川上　勲「英国の動きにみる環境・ＣＳＲ情報開示の動向」中央経済社編『旬刊経理情報』二〇〇六年一〇月一〇日号。
高橋俊夫『株式会社とは何か』中央経済社、二〇〇六年。
谷本寛治「ＣＳＲの動向と現状」谷本寛治編著『ＣＳＲ経営—企業の社会的責任とステイクホルダー—』中央経済社、二〇〇四年。
藤　和彦『石油を読む—地政学的発想を超えて—』日本経済新聞社、二〇〇七年。
矢口義教「イギリス企業：ＢＰ—コーポレート・ガバナンスを中心に—」高橋俊夫編著『コーポレート・ガバナンスの国際比較—米・英・独・仏・日の企業と経営—』中央経済社、二〇〇六年。
吉森　賢『日米欧の企業経営』放送大学教育振興会、二〇〇一年。
Forbes 2000 World Largest Companies, New York, 1996-2005.
Fortune Global 500, New York, 1997; 2004.
Marketing Week, London, Feb 12, 2004; Jan 25, 2007.
BP p.l.c. Homepage. (http://www.bp.com)
UK Offshore Operators Association (UKOOA) Homepage. (http://www.oilandgas.uk)
UK Parliament Homepage. (http://www.parliament.the-stationery-office.co.uk)

※経営学史学会第一五回大会では、チェアパーソンの岡田和秀先生およびご出席の先生方から多くの有益なコメントをいただいた。また、本論文の執筆に際してもレフェリーの先生方から厳しく、かつ温かいご指摘をいただいた。この場を借りて感謝申し上げたい。

Ⅲ 文献

ここに掲載の文献一覧は、第Ｉ部の統一論題論文執筆者が各自のテーマの基本文献としてリストアップしたものを、年報編集委員会の責任において集約したものである。

一　経営学の方法

外国語文献

1 *Academy of Management Journal*, Special Research Forum : Knowledge Transfer between Academics and Practitioners, Vol. 44, 2001, pp. 340-440.

2 Blumer, H., *Symbolic Interactionism : Perspective and Method*, Prentice Hall, 1969.（後藤将之訳『シンボリック相互作用論――パースペクティヴと方法――』勁草書房、一九九一年。）

3 *British Academy of Management*, Special Issue Vol. 12, 2001.

4 Burrell, G. and G. Morgan, *Sociological Paradigms and Organizational Analysis*, Heinemann, 1979.（鎌田伸一・金井一頼・野中郁次郎訳『組織理論のパラダイム』千倉書房、一九八六年。）

5 Clegg, S. et al. (eds.), *The Sage Handbook of Organization Studies*, 2nd ed., Thousand Oaks : Sage, 2006.

6 Frost, P. et al. (eds.), *Talking about Organization Science : Debates and Dialogue from Crossroads*, Thousand Oaks : Sage, 2000.

7 Gibbons, M. et al., *The New Production of Knowledge*, London: Sage, 1994.（小林信一監訳『現代社会と知の創造：モード論とは何か』丸善、一九九七年。）

8 Gordon, R. A., and J. E. Howell, *Higher Education for Business*, New York : Columbia University Press, 1959.

9 Gutenberg, E., *Unternehmensfuehrung : Organisation und Entscheidung*, Wiesbaden : Gabler, 1962.

10 Hage, J., *Techniques and Problems of Theory Construction in Sociology* (1st edition), New York : John Wiley & Sons, 1972.（小松陽一・野中郁次郎訳『理論構築の方法』白桃書房、一九七八年。）

11 Koontz, H., *Toward a Unified Theory of Management*, New York : McGrow-Hill, 1964.（鈴木英寿訳『経営の統一理論』ダイヤモンド社、一九六八年。）

12 Lazarsfeld, P. F. and M. Rosenberg (eds.), *The Language of Social Research, Glencoe, Ill.*: Free Press, 1955.

13 Merton, R. K., *Social Theory and Social Structure, Glencoe, Ill.*: Free Press, 1949.（森 東吾・森 好夫・金沢実・中島竜太郎訳『社会理論と社会構造』みすず書房、一九六一年。）

14 Milglom, P., and J. Roberts, *Economics, Organization & Management,* New York: Prentice Hall, 1992.（奥野正寛他訳『組織の経済学』NTT出版、一九九七年。）

15 Mintzberg, H., *Managers Not MBAs by Henry Mintzberg,* Berrett-Koehler Publishers, 2004.（池村千秋訳『MBAが会社を滅ぼす――マネジャーの正しい育て方――』日経BP社、二〇〇六年。）

16 Parsons, T. and E. A. Shils (eds.), *Toward a General Theory of Action,* Cambridge: Harvard University Press, 1951.（永井道雄・作田啓一・橋本 真訳『行為の総合理論をめざして』日本評論新社、一九六〇年。）

17 Pierson, F. C. et al., *The Education of American Businessmen: A Study of University-College Programs in Business Administration,* New York: McGrow-Hill, 1959.

18 Pondy, L. R., P. J. Frost, G. Morgan and T. C. Dandridge (eds.), *Organizational Symbolism,* JAI Press, 1983.

19 Roethlisberger, F. J., *Management and Morale,* Harvard University Press, 1941.（野田一夫・川村欣也訳『経営と勤労意欲』ダイヤモンド社、一九五四年。）

20 Roethlisberger, F. J., *Man-in-Organization: Essays of J. Roethlisberger,* Harvard University Press, 1968.

21 Roethlisberger, F. J., *The Elusive Phenomena: An Autobiographical Account of My Work in the Field of Organizational Behavior at the Harvard Business School,* Harvard Univ. Press, 1977.

22 Simon, H. A., *Administrative Behavior,* 3rd ed., New York: The Free Press, 1976.

23 Tsoukas, H. et al. (eds.), *The Oxford Handbook of Organization Theory,* Oxford: Oxford University Press, 2003.

24 Van Maanen, J., *Tales of the Field: On Writing Ethnography,* Chicago: University of Chicago Press, 1988.（森川 渉訳『フィールドワークの物語――エスノグラフィーの文章作法――』現代書館、一九九九年。）

25 Westwood, R. et al. (eds.), *Debating Organization: Point—Counterpoint in Organization Studies,* Oxford: Blackwell, 2003.

26 Yin, R. K., *Case Study Research*, 2nd ed., Sage Publications Inc., 1994.（近藤公彦訳『ケーススタディの方法・第2版』千倉書房、一九九六年。）

日本語文献

1 加護野忠男『経営組織の環境適応』白桃書房、一九八〇年。
2 加護野忠男『組織認識論――企業における創造と革新の研究――』千倉書房、一九八八年。
3 岸田民樹『経営組織と環境適応』山嶺書房、一九八五年。
4 齊藤毅憲『現代日本の大学と経営学教育』成文堂、一九八一年。
5 齊藤毅憲・藤永　弘・渡辺　峻監修・全国四系列（経営学・商学・会計学・経営情報科学）教育会議編『大学は地域を活性化できるか――社会に役立つ経営学教育の実践――』中央経済社、二〇〇五年。
6 坂井正廣『経営学教育の理論と実践――ケース・メソッドを中心として――』文眞堂、一九九六年。
7 坂下昭宣『組織シンボリズム論――論点と方法――』白桃書房、二〇〇二年。
8 高瀬荘太郎編『経営者教育』経林書房、一九六五年。
9 辻村宏和『経営者育成の理論的基盤――経営技能の習得とケース・メソッド――』文眞堂、二〇〇一年。
10 日本経営教育学会編『経営教育事典』学文社、二〇〇六年。
11 沼上　幹『行為の経営学――経営学における意図せざる結果の探究――』白桃書房、二〇〇二年。
12 野中郁次郎『組織と市場』千倉書房、一九七四年。
13 野中郁次郎・加護野忠男・小松陽一・奥村昭博・坂下昭宣『組織現象の理論と測定』千倉書房、一九七八年。
14 村本芳郎『ケース・メソッド経営教育論』文眞堂、一九八二年。
15 森本三男編著『日本経営教育学会二十周年記念論文集1　実践経営の課題と経営教育』学文社、一九九九年。
16 山口節郎『社会と意味――メタ社会学的アプローチ――』勁草書房、一九八二年。
17 山城　章『実践経営学』同文館出版、一九六〇年。
18 山城　章編著『経営教育ハンドブック』同文舘、一九九〇年。

二 CSR

外国語文献

1 Clarke, T. and M. Dela Rama (eds.), *Corporate Governance and Globalization*, Volume III: Convergence and Diversity, Sage Publications, 2006.

2 Crane, A. and D. Matten (eds.), *Corporate Social Responsibility*, Sage Publications, 2007.

3 Crane, A., D. Matten and J. Moon, *Corporation and Citizenship*, Cambridge U. P., 2008.

4 Demirag, I. (ed.), *Corporate Social Responsibility, Accountability and Governance: Global Perspectives*, Greenleaf Publishing, 2005.

5 Fukukawa, K. (ed.), *Corporate Social Responsibility in Asia*, Routledge, 2008.

6 Husted, B. (ed.), *Unfolding Stakeholder Thinking: Theory, Responsibility and Engagement*, No.1, No.2, Greenleaf Publishing, 2002.

日本語文献

1 吾郷眞一『労働ＣＳＲ入門』講談社、二〇〇七年。

2 谷本寛治『企業社会のリコンストラクション』千倉書房、二〇〇二年。

3 谷本寛治編著『ＳＲＩ 社会的責任投資入門』日本経済新聞社、二〇〇三年。

4 谷本寛治編著『ＣＳＲ経営——企業の社会的責任とステイクホルダー——』中央経済社、二〇〇四年。

5 谷本寛治『ＣＳＲ——企業と社会を考える——』ＮＴＴ出版、二〇〇六年。

6 谷本寛治編著『ＳＲＩと新しい企業・金融』東洋経済新報社、二〇〇七年。

7 藤井良広・原田勝広『現場発 ＣＳＲ優良企業への挑戦』日本経済新聞社、二〇〇六年。

8 松野 弘・合力知工・堀越芳昭『「企業の社会的責任論」の形成と展開』ミネルヴァ書房、二〇〇六年。

三 HRM

外国語文献

1 Barnard, C. I., *The Function of the Executive*, Harvard University Press, 1938.（山本安次郎・田杉 競・飯野春樹訳『新訳 経営者の役割』ダイヤモンド社、一九六八年。）

2 Barnard, C. I., *Organization and Management : Selected Papers*, Harvard University Press, 1948.（飯野春樹監訳・日本バーナード協会訳『組織と管理』文眞堂、一九九〇年。）

3 Braverman, H., *Labor and Monopoly Capital*, Monthly Review Press, 1974.（富沢賢治訳『労働と独占資本』岩波書店、一九七八年。）

4 Herzberg, F. I., *Work and the Nature of Man*, World Publishing Company, 1966.（北野利信訳『仕事と人間性』東洋経済新報社、一九六八年。）

5 Huczynski, A. A., and D. A. Buchanan, *Organizational Behavior*, 2nd ed., Prentice Hall, 1991.

6 Maslow, A. H., *Motivation and Personality*, Harper & Low Publishers, 1954.（小口忠彦監訳『人間性の心理学』産業能率短期大学出版部、一九七一年。）

7 Mayo, G. E., *The Human Problem of an Industrial Civilization*, Harvard University Press, 1933.（勝木新次・村本栄一訳『産業文明における人間問題』日本能率協会、一九六七年。）

8 Roethlisberger, F. J., *Management and Morale*, Harvard University Press, 1941.（野田一夫・川村欣也訳『経営と勤労意欲』ダイヤモンド社、一九五四年。）

9 Simon, H. A., *Administrative Behavior : A Study of Decision-Making Process in Administrative Organization*, Macmillan Company, 1945.（松田武彦・高柳 暁・二村敏子訳『経営行動』ダイヤモンド社、一九八七年。）

10 Wren, D. A., *The Evolution of Management Thought*, Fourth Edition, John Wiley & Sons, Inc., 1994.（佐々木恒男監訳『マネジメント思想の進化』文眞堂、二〇〇三年。）

日本語文献

1 赤岡　功『エレガント・カンパニー』有斐閣、一九九三年。
2 数家鉄治『ジェンダー・組織・制度』白桃書房、二〇〇三年。
3 木本喜美子『女性労働とマネジメント』勁草書房、二〇〇三年。
4 下﨑千代子・小島敏宏編著『少子化時代の多様で柔軟な働き方の創出――ワークライフバランス実現のテレワーク――』学文社、二〇〇七年。
5 筒井清子・山岡熙子編『グローバル化と平等雇用』学文社、二〇〇三年。
6 富沢賢治編『労働と生活』世界書院、一九八七年。
7 山岡熙子・筒井清子・渡辺　峻・長坂　寛・赤岡　功『ワーキングウーマンの仕事と生活』マネジメント社、一九九五年。
8 渡辺　峻『コース別雇用管理と女性労働』中央経済社、一九九五年。
9 渡辺　峻・中村艶子『男女協働の職場づくり』ミネルヴァ書房、二〇〇四年。

四　NPO

外国語文献

1 Barnard, C. I., *The Functions of the Executive*, Harvard University Press, 1938.（山本安次郎・田杉　競・飯野春樹訳『新訳　経営者の役割』ダイヤモンド社、一九六八年。）
2 Bryson, J. M., *Strategic Planning for Public and Nonprofit Organizations*, Jossey-Bass Publishers, 1988.
3 Drucker, P. F., *The End of Economic Man*, John Day, 1939.（岩根　忠訳『経済人の終わり』東洋経済新報社、一九六三年。）
4 Drucker, P. F., *The Future of Industrial Man*, John Day, 1942.（岩根　忠訳『産業にたずさわる人の未来』東洋

経済新報社、一九六四年、田代義範訳『産業人の未来』未来社、一九六五年、上田惇生訳『産業人の未来』ダイヤモンド社、一九九八年。）

5 Drucker, P. F., *Concept of the Corporation*, John Day, 1946.（下川浩一訳『現代大企業論』未来社、一九六六年。）

6 Drucker, P. F., *The New Society*, Harper & Row, 1950.（現代経営研究会訳『新しい社会と新しい経営』ダイヤモンド社、一九五七年。）

7 Drucker, P. F., *The Practice of Management*, Harper & Row, 1954.（野田一夫監修・現代経営研究会訳『現代の経営』ダイヤモンド社、一九六五年。）

8 Drucker, P. F., *The Landmarks of Tomorrow*, Harper & Row, 1959.（現代経営研究会訳『変貌する産業社会』ダイヤモンド社、一九六〇年。）

9 Drucker, P. F., *Managing for Results*, Harper & Row, 1964.（野田一夫・村上恒夫訳『創造する経営者』ダイヤモンド社、一九六四年。）

10 Drucker, P. F., *The Effective Executive*, Harper & Row, 1965.（野田一夫・川村欣也訳『経営者の条件』ダイヤモンド社、一九六六年。）

11 Drucker, P. F., *The Age of Discontinuity*, Harper & Row, 1969.（林雄二郎訳『断絶の時代』ダイヤモンド社、一九六九年。）

12 Drucker, P. F., *Management*, Harper & Row, 1974.（野田一夫・村上恒夫訳『マネジメント』ダイヤモンド社、一九七四年。）

13 Drucker, P. F., *Managing the Nonprofit Organization*, Harper Collins, 1990.（上田惇生・田代正美訳『非営利組織の経営』ダイヤモンド社、一九九一年。）

14 Drucker, P. F. ed., The Drucker Foundation, *Self-assessment Tool for NPOs*, Jossey-Bass, 1993.（田中弥生訳『非営利組織の自己評価手法』ダイヤモンド社、一九九五年。）

15 Drucker, P. F., *The Ecological Vision—Reflections on the American Condition*, Transaction Publishers, 1993.（上田惇生他訳『すでに起こった未来』ダイヤモンド社、一九九四年。）

16 The Drucker Foundation, *The Community of the Future*, Jossey-Bass, 1998.（加納明弘訳『未来社会への変革』

フォレスト出版、一九九九年。）

17 Kaplan, S. M. and D. P. Norton, *The Strategy–Focused Organization*, Harvard Business School Press, 2001.（櫻井通晴訳『戦略バランスト・スコアカード』東洋経済新報社、二〇〇一年。）

18 Kotler, P., *Marketing for Nonprofit Organizations*, Prentice Hall, 1982.（井関利明監訳『非営利組織マーケティング』第一法規、一九九一年。）

19 Kotler, P. and E. L. Roberto, *Social Marketing*, The Free Press, 1989.（井関利明訳『ソーシャル・マーケティング』ダイヤモンド社、一九九五年。）

20 Mason, D. E., *Voluntary Nonprofit Enterprise Management*, Plenum Press, 1984.

21 Osborne, S. P. ed., *Managing in the Voluntary Sector*, International Thomson Publishing, 1997.（Ａ・Ｈ・ニノミヤ監訳『ＮＰＯマネージメント』中央法規、一九九九年。）

22 Taylor, F. W., *Principles of Scientific Management*, Harper & Brothers Publishers, 1911.（上野陽一訳『科学的管理法の原理』産能大学出版部、一九六九年。）

23 Wolf, W. B., *Conversations with Chester I. Barnard*, Cornell University, 1972.（飯野春樹訳『経営者のこころ』文眞堂、一九七八年。）

日本語文献

1 小島廣光『非営利組織の経営』北海道大学図書刊行会、一九九八年。

2 島田　恒『非営利組織のマネジメント』東洋経済新報社、一九九九年。

3 島田　恒『非営利組織研究』文眞堂、二〇〇三年。

4 田尾雅夫『ボランタリー組織の経営管理』有斐閣、一九九九年。

5 田尾雅夫『実践ＮＰＯマネジメント』ミネルヴァ書房、二〇〇四年。

6 三戸　公『管理とは何か』文眞堂、二〇〇二年。

Ⅳ 資料

経営学史学会第十五回大会実行委員長挨拶

大平義隆

経営学史学会第十五回全国大会は、北海道札幌市にあります北海学園大学において、二〇〇七年五月十八日より二十日の間、「経営学の方法と問題」を統一テーマにして開催することが出来ました。開催された五月は、北の大地ではまだまだ肌寒い季節でした。にもかかわらず、遠方からも多くの会員の皆様にお越しいただけたことは感謝に耐えません。おかげをもちまして、盛会のうちに終了することが出来ました。有難うございました。

今回の大会は、先にあげた「経営学の方法と問題」というテーマの下に、「現代経営学の方法についての再検討」と「現代経営学の諸問題」というサブテーマをもうけ、基調報告とサブテーマそれぞれ三人のスピーカーを中心にして議論を深めることが出来たと思います。そして自由論題は、プログラムをご覧になれば分かりますが、今回も若手から大ベテランまでがスピーカーとして登壇しています。こうしたところにも経営学史学会の魅力を感じることが出来たと思います。ご参加いただいた会員の皆様には、最後まで意義深い時間をお楽しみいただいたのではないかと思っています。

最後に、報告者、討論者、司会者、チェアパーソンの先生方には、ご不便おかけしながら大変お世話になりました。心より御礼申し上げます。そして、大会の運営に関し、不安に思われていたと思いますが顔色一つ変えないでお支え下さった片岡信之理事長をはじめとする理事・幹事の先生に感謝申し上げ、ご挨拶とさせていただきます。有難うございました。

第十五回大会をふりかえって

三戸　浩

経営学史学会第十五回大会は二〇〇七年五月十八日（金）から二十日（日）まで北海道札幌市の北海学園大学で開催された。当日は、折角の風薫る五月の北海道で開催されるのに、あいにくの雨で残念な思いを抱きながら会場に向かったのだが、地下鉄豊平線の学園駅のエレベータで上がればそこはもう北海学園大学のキャンパス内であった。千歳空港から北海学園大学の大会会場まで傘をささなくても全く濡れずにたどり着けたのはちょっとした感動であった。

さて、今回の統一論題は昨年（第十四回大会）の『経営学の現在』を引き継ぎ、『経営学の方法と問題』というまさに経営学史の問題を真正面からとりあげたものであり、「現代経営学の方法についての再検討」と「現代経営学の諸問題」という二つのサブテーマが立てられた。

午前中の三会場での六つの自由論題の報告のあと、大会実行委員長大平義隆会員より開会の辞が、続いて小笠原英司会員より「経営学の方法と諸問題」と題して基調報告がなされた。その内容は、経営学の方法として三点を論じる。まず、その方法論として、科学一般としての経営学、社会科学としての経営学、特殊個別科学としての経営学の三区分を意識して議論すべきであるとして、経営学は自らをいかなる「科学」であると認識するのかこそが問題であるという主張から展開された。

引き続き、統一論題について六つの報告が行われた。「サブテーマ①現代経営学の方法についての再検討」として、坂下昭宣氏より「組織研究の方法と基本仮定―経営学との関連で―」、長岡克行会員より「経営学研究の多様性とレレヴァンス問題―英語圏における議論の検討―」、辻村宏和会員より「経営学と経営者の育成」が報告され、今後の経営学研究の方法に関して様々な示唆を得ることができた。そして翌二十日には、「サブテーマ②現代経営学の諸問題」が論ぜられた。まず、その第一の問題「CSRの問題」として、谷本寛治氏より「わが国におけるCSRの動向と政策課題」が、第二の問題「HRMの問題」として、渡辺峻会員より「『社会化した自己実現人』と『社会化した人材マネジメント』―成果主義から、ワークライフバランスへのパラダイム転換―」が、第三の問題「経営学の拡張可能性」として、島田恒会員より「ドラッカー学説の軌跡とNPO経営学の可能性」が報告された。各問題・テーマに打ち込まれてきた研究者ならではの報告・討議がなされ、現在経営学の抱える問題CSR、HRM、NPOを通して経営学の現在と未来を考えさせてくれるものとなった。

自由論題に関しては、三つの会場で計十名の報告があった。内容としては、組織論関係が七つ、コーポレートガヴァナンス関係が二つ、戦略論関係が一つであった。それぞれ興味深いテーマが意欲的に報告がなされ、チェアパーソンの的確なコメントに加えて、フロアとの質疑が活発に行われた。

総会では、一年間の活動報告、会計報告がなされた後、第十六回大会が中央大学で開催されることが決定した。また、経営学史学会賞は、吉原正彦会員の『経営学の新紀元を拓いた思想家たち―一九三〇年代のハーバードを舞台に―』（文眞堂）というまさに経営学史の本道と言うべき大著に贈られた。

美しく、素晴らしいキャンパスで大会を開いて頂き、楽しい懇親会でもてなして頂いた大平義隆大会委員長をはじめ石嶋芳臣、岡田行正、春日賢大会委員の先生、そして学生諸君ほか北海学園大学の皆様方に対して心より感謝申し上げます。

第十五回大会のプログラムは、次の通りである。

五月十九日（土）

【自由論題】（報告三〇分、チェアパーソンのコメント一〇分、質疑応答二〇分）

A会場（七号館四階D四〇教室）

九：〇〇―一〇：〇〇　小島　愛（明治大学・院生）「イギリスにおけるコーポレート・ガバナンス――地域住民参加型の病院経営を事例として――」

チェアパーソン・小山嚴也（関東学院大学）

一〇：〇五―一一：〇五　石嶋芳臣（北海学園大学）「コーポレート・ガバナンス論における経営学的課題――EXIT/VOICEアプローチの可能性――」

チェアパーソン・丹沢安治（中央大学）

B会場（七号館四階D四一教室）

九：〇〇―一〇：〇〇　鎌田伸一（防衛大学校）「組織論と批判的実在論」

チェアパーソン・小沢勝之（高千穂大学）

一〇：〇五―一一：〇五　川端久夫（九州大学）「バーナード組織概念の再詮議――ルーマンとの同一性と差異――」

チェアパーソン・三井　泉（日本大学）

C会場（七号館四階D五〇教室）

九：〇〇―一〇：〇〇　吉成　亮（横浜市立大学）「組織における正統的周辺参加――コミュニティ・オブ・プラクティスの方法論――」

チェアパーソン・中川誠士（福岡大学）

一〇：〇五―一一：〇五　海老澤栄一（神奈川大学）「組織における制度が持つ意味の再考――独自性と類似性との連鎖学習を意識して――」

チェアパーソン・福永文美夫（久留米大学）

【開会・基調報告】（五号館六〇番教室）

一一：一五―一一：四〇　開会の辞：大会実行委員長　大平義隆（北海学園大学）

基調報告：小笠原英司（明治大学）「経営学の方法と諸問題」

【統一論題】（五号館六〇番教室）（報告三〇分、討論三〇分、質疑応答三〇分）

一二：四〇―一四：一〇　サブテーマ①現代経営学の方法についての再検討　(1)

坂下昭宣（神戸大学）「組織研究の方法と基本仮定――経営学との関連で――」

討論者：大平浩二（明治学院大学）

司会者：岸田民樹（名古屋大学）

一四：一五―一五：四五　サブテーマ①現代経営学の方法についての再検討　(2)

長岡克行（東京経済大学）「経営学研究の多様性とレレヴァンス問題――英語圏における議論の検討――」

討論者：村田晴夫（青森公立大学）

司会者：片岡信之（桃山学院大学）

一五：五〇―一七：二〇　サブテーマ①現代経営学の方法についての再検討　(3)

辻村宏和（中部大学）「経営学と経営者の育成」

討論者：藤井一弘（摂南大学）

司会者：吉原正彦（青森公立大学）

【会員総会】（五号館六〇番教室）

一七：二五―一八：〇〇

【懇親会】（札幌ロイヤルホテル）

一八：四〇―二〇：四〇

五月二十日（日）

【自由論題】（報告三〇分、チェアパーソンのコメント一〇分、質疑応答二〇分）

A会場（七号館四階D四〇教室）

九：〇〇―一〇：〇〇　小橋　勉（愛知工業大学）「組織間関係論における埋め込みアプローチの検討：その射程と課題」

チェアパーソン・阿辻茂夫（関西大学）

B会場（七号館四階D四一教室）

九：〇〇―一〇：〇〇　林　徹（四日市大学）「高田保馬の勢力論と組織論」

チェアパーソン・数家鉄治（大阪商業大学）

C会場（七号館四階D四二教室）

九：〇〇―一〇：〇〇　矢口義教（明治大学・院生）「企業戦略としてのCSR――イギリス石油産業の事例から――」

チェアパーソン・岡田和秀（専修大学）

D会場（七号館五階D五〇教室）

九：〇〇—一〇：〇〇　平井信義（横浜国立大学・院生）「プロジェクトチームのリーダーシップ——橋渡し機能を中心として——」
チェアパーソン・渡辺敏雄（関西学院大学）

【統一論題】（五号館六〇番教室）（報告三〇分、討論三〇分、質疑応答三〇分）

一〇：一〇—一一：四〇　サブテーマ②現代経営学の諸問題　(1)ＣＳＲの問題
谷本寛治（一橋大学）「わが国におけるＣＳＲの動向と政策課題」
討論者：西岡健夫（追手門学院大学）
司会者：仲田正機（京都橘大学）

一二：四〇—一四：一〇　サブテーマ②現代経営学の諸問題　(2)ＨＲＭの問題
渡辺　峻（立命館大学）『社会化した自己実現人』と『社会化した人材マネジメント』——成果主義から、ワークライフバランスへのパラダイム転換——」
討論者：今村寛治（熊本学園大学）
司会者：下﨑千代子（大阪市立大学）

一四：一五—一五：四五　サブテーマ②現代経営学の諸問題　(3)経営学の拡張可能性
島田　恒（京都文教大学）「ドラッカー学説の軌跡とＮＰＯ経営学の可能性」
討論者：河野大機（東洋大学）
司会者：三戸　浩（横浜国立大学）

【大会総括・閉会の辞】（五号館六〇番教室）

一四：一五—一五：四五　大会総括：理事長　片岡信之（桃山学院大学）

閉会の辞：大会実行委員長　大平義隆（北海学園大学）

執筆者紹介（執筆順　肩書には大会後の変化が反映されている）

小笠原《おがさわら》　英《えい》　司《じ》（明治大学教授）
主著『経営哲学研究序説――経営学的経営哲学の構想――』文眞堂、二〇〇四年
主要論文「現代経営の課題と経営学史研究」経営学史学会編『現代経営と経営学史の挑戦――グローバル化・地球環境・組織と個人――』文眞堂、二〇〇三年

坂《さか》　下《した》　昭《あき》　宣《のぶ》（神戸大学大学院経営学研究科教授）
主著『組織シンボリズム論――論点と方法――』白桃書房、二〇〇二年
『経営学への招待』〔第三版〕白桃書房、二〇〇七年

長《なが》　岡《おか》　克《かつ》　行《ゆき》（東京経済大学教授）
主著『企業と組織――グーテンベルク経営経済学研究――』千倉書房、一九八四年
『ルーマン／社会の理論の革命』勁草書房、二〇〇六年

辻《つじ》　村《むら》　宏《ひろ》　和《かず》（中部大学教授）
主著『経営者育成の理論的基盤――経営技能の習得とケース・メソッド――』文眞堂、二〇〇一年
主要論文「経営教育学序説――中心的『命題及び仮説』の意義――」日本経営教育学会編『経営教育研究』第十一巻第一号、学文社、二〇〇八年

谷《たに》　本《もと》　寛《かん》　治《じ》（一橋大学大学院商学研究科教授）
主著『ＣＳＲ――企業と社会を考える――』ＮＴＴ出版、二〇〇六年
『企業社会のリコンストラクション』千倉書房、二〇〇二年、新装版二〇〇八年

渡《わた》辺《なべ》峻《たかし》（立命館大学専門職大学院経営管理研究科教授）
主著『現代銀行企業の労働と管理――オフィス・オートメーションとホワイトカラーに関する経営経済学的研究――』千倉書房、一九八四年
『コース別雇用管理と女性労働――男女共同参画社会をめざして――』中央経済社、一九九五年

島《しま》田《だ》恒《ひさし》（大阪商業大学教授）
主著『日本的経営の再出発――いまこそバーナード その理論と展開――』同友館、一九八六年
『非営利組織研究――その本質と管理――』文眞堂、二〇〇三年

川《かわ》端《ばた》久《ひさ》夫《お》（九州大学名誉教授）
主著『組織論の現代的主張』（編著）中央経済社、一九九五年
『管理者活動研究史論』文眞堂、二〇〇一年

林《はやし》徹《とおる》（長崎大学教授）
主著『革新と組織の経営学』中央経済社、二〇〇〇年
『組織のパワーとリズム』中央経済社、二〇〇五年

鎌《かま》田《た》伸《しん》一《いち》（防衛大学校教授）
主要論文「政策における科学と価値」村井友秀・真山全編著『リスク社会の危機管理』明石書店、二〇〇七年、第一章
「戦略論と批判的実在論」『防衛大学校紀要（社会科学分冊）』第九四輯、二〇〇七年

小《こ》橋《ばし》勉《つとむ》（愛知工業大学准教授）
主著『現代経営組織論』（分担執筆）有斐閣、二〇〇五年

主要論文「フロントーバック組織：グローバル企業の新たな組織構造」『日本経営学会誌』第一一号、二〇〇四年

吉《よし》成《なり》 亮《あきら》（愛知工業大学准教授）

主要論文「横浜におけるIT企業の台頭」齊藤毅憲編著『横浜産業のルネサンス』学文社、二〇〇七年、第三章

「組織におけるコミュニティ・オブ・プラクティス」日本経営学会編『経営学論集』第七七集、千倉書房、二〇〇七年

平《ひら》井《い》信《のぶ》義《よし》（横浜国立大学大学院博士課程後期）

主要論文「指揮者としてのリーダー像の再検討」二〇〇四年度横浜国立大学修士論文、二〇〇五年

「プロジェクトチーム・リーダーシップの再検討」『横浜国際社会科学研究』第十二巻第六号、二〇〇八年

小《こ》島《じま》 愛《めぐみ》（立命館大学助教）

主要論文「イギリスの病院経営における経営参加とコーポレート・ガバナンス――ファンデーション・トラストの情報開示・透明性――」『医療と社会』第一六巻第二号、財団法人医療科学研究所、二〇〇六年

「コーポレート・ガバナンスと病院経営の実践――イギリスのファンデーション・トラストに焦点を当てて――」『比較経営研究』第三一号、日本比較経営学会、二〇〇七年

石《いし》嶋《じま》芳《よし》臣《おみ》（北海学園大学教授）

主要論文「株式会社における支配とガバナンスの基礎理解――株式会社制度と企業の社会性に関する研究序説――」『三田商学研究』第四八巻第一号、慶應義塾大学

商学会、二〇〇五年
「日本的経営システムとコーポレート・ガバナンス」大平義隆編著『変革期の組織マネジメント――理論と実践――』同文舘出版、二〇〇六年、第二章

矢《や》口《ぐち》義《よし》教《のり》（明治大学兼任講師）
主要論文「イギリス石油産業におけるコーポレート・ガバナンスとＣＳＲ――現代イギリス企業論序説――」博士学位請求論文（明治大学）、二〇〇八年
「ロイヤル・ダッチ・シェル――スーパー・メジャーの戦略――」高橋俊夫編著『ＥＵ企業論――体制・戦略・社会性――』中央経済社、二〇〇八年、第二章

経営学史学会年報掲載論文（自由論題）審査規定

一　本審査規定は本学会の年次大会での自由論題報告を条件にした論文原稿を対象とする。

二　編集委員会による形式審査

原稿が著しく規定に反している場合、編集委員会の責任において却下することができる。

三　査読委員の選定

査読委員は、原稿の内容から判断して適当と思われる会員二名に地域的バランスも配慮して、編集委員会が委嘱する。なお、大会当日の当該報告の討論者には査読委員を委嘱しない。また会員に適切な査読者を得られない場合、会員外に査読者を委嘱することができる。なお、原稿執筆者と特別な関係にある者（たとえば指導教授、同門生、同僚）には、査読者を委嘱できない。

なお、査読委員は執筆者に対して匿名とし、執筆者との対応はすべて編集委員会が行う。

四　編集委員会への査読結果の報告

査読委員は、論文入手後速やかに査読を行い、その結果を三〇日以内に所定の「査読結果報告書」に記入し、編集委員会に査読結果を報告しなければならない。なお、報告書における「論文掲載の適否」は、次のように区分する。

①適

②条件付き適⑴：査読委員のコメントを執筆者に返送し、再検討および修正を要請する。再提出された原稿の修正確認は編集委員会が負う。

③条件付き適⑵：査読委員のコメントを執筆者に返送し、再検討および修正を要請する。再提出された原稿は査読委員が再査読し、判断する。

④不適

五 原稿の採否

編集委員会は、査読報告に基づいて、原稿の採否を以下のようなルールに従って決定する。

①査読者が二名とも「適」の場合、掲載を可とする。

②査読者一名が「適」で、他の一名が「条件付き⑴」の場合は、執筆者の再検討・修正を編集委員会が確認した後、掲載の措置をとる。

③査読者一名が「適」で、他の一名が「条件付き⑵」の場合は、執筆者の再検討・修正を、査読者が再読・確認したとの報告を受けた後、掲載の措置をとる。

④査読者二名とも「条件付き⑴」の場合、あるいは査読者一名が「条件付き⑴」で他の一名が「条件付き⑵」の場合、また査読者が二名とも「条件付き⑵」の場合は、執筆者が再検討・修正のそれぞれの条件を満たしたことを編集委員会が確認した後、掲載の措置をとる。

⑤査読者一名が「条件付き⑴または⑵」で、他の一名が「不適」の場合、後者に再検討・修正後の投稿原稿を再査読することを要請するとともに、執筆者の反論をも示し、なお「不適」の場合には編集委員会がその理由を確認して、原則的には不掲載の措置をとる。ただし再査読後、編集委員会が著しく「不適理由」を欠くと判断した場合は、大会報告時の討論者の意見も参考にして、編集委員会の責任で採否を決定し、掲載・不掲載の措置をとる。

⑥査読者一名が「適」で、他の一名が「不適」の場合、大会報告時の討論者の意見、執筆者の反論をも考慮して、編集委員会の責任で採否を決定し、掲載・不掲載の措置をとる。

⑦査読者が二名とも「不適」の場合、掲載を不可とする。

六 執筆者への採否の通知

編集委員会は、原稿の採否、掲載・不掲載の決定を、執筆者に文書で通知する。

編集後記

経営学史学会年報も十五輯を重ねることができた。創刊当時、いずれ書架に本年報が一〇巻、一五巻と並んだとき、当年報も経営学史の学会機関誌としての貫禄を示すに違いないと思ったものだが、会員諸氏の書架における当年報の風格は如何であろうか。さて、本年報第十五輯は当学会第十五回大会を契機としている。その大会テーマは「経営学の方法と現代経営学の諸問題」と壮大かつ広範囲なものであったが、幸いにも報告者には当学会非会員も含め経営関係学会で活躍する第一級の研究者に恵まれ、その報告をもとに基調論文一、方法論三のほか、CSR論、人的資源管理論、NPO経営論各一、計七本の統一論題論文を得ることができた。このほか、ベテラン、中堅、若手による自由論題論文九本が厳しい査読審査を経て掲載されることになった。とりわけ、院生研究者にまじって川端久夫九州大学名誉教授による自由論題論文が投稿されていることは、若手研究者にとって大いなる刺激と模範になるものと確信する。教授の変わらぬ向学心に対し、編集子として謹んで敬意を表したい。

ところで、当学会は経営学史研究や学説研究を主とする学会ではあるが、今回の統一論題のように、一見したところでは他の経営関係学会のそれと見紛う主題も取り上げることになる。それは経営学の学会であるかぎり当然のことであるが、他方では、当学会に相応しい取り上げ方が求められることも、また当然であろう。言うまでもなく、当学会のアイデンティティは学史的視点、学史的アプローチという点にあるが、現代的テーマと学史的研究とを統一したうえで非会員読者にも訴求することができるようなブック・タイトルを考えることが、編集委員会がもっとも苦労する点である。本年報の書名は、はたしてどれだけの訴求力を持つことができるであろうか。

本年報が会員のみならず広く多くの人々に関心をもたれ、各位の書架を飾って頂けるよう念願している。

今回の編集に当たっては、自由論題論文の査読審査に予定をこえる時間がかかり、文眞堂編集部には多大のご迷惑をお掛けしてしまった。同社の変わらぬご協力・ご支援に紙面を借りて深謝したい。

（小笠原英司　記）

THE ANNUAL BULLETIN
of
The Society for the History of Management Theories

No. 15 May, 2008

New Wind of Management Studies : Methodology, CSR HRM and NPO

Contents

Preface
Shinshi KATAOKA (St. Andrew's University)

I **Methodology and Notable Current Issues of Management Studies**

1 Methodological Issues and Three Problems of Contemporary Management Studies
Eiji OGASAWARA (Meiji University)

2 Organization Research and its Basic Assumption: From the View Point of Organization Management
Akinobu SAKASHITA (Kobe University)

3 The Problem of Relevance in Management Research: A Historical Observation
Katsuyuki NAGAOKA (Tokyo School of Economics)

4 Management Theory and the Bring-up of Managers
Hirokazu TSUJIMURA (Chubu University)

5 CSR Movement and Policy Task in Japan
Kanji TANIMOTO (Hitotsubashi University)

6 Work/Life Balance and a New Paradigm of Human Resource Management Studies
Takashi WATANABE (Ritsumeikan University)

7 The Track of Drucker Theory and the Possibility of NPO Management Theory
Hisashi SHIMADA (Kyoto Bunkyo University)

Ⅱ **Other Themes**

8 Rediscussion on Barnard's Concept of Organization
Hisao KAWABATA (Kyushu University)

9 Takata's Power Theory and Organization
Toru HAYASHI (Yokkaichi University)

10 Organization Theory and Critical Realism
Shinichi KAMATA (National Defense Academy of Japan)

11 An Examination of Embeddedness Approach: Its Scope and Problems
Tsutomu KOBASHI (Aichi Institute of Technology)

12 A Practice-based Approach to Corporate Strategy
Akira YOSHINARI (Yokohama City University)

13 Project Team Leadership: With a Focus on Boundary Spanning Functions
Nobuyoshi HIRAI (Yokohama National University)

14 Advanced Management in Non-Profit Organizations
Megumi KOJIMA (Meiji University)

15 Potentialities in the "Exit・Voice・Loyalty" Model on the Corporate Governance
Yoshiomi ISHIJIMA (Hokkai Gakuen University)

16 CSR as a Corporate Strategy: Based on the British Oil Industry
Yoshinori YAGUCHI (Meiji University)

Ⅲ **Literatures**

Ⅳ **Materials**

Abstracts

Methodological Issues and Three Problems of Contemporary Management Studies

Eiji OGASAWARA (Meiji University)

The point of argument on the methodology of *management studies* consist of three aspects, a kind of science, one of the social sciences, and a particular learning. In any point of view, we should discuss on characteristics and method of *management studies.*

Three problems of contemporary *management studies* which we dealt in the last annual meeting involve CSR, HRM, and extension to NPO of *management studies.* Fist, CSR is a most important problem of contemporary business management. We have to deliberate about the meaning of this subject for *management studies.* Second, we have to discuss on the difference between the personnel management and HRM. What kind of subject is HRM in *management studies?* Third, is *management studies* of business able to apply to the management of NPO? Management itself is general, but business management is not general.

Organization Research and its Basic Assumption: From the View Point of Organization Management

Akinobu SAKASHITA (Kobe University)

In this paper, we will discuss about the organization research and its basic assumption from the view point of Organization Management.

Here, organization research means the empirical studies about organization. They are ethnography, case study research, and survey research.

In addition, basic assumption means a priori assumption that organization researcher has analytically and philosophically, that is Paradigm. It consists of three dimensions. They are ontological epistemological and methodological one.

Strictly speaking, ethnographer, case study researcher, and survey researcher have different types of basic assumption respectively.

We will explain above these, and will discuss which is better or the best way of organization research from the view point of Organization Management.

The Problem of Relevance in Management Research : A Historical Observation

Katsuyuki NAGAOKA (Tokyo School of Economics)

On the first days of management research, American workers opposed to the introduction of the Scientific Management, German academic socialists denounced emerging management research as one-sidedly capital-oriented. Since then a century has passed. Today's institutionally established management research and flourishing business schools are loudly criticized by practitioners and business journalism for the lack of relevance. Management gurus and consulting firms take the role to fill the relevance gap.

Academies of Management that take this gap problem seriously, discuss institutionally possible improvements as well as the nature of management knowledge. They pose further the question : "research for what and for whom ?." The study of management research history will be able to contribute to these discussions. This paper tries to draw some lessons from historical reflections.

Management Theory and the Bring-up of Managers

Hirokazu TSUJIMURA (Chubu University)

The aim of this paper is to study an effective theoretical scheme of management-education for the bring-up of managers. By doing so, we would like to make the instruction system for teaching management ability to a lot of students, to construct management-education as a school of management theory.

First of all, we suggest core hypothesis to consider the difference between existing management theory and management-education theory that is research question of this paper. The most important thing is to answer to the question : "Can we make a problem-solving in management practice by using existing management theories ?". Making some useful sub-hypotheses, we will answer that question and decide the direction of management-education theory.

CSR Movement and Policy Task in Japan

Kanji TANIMOTO (Hitotsubashi University)

This paper overviews discussions on Corporate Social Responsibility (CSR) and outlines CSR movement in Japan. This also examines what types of policy tasks are needed in order to mainstream CSR in Japanese corporate society. Various types of entities: corporations, consultants, civil society organizations and research institutions, are now looking for new ideas of CSR from their own standpoint. However, in academia, few researches have been made in the field of "business and society" and few positive comments have been stated to the business world, yet in the midst of the current trend of CSR. By contract, the global discussion on CSR and "business in society" has been growing for these years.

On this paper, I focus on analyzing the present situation of CSR in Japan with the following three sections: 1) Current situation of Japanese corporate society, 2) Understanding and misunderstanding of CSR, and 3) Policy task.

Work/Life Balance and a New Paradigm of Human Resource Management Studies

Takashi WATANABE (Ritsumeikan University)

Now a new paradigm is being sought in human resource management studies, and in my perspective, a model called "socialization of self-actualized people" needs to be placed on the premise of individual's diversity and independence, who are motivated by managing and fulfilling their "four aspects of life," work life, family life, social life and personal life. Therefore, it is required for the management to act by means of "a socialization of human resource management" which considers the balance among individuals, companies and society, and is induced by individuals' four aspects of life regardless of gender. This is the so-called work/life balance in a broad sense, which is more of the fount of morale improvement and motivation than that of cost, and is to meet the economic sense in the long run.

The Track of Drucker Theory and the Possibility of NPO Management Theory

Hisashi SHIMADA (Kyoto Bunkyo University)

Management theory has regarded business only as an object of study since its start. Recently, 'Associational Revolution' by NPO has been actively argued. NPO studies ask the raison d'etre of NPO and management to realize it.

Barnard argued that his theory is applicable to not only a business enterprise but also every organization generally. Drucker contributed to develop management in the field of business on the basis of his philosophy. Looking at the development of industrial society which he considered could be the answer to realize his philosophy, he was obliged to recognize his idea to be invalid. Drucker enlarged his management theory to NPO.

This paper follows Drucker theory and various studies in the field of NPO historically. We look at the present situation and the future perspective of NPO management. We clarify the importance of NPO and the possibility of NPO management theory.

現代経営学の新潮流
——方法，CSR・HRM・NPO——
経営学史学会年報　第15輯

二〇〇八年五月十六日　第一版第一刷発行

検印省略

編　者　経営学史学会
発行者　前　野　　弘
〒162-0041　東京都新宿区早稲田鶴巻町五三三
発行所　株式会社　文　眞　堂
電　話　〇三―三二〇二―八四八〇番
FAX　〇三―三二〇三―二六三八番
振　替　〇〇一二〇―二―九六四三七番
組版　オービット
印刷　平河工業社
製本　広瀬製本所

URL. http://www.keieigakusi.jp
http://www.bunshin-do.co.jp
落丁・乱丁本はおとりかえいたします

定価はカバー裏に表示してあります
ISBN978-4-8309-4621-9　C3034

日本の経営学を築いた人びと　第三輯

●主要目次

アメリカ経営学の潮流　第四輯

●主要目次

経営学研究のフロンティア 第五輯

●主要目次

経営理論の変遷　第六輯

●主要目次

経営学百年——鳥瞰と未来展望——　第七輯

●主要目次

組織管理研究の百年　第八輯

●主要目次

IT革命と経営理論 第九輯

●主要目次

現代経営と経営学史の挑戦——グローバル化・地球環境・組織と個人——　第十輯

●主要目次

経営学を創り上げた思想　第十一輯

●主要目次

ガバナンスと政策——経営学の理論と実践——　第十二輯

●主要目次

企業モデルの多様化と経営理論——二十一世紀を展望して——　第十三輯

●**主要目次**

経営学の現在——ガバナンス論、組織論・戦略論—— 第十四輯

●主要目次